文化创意产业
创新创业案例实务

主　编　王　娜
副主编　白　樱　牟燕妮

扫码申请资源

南京大学出版社

图书在版编目(CIP)数据

文化创意产业创新创业案例实务 / 王娜主编. — 南京:南京大学出版社,2021.7
ISBN 978-7-305-24677-7

Ⅰ.①文… Ⅱ.①王… Ⅲ.①文化产业-创业-案例 Ⅳ.①G114

中国版本图书馆 CIP 数据核字(2021)第 134067 号

出版发行	南京大学出版社
社　　址	南京市汉口路 22 号　　邮　编　210093
出 版 人	金鑫荣
书　　名	文化创意产业创新创业案例实务
主　　编	王　娜
责任编辑	武　坦　　　　　编辑热线　025-83592315
照　　排	南京开卷文化传媒有限公司
印　　刷	南京人民印刷厂有限责任公司
开　　本	787×1092　1/16　印张 12.75　字数 326 千
版　　次	2021 年 7 月第 1 版　2021 年 7 月第 1 次印刷
ISBN	978-7-305-24677-7
定　　价	39.80 元

网　　址:http://www.njupco.com
官方微博:http://weibo.com/njupco
微信服务号:njuyuexue
销售咨询热线:025-83594756

* 版权所有,侵权必究
* 凡购买南大版图书,如有印装质量问题,请与所购
　图书销售部门联系调换

前　言

随着国内经济的发展,文化创意市场发展面临巨大机遇和挑战。文化创意企业数量越来越多,市场正面临着供给与需求的不对称,文化创意行业有进一步洗牌的趋势,但是在一些文化创意细分市场仍有较大的发展空间,信息化技术将成为企业的核心竞争力。

文化创意类产业以创意为核心,尤其是在移动互联网时代和人工智能时代下,在新理念、新技术的支持下,文化创意的内涵变得更加丰富,意义更加深远。充满蓬勃生机与活力的文化创意类产业,正从生产、研发与推广等各环节与区域经济、社会发展高度融合,助力传统经济转型升级,提升区域竞争优势。

大连艺术学院针对创新创业教育与专业教育割裂的问题,探索了"教赛研一体、科教创贯通"的融合路径。着力开展创新创业实践活动,教赛研结合,专业教育与创新创业教育有机融合,激发学生创新思维,学生创新创业与实践能力明显提升,人才培养成果显著。

本书在编写过程中,参考了文化创意类产业领域相关的大量优秀成果,获取"互联网+"、文化创意类产业的最新前沿资讯。笔者关注新技术、新模式对文化创意类产业的影响,并在此基础上分析文化创意产业创业面临的机遇与挑战,以此为大学生创业提供有益参考。

本书由大连艺术学院王娜担任主编,白樱、牟燕妮担任副主编。其中,第一章由王娜、牟燕妮编写,第二章由王娜、汉吉月编写,第三章由白樱、张颖编写,第四章由王娜编写,第五章由苏继嬴编写,第六章由白樱、张颖编写,第七章由王娜、牟燕妮编写,第八章由王娜、汉吉月编写。

由于水平和时间所限,书中不足之处在所难免,敬请读者指正。

编　者
2021 年 6 月

目 录

第一章　导　论 ··· 1
第一节　文化创意类产品的内涵、分类及特点 ·· 4
第二节　文化创意产业的特点 ··· 10
第三节　我国文化创意产业的产业环境 ·· 15
第四节　如何看待互联网背景下的"新文创" ·· 17
第五节　大学生文化创意创业的机遇 ··· 19

第二章　文化创意产业的 IP 管理 ·· 24
第一节　IP 的定义与内涵 ·· 26
第二节　IP 发展现状 ·· 27
第三节　IP 在文创产业中的作用与价值 ··· 32
第四节　IP 评价模型 ·· 36
第五节　文创项目中的 IP 战略 ·· 41
第六节　IP 保护与管理 ·· 44
第七节　"新文创"IP 管理的新方向 ·· 47

第三章　文化创意产业的金融服务 ··· 65
第一节　金融对文化创意产业发展的作用 ··· 67
第二节　文化创意产业的融资困境 ·· 74
第三节　文化创意产业融资路径 ·· 74

第四章　商业模式 ··· 80
第一节　商业模式的概念与内涵 ·· 82
第二节　文化产业必备的十个商业模式 ·· 87
第三节　文化创意产业的典型商业模式 ·· 93

第五章　文化创意产业链 ··· 105
第一节　概念与内涵 ··· 107
第二节　文化创意产业链的基础活动 ··· 109
第三节　互联网对文化创意产业的影响 ·· 122

第六章 内容创意和生产 ·· 131
第一节 文化创意产品的特点 ·· 133
第二节 文化创意产品的生产方式 ·· 136
第三节 内容创业的几种方向 ·· 140
第四节 "互联网+"内容创业 ·· 142
第五节 文化创意内容创业的类型 ·· 147

第七章 产品分发与营销 ·· 159
第一节 文创产品分发 ·· 160
第二节 文创产品营销 ·· 168

第八章 文化创意衍生产品开发与推广 ·· 180
第一节 衍生品概述 ·· 181
第二节 衍生产品开发 ·· 184
第三节 衍生品的推广模式 ·· 191

参考文献 ·· 197

第一章 导 论

 **本章导读**

根据 2021 年 2 月份发布的第 47 次《中国互联网络发展状况统计报告》显示,截至 2020 年 12 月,我国网民规模达 9.89 亿,互联网普及率达 70.4%。2020 年,我国互联网行业在抵御新冠肺炎疫情和疫情常态化防控等方面发挥了积极作用。

2020 年,面对突如其来的新冠肺炎疫情,互联网显示出强大力量,对打赢疫情防控阻击战起到关键作用。疫情期间,"健康码"助 9 亿人通畅出行,使用次数超过 400 亿人次,支撑全国绝大部分地区实现"一码通行",大数据在疫情防控和复工复产中作用凸显。

各大在线教育平台面向学生群体推出各类免费直播课程,方便学生居家学习,用户规模迅速增长。受疫情影响,网民对在线医疗的需求量不断增长,进一步推动我国医疗行业的数字化转型。截至 2020 年 12 月,我国在线教育、在线医疗用户规模占网民整体的 34.6%、21.7%。

截至 2020 年 12 月,我国网络视频用户规模达 9.27 亿,占网民整体的 93.7%。其中短视频用户规模为 8.73 亿,占网民整体的 88.3%。近年来,匠心精制的制作理念逐渐得到了网络视频行业的认可和落实,视频平台则通过推出与平台更为匹配的"微剧""微综艺"来试水,再逐渐进入长视频领域。2020 年,短视频应用在海外市场蓬勃发展,同时也面临一定政策风险。

本章将介绍文化创意产业的相关概念,国内外文化产业的发展现状,以及大学生在文化创意产业的时代管理。

 教学目标

1. 学习文化创意产业的概念;
2. 理解文化创意产业的特点;
3. 了解国内外文化创意产业的发展现状;
4. 了解我国文化创意产业的相关政策,熟悉文化创意产业的外部环境。

 **开篇案例**

新片场再获 1.47 亿融资
创始人尹兴良:每天都很艰难,但最痛苦的时刻成长最快

尹兴良(Ethan)瘦得不像话,但你又觉得这瘦削的身板里有很多东西值得挖掘,比如硕

士休学创业的故事,比如新片场登陆新三板以后总被人拿出来说道的亏损财报。

是了,这个听起来很像做芯片生意的"新片场"(北京新片场传媒股份有限公司),就是尹兴良投入了5年时间的创业项目,2015年12月4日,新片场登陆新三板,并于2017年跻身新三板创新层,成为创新层32家影视公司之一。

2017年8月8日,新片场宣布完成1.47亿人民币的定向增发,新一轮融资将进一步帮助其拓展在互联网影视领域的版图。据了解,本轮融资由上市公司完美世界旗下基金领投,其他新引入的投资者包括孚惠资本、永桐资本等多家投资机构,泰合资本担任独家财务顾问。

菊儿胡同宋仲基

采访前不久,尹兴良刚被评选进"福布斯30位30岁以下精英"榜单,问他有何感想,他答唯一的感慨就是自己已经30岁了,不再是年轻创业者——"这确实不是什么大事儿,外界给的这些评价,如果是特别重大的我还是会很高兴的,比如'大中华区宋仲基'。"(大笑)

尹兴良的微博简介是:菊儿胡同宋仲基。菊儿胡同是他公司地址,去翻他微博内容,多数时候他形容自己就一个字"帅"。

而不管颜值如何,他首先是一个带起300人团队的Leader,也是一个日夜鏖战的创业者。刚刚见完上一波客人的尹兴良,在这场采访中有些疲态,他自己侧身往沙发上一靠,腿微抬了一下,笑着说:"最近确实有点儿累,我们刚做完上半年的总结。"一反平日在台上做分享时的神采飞扬。

关八的马睿是Ethan的好友,就在我去采访的前一天晚上,两个同样连续开了12个小时会的团队领导,凌晨1点在个居酒屋里互相吐槽,团队、业务、未来,种种不靠谱、不确定,然后回来继续拼。

创业的焦虑感时刻存在着。

2011年年底,还在北邮读研究生的尹兴良和朋友一起写了一个网站,想让同样喜欢拍片儿的人能有一个交流的据点,上线之后,很多创作人在这个平台上活跃起来,他们觉得干脆辍学出来做这个事情,2012年,新片场正式成立。

聊到成立5年之久,是不是有什么很艰难的时刻,尹兴良说其实每天都很艰难,而艰难是因为,"自己的要求和期待这么高,但可能能力只到这儿。"他伸出两只手,一高一低。"不过,中间弥补落差的过程,恰恰是最痛苦也是最容易有爆发增长的时期。我们内部复盘时也发现,过去一段时间最痛苦的部门,成长速度最快。"

他并不为现在的所谓成绩沾沾自喜,更不可能停下来。

财报关键词:增长、亏损

新片场2016年度业绩报告显示,公司营业总收入近7 300万元,比去年同期的746万元,同比增长近878%,但另一方面,新片场2016年净利润为−641万元,依旧亏损。

外界常把企业亏损拿来解读,尹兴良说:"我觉得这(亏损)是一个很正常的现象,我们的创作人社区(线上平台)前期需要不断地投入,这是比较烧钱的。我们在2016年收入有大幅提高,其实也是因为其他业务线条的商业化做起来了。"

现在新片场有哪些业务线条?——新片场创作人社区、魔力TV短视频、新片场影业。

最早开始做的创作人社区,相当于人才库,是新片场的发动机,这个社区把创作人都聚集到一起，并基于此形成了另外两条业务线：一是魔力TV短视频，二是新片场影业，主要做网络电影、网络剧的出品和发行。

短视频和新片场影业是两条内容优先的业务线，尹兴良介绍说营收主要从这里来，二者只是形态有所不同。

新片场影业带来大量营收

"我们是从2015年下半年开始做网络电影。"财报里，新片场的营收来源之一是公司出品和发行网络电影、网络剧，从视频网站、社交媒体、资讯媒体等渠道获取的内容分成收益。

2016年新片场影业出品、发行了《四平青年之浩哥大战古惑仔》《痞子兵王之特种使命》《男狐聊斋》等近百部网络电影、网络剧作品，现在在行业里面只要提到网络电影、网络剧，你就很难不提到新片场影业。

尹兴良介绍，新片场对网络电影的投资，平均每部在300万左右，一个好的项目大概可以收回上千万元，不过内容都是有赚有赔的。

最近，新片场同腾讯、爱奇艺、21世纪福克斯等一起做了"比翼新电影"计划，从腾讯动漫中选出10个头部IP，从新片场创作人社区中选出10名优秀年轻导演，联合来做漫改电影，并将在2017年暑期陆续上映。新片场在这个计划中担任制片方的角色，负责扎扎实实地把片子做出来。

短视频下半场，核心在于跑通盈利模式

不少人是通过《造物集》认识到了新片场，这个来源于一对小夫妻的生活方式类短视频项目，截至今年7月已经收获了5亿余次的点击量，《造物集》的背后推手就是新片场。

在窗口期，短视频行业增速非常快，内容播放量和聚众粉丝的效果都很好，新片场也匹配了重资源来为此加足马力。

如今短视频窗口期正在成为过去，竞争开始进入下半场。"上半场是用户缺内容，流量增速快也是因为需要大量的内容去补充，中场休息后，下半场的核心在于怎么样去把盈利模式跑通，并且形成一种人效非常高的商业化方式。"

新片场的短视频业务盈利模式很简单，就是商业广告，电商化尝试也有，但不是重点。

目前新片场的短视频项目基本围绕生活方式、美食、情感、娱乐、时尚5个大类，比如《小情书》《魔力美食》等，内容有自己产出的，也有和社区内创作人合作的，然后分发到各个短视频平台，"我们是管理每个品牌，至于这个品牌是不是我们生产的，不重要。"

完美世界、阿里、九合创投、红杉等入局，新片场投资多个Case

这一轮定增之前，新片场曾获得了4轮融资。如果没有资本的推动力，四个年轻人、3万块的初始基金的新片场很难在今天达到这样的规模。

36氪创始人刘成城是尹兴良的同学，"他看见我做的这个东西，把我推荐给了九合创投的王啸，然后王啸投资了我们，我后来也推荐给他们其他项目，也有投。"

"阿里和红杉，也是见面很短时间就敲定了投资。大家对赛道认识得都比较清楚，我们又是这个赛道里排名靠前的。"

与此同时，新片场也在进行一些战略投资，比如有娱投资、星语影业，以及很多短视频项目。

总之，新片场给自己的定位是一家娱乐公司，这家娱乐公司的内核是更高效地组织了生产力,更高效地组织了创意人才,然后和这些人一起为年轻人输出有价值的内容。

就像尹兴良也经常参演自己家的短视频,或者做做配音,甚至成为一些插画的主角,他既是掌舵的老板,又能跟员工玩儿在一起。

(资源来源: 投资界(微信公众号 ID:PEdaily2012),https://pe.pedaily.cn/201708/20170808418287.shtml)

【思考题】

1. 随着科技的融合,人们对文化和创意的认识有哪些改变?
2. 你认为全球收购对于中国的文化创意企业特别是网络文学的发展会有哪些好的促进作用?
3. 你认为"互联网+产业文创"未来的商业模式创新会向着哪些方面发展?

第一节 文化创意类产品的内涵、分类及特点

根据政策目标、产业优势等不同的现实需求,各学科领域研究者对"文化创意类产业"概念理解略有不同,主要包括以下三大类别:

第一,关于文化创意类产业的基本定义。文化创意类产业指艺术创作、传统的和现代的艺术作品、艺术展览和文化传播活动。

第二,强调文化和艺术作品的传播能力。文化创意类产业指与商业运作、听众和观众规模及艺术作品的扩大传播能力有关的商务活动,具体包括电影、广播电视、出版、音乐和文艺作品的创作活动。

第三,突出现代科技、艺术对文化资源的再创造、重构与提升。源于文化元素的创意和创新,高科技和智力的加工产生出高附加值产品,形成的具有规模化生产和市场潜力的产业,注重文化创意的文化属性,蕴含的规模化生产是重要特性。

一、文化创意类产业的概念界定及发展

2000年10月,中国共产党第十五届中央委员会第五次全体会议通过《中共中央关于制定国民经济和社会发展第十个五年计划的建议》,标志着中央正式文件第一次提出"文化产业"这一概念。之后,中国共产党第十六次全国代表大会报告明确指出:"发展文化产业是市场经济条件下繁荣社会主义文化、满足人民群众精神文化需求的重要途径。"为贯彻落实中国共产党第十六次全国代表大会关于文化建设和文化体制改革的要求,建立科学的文化产业统计体系,于2003年7月22日成立了由中国共产党中央委员会宣传部牵头,国家统计局、文化部、国家广播电视总局、国家新闻出版总署等单位参加的"文化产业统计研究课题组",课题组完成了《文化及相关产业分类》,并于2004年4月1日以国家统计局的名义印发。至此,国内有了一个认同度较高的、法定的"文化产业概念"。

"文化产业"虽在中国文化语境中被界定,但我国"文化创意类产业"的诞生也受到全球范围广泛传播的"创意"一词的影响和启发,国内业界和学界逐渐接受并应用"文化创意类产业"概念。追溯文化创意类产业的历史,当代文化创意类产业的兴起源于"创意产业"。1997年5月,英国为振兴国内经济,成立了创意产业特别工作小组。这个小组1998年在《创意

产业专题报告》中首次提出"创意产业"。此报告将创意产业定义为："源于个人创造性、技能与才干，通过知识产权的开发和运用，具有创造财富和增加就业潜力的行业。"据此，英国将广告、建筑、艺术和文物交易、工艺品等13个行业界定为创意产业的范围。近年来，美国、加拿大、韩国等发布的报告和研究成果极大地丰富了关于创意部门与文化创意类产业的概念内涵。其中，美国的文化创意类产业被称为"版权产业"，分为核心版权产业、交叉版权产业、部分版权产业及边缘支撑产业四大类。位于第一层级的核心版权产业主要针对文化艺术类服务业，而交叉版权产业集中于影视录音设备、电子游戏设备等，部分版权产业则体现设计类行业特征，边缘支撑产业为服务于受版权保护的物品宣传、传播、销售的相关产业。另外，美国从实践意义的角度对文化创意类产业进行了量化，将创意产业与雇用人员数量的平均值和标准差联系起来。美国密苏里州经济研究与信息中心发布的《创意与经济：密苏里州创意产业的经济影响的评估报告》将创意产业界定为："雇用大量艺术、传媒、体育从业人员的产业。"产业对艺术的依赖度是根据计算下列工作在产业内所占的比例确定的，这些工作类别属于艺术、设计、体育和传媒行业类。

2006年12月，北京市统计局正式发布《北京市文化创意类产业分类标准》，将文化创意类产业定义为："以创作、创造、创新为根本手段，以文化内容和创意成果为核心价值，以知识产权实现或消费为交易特征，向社会公众提供文化体验的具有内在联系的行业集群。"

二、文化创意类产业分类

作为现代文化创意类产业发展的先驱，英国关于文化创意类产业的分类为世界其他国家提供了参考。英国政府以生产规模、成长潜力和创意度作为分类的三个主要指标，具体细分为13项。

英国著名创意文化产业研究专家约翰·霍金斯在考察美国的文化创意类产业发展情况后，认为美国的文化创意类产业与英国之间的差距不大，做出过类似的分类，并结合美国本地的特色和创意偏好，额外再分出建筑和电子娱乐两个行业，共分为15个行业。美国经济学家凯夫斯则倾向于从传统文化的相关性进行划分，他将书籍与杂志、电影与电视、绘画与雕塑、音乐、戏剧曲艺、电影和电视节目、流行时装、玩具游戏作为文化创意类产业的商品和服务范畴。

由于世界各国在创意产业的名称、范围界定上并未形成一致意见，加之产业发展的目标不同，对创意产业运作模式的理解也存在差异。目前全球范围关于创意产业主要形成了5种分类体系，分别为象征性体裁模式，同心圆模式，世界知识产权组织模式，英国数字、文化、媒体和体育部模式，联合国贸易暨发展会议模式。前三类模式均从核心和外部层面对创意产业进行了明确界定，第四、第五类模式在实际运用中最为广泛。其中，成型于20世纪90年代的英国数字、文化、媒体和体育部模式，产生于英国政府对城市和经济发展的前景规划。此外，联合国贸易暨发展会议模式成型于联合国教育科学及文化组织（简称联合国教科文组织）2009年发布的文化创意类产业统计框架，是1986年以来各成员国在文化统计的经验基础上的结晶，为目前世界公认最权威的文化创意类产业统计框架。5个代表性模式对文化创意类产业的分类如表1-1所示。

表 1-1 5 个代表性模式的文化创意类产业分类

英国数学、文化、媒体和体育部模式	象征性体裁模式	同心圆模式	世界知识产权组织模式	联合国贸易暨发展会议模式
广告	核心文化产业	核心创意艺术	核心版权业	遗产类
建筑	广告	文学	广告	文化遗产
艺术与古董市场	电影	音乐	收藏协会	考古遗产
手工艺品	互联网	表演艺术	电影与影像	美术馆、图书馆、展览馆
设计	音乐	视觉艺术	音乐	传统文化表达
时尚	出版	其他核心文化产业	表演艺术	艺术与手工艺品
电影与影响	电视与广播	电影	出版	节日与庆典
音乐	视频与电脑游戏	美术与图书馆	软件	艺术类
表演艺术	外国文化产业	广义文化产业	电视与广播	视觉艺术
出版	创新艺术	遗产服务	视觉与绘画技术	绘画、雕塑
软件	边缘文化产业	出版	关联性版权产品	摄影
电视与广播	消费者电子产品	录制	空白录制材料	古董
视频与电脑游戏	时尚	电视与广播	消费者电子产品	表演艺术
音乐播放		软件	视频与电脑游戏	乐器
剧院、舞蹈、歌剧		体育	相关产业	纸张
马戏、木偶戏等			广告	影印机、影印器材
媒体类			建筑	部分产权行业
软件			设计	建筑
视频游戏			时尚	时装、鞋类
数字创意内容				设计
创意服务				时尚
建筑、广告				居家产品
文化与休闲				玩具
创新研究和研究与开发				
数字及其他创意服务				

我国香港、台湾、北京、上海等地参照相关国际标准划分文化创意类产业(见表1-2)。这些分类方法的相似之处是以产品的基本属性为依据,不同之处在于国家、地区的政策、发展规划、产业结构不同。因而,文化创意类产业在具体分类上也存在一定的差异。

表1-2 我国各地文化创业产业划分一览表

地 区	划分标准(参考数据)	主要类别
中国香港	产品基本属性	文化艺术、电子媒体、设计3大类
中国台湾	美英国家划分标准	视觉艺术、音乐与表演艺术等13个类别
北京	以《国民经济行业分类》为基础,结合国际标准、国家政策及北京市发展规划	艺术、新闻出版等共9种行业类别
上海	重点扶持行业为主体,优势产业发展为优先	设计研发创意、文化艺术创意、建筑设计创意、咨询策划创意、时尚消费创意

三、文化创意类产业特点

(一) 具备浓厚的文化属性

区别于传统依赖自然资源的生产活动,文化创意类产业产品不仅具有一般商品的经济属性,也有文化代表的意识形态和价值观,能对公众的情感乃至整个社会的价值取向产生重要影响,具有普通产品无法比拟的社会聚合效应。

在新创业背景下,文化创意类产业呈现知识、信息、技术密集化的产业特征,数字化、网络化甚至智能化成为发展的必然趋势。这不仅是一个国家综合国力最直观、最具体的体现,更是一个具有无限生机的经济增长点。近年来,如《西游·降魔篇》《西游记之大闹天宫》《长城》《我在故宫修文物》等知识产权(Intellectual Property,IP)电影占据观影排行榜前列,它们是中国传统文化与现代科技完美融合的产物,它们缔造的文化资源及其挖掘过程也将为一大批底蕴深厚的优秀文艺作品提供持续的创作动力和灵感源泉。

(二) 基于创新的鲜明创意属性

在文化创意类产业发展、成熟于全球化的背景之下,产业创新本身意味着推崇创意、个人创造力、技巧及才华,将独具特色的文化创意贯穿于产品的生产和营销过程中。数据资源替代密集型劳动力成为新的生产要素,意味着文化创意类产业发展及其衍生品成为新创业时代创新生产的关键性因素。

2016年5月,由罗振宇团队推出的"得到"应用软件(Application,App)正式上线。它提倡碎片化学习方式,为用户量身打造独家专栏。版块提供包括企业经营理念、互联网创业技能等实用知识,且有文化社会等领域的大众化学习内容。聚合式的平台规模可以让用户充分利用碎片时间进行自主学习,满足当下年轻人灵活学习的需求,提升用户的自我认知。以知识营销为交易入口的新商业模式,使该平台一经推出就受到了一致追捧。

(三) 具有产业融合升级的高附加值属性

文化创意类产业的核心要素是创意、信息及知识的累积,高附加值主要表现为创意赋予商品的理念价值。在经济发展水平低下、技术比较落后、物质比较短缺的时代,人们重视的是商品的使用价值。而在知识经济时代,随着技术交流与扩散速度的大幅跃升,人文精神的价值引领变得格外珍贵,尤其是文化创意类产业向传统的制造业渗透,不仅有利于推动传统制造业向高附加值的产业升级,更有助于丰富商业化的产品内涵,提升使用者的认知和品位。

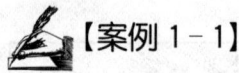【案例1-1】

逼近4 000亿文化产业资金流入量持续增长

在我国经济增长降速、结构调整、动力转换的新常态背景下,资本市场成为经济转型与创新的重要支撑。近年来,资本市场主流融资渠道流入我国文化产业的资金规模不断增加,并呈现不断爆发之势。

近年来,在一系列利好政策影响下,我国文化产业进入了快速发展轨道。根据国家统计局公布的2016年全国规模以上文化及相关产业统计数据显示,5万家企业实现营业收入80 314亿元,比上年增长7.5%(名义增长未扣除价格因素),增速比上年加快0.6个百分点,文化产业发展活力突显,已成为当前经济增长的一大亮点。

文化产业资金流入量持续增长

为了适应文化产业快速发展的趋势,我国不断加大资本市场创新力度,加快服务文化产业的多层次资本市场建设。《国民经济和社会发展第十三个五年规划纲要》针对"健全金融市场体系"指出,积极培育公开透明、健康发展的资本市场,提高直接融资比重,降低杠杆率;创造条件实施股票发行注册制,发展多层次股权融资市场,深化创业板、新三板改革,规范发展区域性股权市场,建立健全转板机制和退出机制。

一系列的利好政策为文化产业发展创造了有利的资本市场环境,特别是在当前国家大力推动文化大发展大繁荣的背景下,各路资本竞相大规模进入文化产业领域。2016年,仅从债权融资渠道(债券、信托)、股权融资渠道(股权众筹、IPO首次融资、上市后再融资、创投、PE、新三板挂牌融资)和众筹融资渠道(奖励众筹)流入文化产业的资金便达3 951.08亿元,相比2015年同期增长21.19%。

在我国经济增长降速、结构调整、动力转换的新常态背景下,资本市场成为经济转型与创新的重要支撑。近年来,资本市场主流融资渠道流入我国文化产业的资金规模不断增加,呈现不断爆发之势。据中国文化产业投融资数据平台显示,2015年我国文化产业资金流入3 260.15亿元,较2014年同期增加近7亿元,增长率为0.21%;2016年我国文化产业资金流入3 951.08亿元,较2015年同期增长21.19%,增长规模(690.93亿元)呈爆发之势,资金流入量达到历史巅峰。

股权融资渠道为资金流入主渠道,资金量同比增长34.38%

从资金流入渠道来看,债权、股权、众筹资本市场融资渠道分别为文化产业提供了不同层次、不同阶段、不同需求的资金支持。据中国文化产业投融资数据平台显示,2016年我国文化产业通过债券融资渠道流入的资金为892.6亿元(22.59%),信托为39.92亿元(1.01%),IPO为250.57亿元(6.34%),上市后1 432.99亿元(36.27%),创投238.66亿元(6.04%),PE为877.12亿元(22.20%),新三板为204.84亿元(5.18%),股权众筹为3.82亿元(0.10%),奖励众筹为10.54亿元(0.27%)。

其中,奖励众筹、信托、IPO、上市后、新三板、创投、PE融资渠道资金流入量对比2015年同期均出现了上涨,且前四者的增长率均保持在60%以上,分别为277.14%、91.00%、88.64%、64.38%,后三个渠道的资金流入规模增长速度相对较低,分别为32.27%、23.30%、0.06%。

仅有股权众筹、债券融资渠道的资金流入量相比2015年出现下滑,分别下滑56.83%和10.56%。综合看来,2016年,文化产业债权融资932.52亿元,占比23.60%,同比下降8.48%;股权融资3 008亿元,占比76.13%,同比增长34.38%;众筹融资(奖励众筹)10.54亿元,占比0.27%,同比增长276.43%。综上,无论是融资规模还是增长速度,2016年文化产业股权融资模式的发展均要远优于债权融资模式。

文化行业吸金规模超八成

随着经济发展不平衡规律的持续深化,我国文化产业各行业发展也呈现出差异化的发展态势。部分行业在发展中获得了比较优势,整体行业盈利能力强,在短期内积聚了大量资本。据中国文化产业投融资数据平台显示,2016年互联网信息服务、旅游业、影视制作发行、软件业、文体娱乐器材制造、网络游戏、出版与发行、体育产业、广告创意与代理、互联网内容制作成为最受资本青睐的十大行业,其中,互联网信息服务的融资金额为848.12亿元(占比21.53%,同比增长13.07%),旅游业为681.98亿元(占比17.31%,同比增长-18.14%),影视制作发行为560.68亿元(占比14.23%,同比增长65.56%),软件业为250.53亿元(占比6.36%,同比增长97.53%),文体娱乐器材制造为226.11亿元(占比5.74%,同比增长117.40%),网络游戏为172.57亿元(占比4.38%,同比增长8.47%),出版与发行为172.10亿元(占比4.37%,同比增长1.06%),体育产业为148.36亿元(占比3.77%,同比增长1129.09%),广告创意与代理为148.21亿元(占比3.76%,同比增长293.58%),互联网内容制作为136.74亿元(占比3.47%,同比增长-28.10%)。

其中体育产业波动最大,与2015年相比足足增长了147.36倍,挤掉了2015年文化产业资金流入前十强的"广播电视及数字电视业",进入2016年文化产业资金流入前十强行业,位居第8名。另外,整体来看,2016年文化产业前十大吸金行业合计流入资金3 345.39亿元,占比84.93%,有着举足轻重的作用。

从文化产业资金流入细分领域来看,2016年,旅游服务、在线生活服务、景区游览管理的流入资金规模位居"2016年文化产业各细分领域资金流入Top 10"前三名,其中,旅游服务融资346.51亿元,在线生活服务293.55亿元,景区游览管理281.67亿元。但值得注意的是,位居第一名的旅游服务与第三名的景区游览管理均处于负增长走势,分别为-19.69%、-29.70%,而在线生活服务业与其呈反向走势,同期增长197.78%,位居第二,且其资金流入渠道主要为PE(271.17亿元)、创投(21.47亿元)、新三板(0.83亿元)、众筹(0.09亿元)。未来,随着中产阶级消费兴起叠加互联网、移动互联网加速渗透,在线生活服务的吸金表现将更值得期待。

资金集中涌向"北广上浙"四大传统一线地区

从文化产业资金流入地区来看,北京、广东、上海、浙江、江苏等10个省市荣膺榜单,列入2016年中国文化产业资金流入十强。尽管同为十强,但不同地区的文化产业资金流入量差距仍然不小,其中北京地区以1 600多亿元的资金流入量名列第一,且与位居第二的广东拉开了较大的距离。

综上,我国文化产业与资本的交集集中出现在"北广上浙"四大传统一线地区,首先是因为北京、上海、广东、浙江四个地区具有良好的经济基础,据国家统计局最新统计显示,在我国各地区 2016 年 GDP 榜单中,北京、广东、上海、浙江的 GDP 均在前列。其次,该四大区域普遍具有优越的文化金融发展环境以及不断推进完善的文化产业投融资服务体系,其金融业和文化产业均在全国范围内处于领先地位。由于资本的逐利性特点,致使各类资本尤其是社会资本更加趋于流向该区域的文化产业。

(资料来源:人民网,http://art.people.com.cn/GB/n1/2017/0621/c226026-29354239.html)

第二节　文化创意产业的特点

随着科技的不断进步,在依靠人的智慧、技能和天赋的基础上,文化创意产业越来越多地借助高科技手段对传统文化资源进行创造与提升,所生产出来的创意产品也具有更高的附加值。综合来看,文化创意产业主要有四个基本特征。

一、知识集聚性高

从一般意义上来说,文化创意产品和服务都是以客观的历史文化和现存资源以及主观的创意理念为基础的,是人的知识、经验和智慧在特定领域的现实表征。文化创意产业与信息技术、数字技术等专业知识的广泛应用紧密相连,表现出较高的知识性、较深的智能性、较广的应用性等特征。以电影为例,现在几乎每部电影的创作都是通过与光电技术、计算机仿真技术等多种高知识含量的方式相结合实现的,而且还要借助知识含量较高的传媒手段进行推广和宣传。

二、价值增值性强

文化创意产业不是依赖物质、生态、环境等自生性资源,而是依靠知识、技术、智力、灵感等再生性资源去创造财富,这类资源主要来源于人的创造力、技能、才华等非物质因素,它可以通过教育、培训和社会环境的激发来创造和再生,因此,文化创意产业是无污染、资源消耗少的产业,也是当前中国经济亟需培育壮大的新动能。文化创意产品和服务是以创新和创造为核心的,处于"微笑曲线"的两端,即产业价值链的高端环节,因此,文化创意产业是一个具有较高附加值的产业。商品的市场价值可以理解为由商品的使用价值和观念价值两个方面组成,创意为商品赋予了更高的观念价值,是附加的文化观念。使用价值一般由科技创造而成,而观念价值则体现为商品的附加值,是主观的感受与体验。在文化创意产品和服务的价值构成中,科学技术和历史文化的附加值占比要明显高于普通的商品和服务。

三、与其他产业关联性强

文化创意产业是一个新兴产业,是经济、文化、科技、教育等社会生活各个领域相互融合的产物,是科技创新与内容创新高度融合的产业。文化创意产业连接的其实是人的情感、人的创意和人的想象力,所以从这个角度来讲,文化创意产业其实也是未来连接一切新生态和新浪潮非常重要的一环。新兴的创意产业与传统的文化产业融合发展,能够实现高度的渗透性和融合性,从思想意识层面全面提升人民群众的文化素质。在带动相关产业发展的同时,还可以辐射到社会的各个层面,具有较强的辐射性,进而为发展新兴产业及其关联产业提供良好的条件。

文化产业与其他传统产业有着很强的关联性和渗透性,直接与推进"互联网+"行动和国家大数据战略,全面实施《中国制造2025》相关,通过与其他产业的融合,把文化理念渗透到传统产业的设计、生产、营销、品牌和经营管理环节,既扩大了就业,又通过增加文化含量和文化品位改变了传统产业的价值链条,从而提升传统产业的观念价值和经济价值,促进经济转型升级。

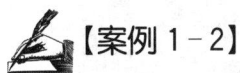

【案例1-2】

真人真事　大连艺术学院用《梦想·青春》致敬"最美逆行"

2020-10-06　16:45　来源:大连天健网

天健网消息(大连新闻传媒集团记者　金东淑)10月5日,大连艺术学院原创大型舞台剧《梦想·青春》在大连开发区大剧院成功首演。全剧运用了音乐剧的舞台表现形式,将抗击新冠疫情过程中发生在大连艺术学院校园里的真人、真事、实情、实景搬上舞台,是一部为传承青春与大爱精神而专门创作的思政舞台剧新作,同时也展现了大连艺术学院建校20年来在思想政治教育领域的不断探索。

该剧由中共辽宁省委教育工委、辽宁省教育厅、共青团辽宁省委员会、中共市委宣传部、大连金普新区党工委、共青团大连市委员会主办。

全剧共分为四幕,采用纪实性体例。交响乐、合唱、朗诵、音乐剧、舞蹈等艺术形态交相辉映,体现了多时空、多情境、多点式表演完美搭配的精妙;灯光、舞美、服装、道具等极致渲染,呈现出舞台艺术与舞台科技的交汇融合。剧中第一幕,围绕云端思政课,讲述大连艺术学院的学生在新冠疫情期间,结合自身专业,用实际行动抗击疫情的动人故事;第二幕,讲述一位来自浙江安吉贫困村的大学生,在学校领导与老师的教育与引导下,积极响应习总书记建设美丽乡村的号召,树立家国情怀与责任担当的信念,毕业后选择回到老家,将绿水青山变成金山银山的故事;第三幕,通过一堂排练厅里的思政课,讲述老师用亲身经历和革命精神教育学生,学生如何在艺术实践中锻造出过硬本领的故事;第四幕,通过一堂充满着"大爱情怀"的思政课,展现出大连艺术学院20年的发展历程,培养出众多有家国情怀和责任担当的学子。

思政课不只在课堂上讲,也可以在舞台上演。多年来,大连艺术学院一直以将思政课搬上舞台的形式对青年学子进行理想信念教育,这对青年学子厚植师生爱国主义情怀,引导学生增强中国特色社会主义道路自信、理论自信、制度自信、文化自信,起到潜移默化、润物无声的效果。近年来,学校共有22名毕业生自愿到新疆、西藏等偏远地区工作,每年都有百余名学生报名参军入伍,申请入党人数占学生总数的75%以上。

在《梦想·青春》最紧张的排练节点,大连进入"7.22"疫情处置的关键时期。为了不影响演出进度，大连艺术学院党委书记王贤俊利用云端视频形式多次在线讲授思政课，鼓励师生向所有奋斗在一线的医护人员学习，向在疫情防控期间涌现的大连艺术学院师生志愿者学习，鼓舞大家克服困难，创新排练形式，把排练厅搬到互联网上。

　　建校20年来，大连艺术学院始终坚持立德树人根本任务，突出实践育人办学特色，构建了"舞台上、灯光下、一生多师"的创新型艺术人才培养模式。作为一所民办院校，大连艺术学院几乎每隔一年必出一台原创剧目，先后公演了《丝路·青春》《追梦·青春》等五部具有时代意义与艺术价值的原创剧目，从创作、排练到演出的过程就是一堂生动的"大思政"课。每一部原创剧目台前幕后参与的师生有3 000多人，涉及20多个专业，参加演出实践的大学生，既锻炼了才能，又接受了生动的思想政治教育。

四、与技术融合度高

文化创意产业比传统文化产业更加重视创意,这种创意应该是思想、文化、技能和创造力基础上产生的创意,且随着现代科技的发展越来越多地与技术紧密相连,因此文化创意产业与传统文化产业相比,比较突出的一个特点就是更新频率较高,换代速度较快。这种与时俱进的特性在基于数字技术和网络技术的新媒体行业表现得尤为突出。

在互联网发展、跨界融合与科技创新成为时代趋势的背景下,数字经济已然成为国家经济稳定增长的主要动力和推动产业创新、技术进步的重要力量。中国互联网络信息中心(CNNIC)发布的第38次《中国互联网络发展状况统计报告》显示,2016年中国网民规模超过7.1亿人,中国互联网普及率达到51.7%,手机网民6.56亿人,各类互联网服务应用均保持了高速增长。互联网和数字技术的发展极大地促进了数字文化产业发展,也不断催生出数字文化产业的新业态、新模式。

随着互联网和数字技术的广泛普及,动漫游戏、网络文学、网络音乐、网络视频等数字文化产业迅速发展,与百姓生活越来越密切,已经成为目前群众文化消费的主产品。在当前文化消费形态愈加数字化、网络化的形势下,大力发展数字文化产业不仅有利于推进供给侧结构性改革,实现产业优化升级,更重要的是使中华文化的传播和弘扬有了更强大的技术优势。

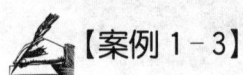
【案例1-3】

"互联网+"文创产业演绎中国故事

文创产业是受互联网影响最深的领域之一,"互联网+"改变了文创产业的传播渠道,改变了产业结构,也改变了整个产业的组织方式和价值链构成,甚至更新。

(1) 人们对文化和创意的认识。

我国互联网、移动互联网的快速发展带来了7.31亿人的庞大网民群体,使得我国创意经济的发展走出了一条与发达国家文创产业发展完全不同的路。

在网络文学、网络漫画、网络视频等文创产业细分领域里,UGC(用户自制内容)让"中国声音"与众不同。就网络文学来说,从创作群体规模看,中国作家协会会员仅有万余人,在阅文平台上写作的网络文学作者超过400万人。从收入来看,在2016年全球作家收入榜中,排名前10的全部是传统作家,海外文学创作互联网化的程度相对较低;在中国作家收入排行榜中,如唐家三少、江南、南派三叔等网络作家几乎占据大半江山,而七度鱼的原创漫画作品《尸兄》,仅手机游戏授权费就高达5 000万元。

(2) 从产业视角看,在互联网的帮助下,更多人的创意天赋被发掘出来,优化了更扁平的产业组织,带动了更多元的文化社群,从而实现了更广泛的创意来源、更高效的创意生产和更充分的创意认同。

全球收购正在助力中国文创产业快速实现创意全球化。在手机游戏领域,顺荣三七收购了日本知名游戏公司SNKPlaymore;联众为巩固自身智力运动布局收购了WPT;金立科技收购了MMOGA;腾讯则斥资86亿美元收购了全球最大的手游开发商Supercell 84.3%的股权。在影视娱乐业,万达2016年宣布并购美国传奇影业;此外诸多企业以资本和市场为纽带,加深了与全球知名企业的合作。比如,《功夫熊猫3》的出品方包括来自美国的梦工场动画、中国电影股份有限公司(发行)以及东方梦工厂(中方控股55%),其中东方梦工厂负责本片的模型/贴图、角色特效、特效、绑定和动画,并参与全球分账。更重要的商业模式则与以微信、手机QQ、新浪微博为代表的社交网络在中国"大行其道"有关。网络文学作者猫腻的《择天记》在从小说改编为电视剧的过程中,电视剧和网络文学平台的互动非常紧密,作者不断地向电视剧输入内容,而电视剧在制作过程中得到了丰富的粉丝互动。影视化之后,最吸引观众的是哪点,哪些是他们绝对不愿意放弃的,哪些是他们希望有所突破的……来自互联网的大数据给了编剧大量的一手信息,包括男女主角鹿晗和古力娜扎也是粉丝选择的结果。

(3)基于社交网络的社群成为我国文创产业新的基础,也带来了更多商业模式的创新。一方面,朋友圈、微信群、微博成为文创产品营销的主渠道;另一方面,社群内部的分享、讨论和反馈也有助于创意者对产品继续打磨,以及UGC内容生成。

(4)社群甚至还在改变文创产业的投融资模式,社群内共同的兴趣爱好成为股权众筹的基础。无论是《大圣归来》《十万个冷笑话》等动漫电影,还是《黄金时代》《战马》等文艺电影和话剧,其之所以能够在短时间内筹集百万元以上的资金,前期的粉丝运营、社群运营功不可没。腾讯影业首席执行官程武如此形容"互联网+产业文创"未来的商业模式创新:任何娱乐形式将不再孤立存在,而是全面跨界连接、融通共生;创作者与消费者界限将逐渐被打破,每个人都可以是创作达人;移动互联网催生的粉丝经济,将会让明星IP诞生效率大大提升,催生前所未有的创意时代。

(资料来源:《"互联网+文创产业"创新演绎中国故事仍有短板需补》,中关村创意产业网)

第三节　我国文化创意产业的产业环境

一、深度融合发展的路径逐步形成

随着文化创意产业规模的扩大,其深度融合性特征逐步显现,与旅游业、传统制造业、农业等逐渐形成"越界、渗透、提升、融合"的多样路径。以旅游业为例,文化与旅游有天然的联系,文化是旅游的灵魂,旅游是文化的重要载体。文化创意产业与旅游业二者融合发展,通过举办文化旅游节庆活动、打造高品质旅游演艺产品、开发文化旅游工艺品等,一方面以文化创意引领对旅游资源、衍生产品等的开发,以文化的活力提升旅游项目、旅游产品等的内涵;另一方面为文化创意产业提供了极为广阔的应用空间,成为其快速发展的重要引擎。

二、产业集聚化逐步形成

我国文化创意产业集聚化发展趋势逐步形成,在产业集聚化形成的过程中,聚集区内部的各省市也充分认识到文化创意产业对于地区经济增长、推进地方产业结构升级转型的重要意义,相继出台了相应的保障促进政策。

三、文化创意产业推动文化产业结构调整步伐加快

近年来,虽然我国文化产业快速发展,但文化产业结构仍存在着投入结构低端化与同质化、产业关联性不强、区域发展不平衡、人才结构不合理等问题,直接影响着文化产业的发展进程、水平、质量和效益。近年来,文化服务业占比均远大于文化制造业和文化批发零售业,

同时也保持了更快的增长速度。文化创意产业作为上述领域的重要组成部分，成为促进我国文化产业创新发展、优化文化产业结构的重要因素。

四、文创产业发展趋势

（一）"一带一路"建设为文化创意产业跨地区融合及走向世界提供了新机遇

"一带一路"是经济贸易与文化交流的双核战略，而文化创意产业作为经济与文化双核战略有机结合的重要载体，能够在此过程中推动我国文化创意产业的跨地区发展融合及"走出去"，与沿线国家和地区实现互惠共赢。一方面，"一带一路"沿线国家及地区为我国文化创意产业提供了更为广阔的国际市场，根据国外不同受众群体的文化传统和价值取向，我国文化创意企业可以有针对性地开发适销对路的文化创意产品；另一方面，沿线国家及地区不同的文化背景和人文风俗为我国文化创意产业提供了丰富的文化资源，注入了新的活力。

（二）高新技术在文化创意产业中的重要性逐步加强

为将创意设计方案真实完整地呈现，需要提供从前期的创意策划、方案设计，中期的现场制作及后期维护等全流程解决方案，而全流程解决方案覆盖多层次、多方面的技术。因此，推进文化创意产业科技创新，利用高新技术更新文化创意产品的创作模式和传播方式，能够实现创意设计和文化科技的双轮驱动。未来文化创意产业的发展必须依赖于相关领域强大的高新技术，二者的深度融合是不可避免的趋势。

（三）以集群化为特点的协同发展趋势

文化创意产业的发展需要以完整的产业链为依托。在政府的积极引导下，我国文化创意产业已经初步形成了以国家级文化创意产业示范园区和基地为龙头，以省市级文化创意产业园区和基地为骨干，以各地特色文化产业群为支点，共同推动文化产业加快发展的格局。目前，我国各类文化创意产业园区和聚集区建设初具规模，但特色还不明显，未来发展需要加强对特色文化创意产业集群的培育，建设一批特色鲜明、优势突出的文化创意产业园区。

（四）"互联网＋"逐步融入文化创意产业的实践之中

"互联网＋"作为一种新的经济形态，与文化创意产业具有良好的融合效应，能够利用信息化、物联网、智能化等创新技术为文化创意产业的创新提供低成本、多渠道的技术平台；同时，互联网成为文化创意产业生产和消费的重要平台，促使创意人员从互联网思维方式考虑用户的需求，使文化创意服务与产品更能适应互联网的生产和传播需要。作为一个以创新为驱动的产业，文化创意产业需要紧随互联网的潮流，不断更新自己的内容和形式，保持产业发展的生命力。

2019年年末，纳入统计范围的全国各类文化和旅游单位35.05万个，从业人员516.1万人（见图1-1）。其中，各级文化和旅游部门所属单位66 775个，减少60个；从业人员69.49万人，增加2.43万人。

图 1-1 2015—2019 年中国文化和旅游单位及人员情况

数据来源:文化和旅游部、中商产业研究院整理。

第四节 如何看待互联网背景下的"新文创"

2018年,腾讯集团副总裁程武首次提出"新文创"的概念,他认为"新文创"是更复杂的数字文化,即"数字文化绝不是简单的把文化进行数字化和网络化,而是一种全新的文化生产与传播方式。这里,我想称它为新文创。"

什么是"新文创","新文创"有何特征,大环境下的"新文创"有何相关政策,文化企业应如何发展,都是我们值得思考的问题。

关于"新文创"的含义,当前最主流的看法为利用"文化+科技"的融合打造文创IP,构建文化内容生态。简单来说,就是将文化内容利用数字化媒体和网络化包装来展现的一种传播方式,这与传统的文化生产与传播大相径庭。

也有人认为"新文创"是一种更加系统的发展思维:通过更广泛的主体连接,推动文化价值和产业价值的相互赋能,从而实现更高效的数字文化生产和IP构建。运用"新文创"理念可以将文化内容更加高效广泛地传播,促使商业经济更加繁荣和美好。

例如,博物院、美术馆的藏品皆为珍宝,具有极高的历史价值和美学意义。观众欣赏展品就是一个传播的过程,观众通过自身的文化素养来对展品进行编码解码,从而达到理解、接收、记忆的目的。如果没有一定的文化素养作为支撑,观众与展品之间就不存在互动,结果只会是"走马观花看热闹"。

一、欣赏传统文化对受众的文化素养要求较高

如何理解当下语境中的"传统文化"呢?复旦大学文史研究院院长葛兆光认为,传统文化是指一种由历史延续下来,被深深根植于一个民族心中的,无论何时何地何种阶层都无须思索地信奉和认同,并且在他们的日常生活的各个方面都会始终表现出来的传统精神。

文化是"形而上学"的范畴,受众需要有一定基础的哲学历史等思想基础。

二、以青年为主的亚文化大兴风浪

当代年轻人固定的生活程式和繁重的工作压力,是新媒体不断发展和文化内容娱乐化的部分诱因。为了在高压的工作状态下获得更多的私人空间和放松身心的机会,碎片化的时间被更加充分地利用起来,青年亚文化逐渐成为主流。

根据《2019当代青年生活方式报告》:在某一领域大量投入的人,在别的方面也更愿意花费精力或金钱,对萌物喜好度最高的爱萌者对快时尚产品的投入更大。因此亚文化具备以下几个精神层面的特征:

(1)"软萌贱"比"高大上"更受欢迎;
(2)轻松娱乐比传统权威更受欢迎;
(3)亚文化比主旋律更受欢迎。

除此之外,相同的兴趣爱好和对归属感的追求让五湖四海的人聚集在一起形成社群或集体,而文创产品更容易在这些社群中传播。

三、新文创应从青年群体突围

想要做好文创产品,就必须迎合占消费主体大部分的青年人的喜好。严肃美学的逐渐离场,工笔水墨被"软萌贱"的形象戏谑,晦涩古文被奇葩段子取代,用通俗的方式诠释传统文化,达成一种充满矛盾又美感灵动的幽默戏谑感,这种幽默感恰恰是大部分人向往的情感因素。

据《新文创消费趋势报告》显示,目前已有24家博物馆入驻天猫,仅故宫就在天猫和淘宝平台上开了包括"故宫淘宝""故宫博物院文创旗舰店""朕的心意"在内的6家不同店铺。中国的线上博物馆文创市场以超过100%的增速在高速增长。

为深化社会领域供给侧结构性改革,进一步激发文化领域投资活力,着力增加产品和服务供给,促进经济转型升级,各级政府相继出台了不少支持文化创意产业发展的政策。

如北京市文资办于2019年7月发布了《北京市实施文创产业"投贷奖"联动推动文化金融融合管理办法(试行)》(简称《办法》),《办法》指出要发挥财政资金使用效应,撬动金融资本服务文创产业和实体经济,推动文化金融融合发展,缓解文创企业融资难、融资贵、融资慢问题,服务全国文化中心建设,实施文创产业"投贷奖"联动。《办法》强调要鼓励文创企业采用市场化融资方式进行融资,对通过平台获得债权融资的文创企业,按照贴息、贴租等方式给予支持。

(一) 文化企业转型升级需要因地制宜

当今文化产业发展政策不断完善,各方企业的发展也要因地制宜,结合自身情况推出最合适的发展策略,不能够"眉毛胡子一把抓"。一方面企业要抓住发展机遇,遵从制度方向;另一方面要发挥主观能动性,大量引进优秀人才,积极打造企业品牌,并从多方争取金融投资。

(二) 加强资源整合,促进产品多元化

和传统文化产业不同,新文创需要文化企业整合大量信息资源,在结合市场需求的基础

上，不断推出多元化、个性化的产品和服务。例如，阅文集团2018年作家总数超过770万，原创网文作品超1 070万部。在传统的玄幻、仙侠、言情等热门题材之外，大量接地气的现实主义题材，以及二次元、体育、科幻等作品涌现，并广受欢迎。

（三）拓宽销售渠道，实现数字化运营

传统文化企业营销模式较单一，线下宣传的方式也无法准确识别消费者群体，宣传力度和效用严重受限。采用互联网营销手段可以扩大宣传范围，通过消费者的自主选择和口碑营销足以扩大文创产品影响力。

运用网络营销手段，不仅能锁定目标群体，利用云计算和大数据还可以识别用户信息偏好和消费动机，进而进行精准的广告投放。

（四）把握市场需求，紧跟发展大趋势

文化企业的发展在任何时候都不能脱离市场规律，牢牢把握市场规律是打造文化企业品牌的法宝。

加强文化企业跨界，促使IP运营成常态。

一方面，持续推动优质内容的创生与孵化，另一方面将优质IP延伸到舞台剧、综艺、衍生品等领域，实现多方合作共赢。

四、文化产业总体营收规模不断扩大

随着改革开放的加深和全球经济自由化推进，文化企业发展的国际竞争和合作将更频繁。文化企业可根据政策导向积极参与"一带一路"、自贸区等文化产业建设。

据故宫博物院原院长单霁翔介绍，到2018年12月，故宫文化创意产品研发超1.1万件，故宫文创产品的收入在2017年就已达到15亿元。

近年来，我国文化创意产业发展速度不断加快。随着新时代的到来，优质文化和数字技术的融合将更加被重视，互联网技术将渗透到企业经营管理的各个层面，文化创意产业将进入新的发展阶段。而新文创只是我国文创产业发展的一个缩影，未来的文化创意产业将大有可期。

第五节　大学生文化创意创业的机遇

大学生创业涉及高校、家庭、社会等多个方面，由于大学生处于由学校向社会过渡的特殊时期，其创业行为需要各方面的积极关注与帮助。而艺术类大学生在创业时如果能够紧密结合自身所学专业，在层出不穷的创业项目中将难掩光芒。西安美术学院学生处就业创业教研室主任刘荣认为，艺术类大学生在创业方面有自己的优势："首先，是学生自身的优势。艺术类大学生绝大部分热爱艺术、热爱自己的专业，他们思想的独立性和批判性较之普通学生更为突出，观念更新的速度较快，对新事物的接受能力较强。因此，他们的创新意识是优于其他学生的，且更具独特性和创新性。而且艺术类大学生长时间接受艺术的熏陶，审美意识更强。学生的艺术能力离不开实践能力与实践经验的共同滋养，在艺术创作的实践中所培养的执着、敢于冒险、敢于担当、敢于挑战的特质正是创新创业中必不可少的优秀品

质。加之艺术类专业课的学习比较注重学生领悟和创作能力的培养,有利于学生自主学习能力的提升,这一能力对于创新创业而言,也至关重要。其次,艺术类大学生还有专业方面的优势。比如艺术设计专业就是以设计为先导、以创新设计为主体,通过运用形态、结构、空间、色彩等视觉元素,把设计者创造性的思维和创意转变为一种现实,整个设计的过程对学生是一种很好的锻炼。现代技术的发展和应用,都能够为艺术类大学生创业提供较大的空间。这些都是艺术类学生创新创业所具有特点,同时也是他们的优势。"

一、学生创业"扬帆",国家政策"护航"

关于大学生创业,近年来国家持续出台了不少政策予以支持,这些政策几乎覆盖了大学生创业时涉及的学业安排、资金、场地等多方面。党的十八大明确提出,要加大创新创业人才培养支持力度。习近平总书记多次做出重要指示,要求加快教育体制改革,注重培养学生创新精神,造就规模宏大、富有创新精神、敢于承担风险的创新创业人才队伍。李克强总理多次强调"大众创业、万众创新",其核心在于激发人的创造力,尤其在于激发青年的创造力。2015年5月国务院办公厅印发了《关于深化高等学校创新创业教育改革的实施意见》,提出实施弹性学制,放宽学生修业年限,允许调整学业进程、保留学籍休学创新创业。一年来,全国已有包括北京、上海、福建、贵州、广西、内蒙古等20余省、市、自治区出台了鼓励大学生创业的改革方案,明确支持实施弹性学制,允许大学生休学创业。在一些省市设计的方案中,大学生休学创业可保留学籍的年限被细化为2至8年不等。比如黑龙江省规定,经高校评估后,大学生(研究生除外)休学创业学籍最长可保留8年;广西壮族自治区则规定,在校生休学创业的年限在原有学制基础上可延长2至5年,休学创业时间可视为其参加实践教育时间。

此外,资金短缺也是许多大学生创业时所需面对的一大现实问题。据2015年教育数据权威分析机构麦可思的数据研究显示,个人储蓄和亲友赞助是大学生创业的主要资金来源,占到了总来源的80%以上。但是,自筹资金数量非常有限,远远满足不了创业启动和运营的需求,一旦创业失败,很有可能会背上沉重的债务。为此,在多个省、市、自治区促进高校创新创业的方案中,明确了为大学生创业提供的"福利"。例如,广西壮族自治区提出,在2016至2017年间,对经认定为创业孵化基地的众创空间,给予2年的房租及宽带接入费用补助。上海市则提出,将落实创业贷款担保贴息、创业场地房租补贴、创业培训见习补贴、初创期创业社会保险补贴等政策。有些省市还为创业大学生发放补贴,比如对创办科技型、现代服务型的小型、微型企业的高校毕业生,安徽省将给予一次性5 000到10 000元补助。

除补贴外,各省市同时加大对创业的资金扶持力度。比如重庆市鼓励社会组织、公益团体、企事业单位和个人设立大学生创业风险基金,以多种形式向自主创业的大学生提供资金支持。黑龙江省级财政投入2亿元,成立了大学生创新创业小额贷款担保公司,专门为大学生创业提供低费率担保。创新创业小额贷款担保公司每年安排1亿元作为大学生创业的"种子资金",支持在校和毕业五年以内的大学生创新创业活动。此外,黑龙江省每年还安排3 000万元资金,用于支持全省科技企业孵化器为大学生创新创业辟建孵化基地,而且大学生创业在小额贷款方面也有各种优惠。

在场地方面,多个省市的创业园区以很大的优惠力度向创业大学生提供办公场地。例如,北京市规定,开办文化经纪、动漫制作等文化创意产业的北京籍应届高校毕业生,可以在区政府确定的集中办公区进行注册,也可以利用住宅作为住所(经营场所)进行登记注册。

政府一系列政策的出台与实施,意在尽可能地为大学生创业提供一个较为宽松的环境,全国政协委员、中国人事科学研究院院长吴江表示,不仅要将促进大学生创业提升到国家发展高度,还要调整政策关注点,扩大政策受益率,加大政策扶持力度。艺术类大学生在创业时也应及时关注国家相关政策,创业起步虽然艰辛,但是借助政策的东风,可以帮助创业大学生扬起梦想的大帆起航。

二、跨校合作,引燃创新创业"星星之火"

大学生创业多是从校园开始,学校对学生创新创业的影响不容忽视。同时,国内各大高校也普遍开始重视对大学生创新创业意识及相关知识内容的教育与引导。2010 年,教育部下发《关于大力推进高等学校创新创业教育和大学生自主创业工作的意见》,要求各地大力推进创新创业教育,加强创业基地建设,进一步落实和完善大学生自主创业扶持政策,强化创业指导和服务,推动创新创业教育和大学生自主创业工作实现突破性进展。同时,政府还积极引进国外创业教育项目,教育部专门设立"高等学校创业教育指导委员会"对高校开展创业教育进行指导、咨询。对此,众多艺术类院校积极响应国家及教育部鼓励创新创业的政策。比如组织学生参加"互联网+"大学生创新创业大赛、"挑战杯"大学生课外学术科技作品竞赛、大学生决策仿真实践大赛等品牌赛事,为将学生的奇思妙想转化为现实产品提供舞台,实现创新引领创业、创业带动就业。也有部分艺术院校开展创新创业第二课堂活动,整合资源支持学生成立创新创业协会、创新创业社团、创新创业俱乐部、创新创业沙龙,举办创新创业讲座论坛,创立创新创业学术刊物等。

三、企业接力校园,使创新创业"有枝可依"

走在创新创业路上的学生,是校园与社会的天然联系体,一方面,他们还带有象牙塔内的青春与稚气;另一方面,他们较之同龄人更早地接触到社会。在这种过渡的状态下,如果有成熟的企业能够提供接引,是不是对学生的创新创业更加有利呢?《艺术市场》杂志社股份有限公司用实际行动给出了肯定的答案。《艺术市场》杂志社股份有限公司总经理张国洪说公司的业务板块中就包括艺术众创产业,这一产业主要包括三个部分:第一部分是艺术众创产业的平台。这个平台是为央企和全国艺术院校进行合作服务提供平台。这个平台的核心,一方面是把院校的人才团队,包括部分青年教师和学生(研究生、本科生)整合起来。团队中覆盖了创作、设计、制作、服务等多个环节,并构成了一个完整的有机整体。另一方面,平台努力与相关城市、企业进行对接,找到产品的出口,即需求方。由公司提供资金并安排相应的会议论坛、展览等活动,将供给方与需求方在这个平台上进行恰到好处的连接。关于艺术众创产业平台,《艺术市场》杂志社股份有限公司已经准备了数年,计划在今年正式开始推进。

第二部分是公司与相关的城市和企业合作建立艺术众创园区。在艺术众创园中有众创基地,即企业和城市为艺术类本科生或研究生提供就业、创业的空间。园区是以国家的众创战略为指导设置,其模式也可以称为众创、众扶、众筹。很多工作室、实践基地、实践项目都可以纳入到众创园区中。《艺术市场》杂志社股份有限公司今年启动了两个项目,一个是北京的项目,一个是深圳的项目。深圳的众创园区中有一部分已具备成功创业经验、拥有创业业绩的企业。对于刚毕业的大学生来说,创业涉及的内容非常多,创业过程比较艰难。很多学生可能有一定的专业基础,但是其应对市场变化、寻求投资、管理团队、进行市场营销等一系列涉及创业内容的能力、素养和经验比较欠缺。所以公司更希望在园区内出现更多创业成功的企业,学生可以选择先进入这些企业就业,而不是自己毕业以后就单枪匹马地开始创业。张国洪认为,对于部分大学生来说,无论是搭载成功的"旗舰"还是"船队",先搭载上去,都将大有裨益。

艺术众创产业的第三部分是在园区中配套市场终端,比如艺术超市,学生的艺术创意作品、产品都可以在超市里进行售卖。同时,艺术超市还可以结合艺术会展、艺术品市场,甚至对接艺术品电商平台。很多众创园区还可以发展成为创意旅游区,将大批的旅游人群吸引进来,促进相关产品的销售。目前,国内这方面做得较好的有北京的798艺术区、上海的莫干山艺术区等,实际上就是创业旅游目的地,或者叫创业型的旅游景区、人文景区。张国洪说:"《艺术市场》杂志社股份有限公司计划在院校和企业设立一系列的众创基地,分为院校型的基地和企业型的基地。这一计划已经开始着手实施,今年9、10月份会开始与全国范围内的院校进行对接,第一批对接的院校有50个左右,按照每个省、市、自治区1到2所院校的数量,尽可能地覆盖多数省份或地区。"有了企业对院校的接力,大学生的创新创业路上又多了一份助力。

 拓展阅读

在校大学生的创业项目,悟空校园已获千万级A轮融资

大学校园是文化的重要聚集地,围绕大学生群体的创业项目也是层出不穷,如专注于大学生社交的番迷、个人财务管理记录的露米记账以及从C2C众包切入校园O2O的快应等。今天给大家介绍的"悟空校园"是由大学生创业的项目,定位于校园生活娱乐化社区,初衷是希望搭建一个高校之间娱乐互动和文化交流的平台。

悟空校园隶属广州悟空网络科技有限公司(对外简称悟空网络),是由东胜灵石投资的悟空青年创业社区孵化的项目。初始团队成员来自广东外语外贸大学、广东工业大学以及广东药学院的在校大学生。被团队称为大师兄的何湘林早期是悟空校园的创业导师兼CEO。现在的联合创始人兼CEO陈金城是一名大四学生,目前团队有30多人,负责产品运营、渠道开发、市场推广以及商业合作等。2014年12月悟空校园获得由东胜灵石领投、多家私募基金跟投的千万级A轮融资。

悟空校园有三个核心功能:有价值的校园资讯的输出端口;基于兴趣娱乐的圈层文化社区;基于共同爱好的校园交流平台。作为一个大学生校园生活娱乐化社区,悟空校园的长期定位是希望成为移动互联网时代的中国青年文化高地。在这里可以体验到来自不同高校的校园文化氛围,彼此娱乐互动、交流学习。

现在市面上的校园社交平台大多都是以"荷尔蒙经济"为主导思想的社交,陈金城在接受猎云网专访时表示,在如今这个社交媒介满天飞的时代,纯社交形式过于单一,难以吸引用户,平台缺乏感兴趣的内容,难以留住用户。基于此悟空团队从校园娱乐化生活为切入点,内容自制,平台自建,着力打造校园娱乐化生态圈。

据了解,悟空校园是悟空青年创业社区的孵化项目,除此之外,悟空青年创业社区还孵

化有专注于校园音乐的悟空音乐、专注于校园创意影视产品和微电影的悟空影视,还有专注于校园创意设计的创意72变众筹等其他项目。这些项目成熟以后会成为独立的公司运营,但内容数据是全部共享打通的。此外,团队也在不断完善悟空青年创业社区的架构,现在创业社区设有技术中心、品牌中心、创投基金等。

在当下这个内容为王的移动互联网时代,陈金城认为只有把自己的内容和服务做好,才有竞争力可言。只要有好的内容,用户黏性会更大,进而将用户过渡到其他社交和服务。同样作为90后创业的公司,如兼职猫、礼物说、超级课程表等,它们的运作和发展也是悟空团队所看好的,有很多地方值得学习和借鉴,团队也希望在未来有机会可以跟这些相关平台进行合作。

悟空校园目前注册用户量已突破了30万。在2014年举办的一些大型活动,如悟空校园音乐节、联合主办的广州美酒节、在湛江举办的数万人规模的跨年晚会等,悟空校园的品牌影响力已覆盖了数百万的人群。借助A轮融资,悟空校园后期将加大力度进行市场推广,在继续提升品牌影响力的同时促进用户的快速增长。

对于2015年悟空校园的规划,陈金城也向猎云网透露,将谋求与各大平台的合作,结合悟空音乐、悟空影视和创意72变众筹等项目的共同发展,借此打通校园生活娱乐文化的流量入口,线上线下联动进行市场推广。

以下是2015年其他三个重点项目的市场计划:

悟空音乐:推出悟空音乐App线上平台,打造中国第一个校园音乐互动社区,线上制作节目内容,与多个线上视频平台合作推出悟空音乐专属节目;线下活动将有超过100场悟空音乐节,挖掘更多优秀校园歌手,以歌友会和校园巡回演唱会等方式为他们提供实现梦想的平台。

悟空影视:致力于创意影视产品的孵化以及青年影视人的培养,用影像的方式来记录当代90后群像,代表他们的不一样的声音和态度。以原创轻网络剧与微电影为基础,建立起创意影视内容与资源共享平台,并建立完善的支持体系为众多青年影视人提供足够的帮助,来共建一个属于年轻人的内容分享与资源共享平台。

创意72变众筹:将推出自主创意设计品牌,并大力支持众多有创意的大学生设计师,帮助他们实现创意的产品化,将众筹理念和团购理念结合起来做,让创意和设计变成现实,并且跟更多的年青人交流分享。

目前"悟空校园"正处于3.0版本升级的准备阶段,2015年将全面往校园娱乐化社区的方向发展。陈金城也向猎云网强调说,悟空青年创业社区今年会重点推动的青年创业项目有悟空校园、悟空音乐、悟空影视以及创业72变众筹项目。未来将打通各个项目的所有内容数据,实现内容共享、流量共享,品牌联动的创业集群,最终形成相对独立的集各种领域的校园文化生态圈。目前悟空音乐、悟空影视都已获得天使轮融资,也都实现了独立公司化运作。

(资料来源:猎云网,在校大学生的创业项目,悟空校园已获千万级A轮融资,https://www.lieyunwang.com/archives/73218)

【思考题】

1. 你认为适合艺术类大学生创业的领域有哪些?
2. 悟空校园成功的要素有哪些?
3. 悟空校园的具体业务有哪些,为用户提供哪些价值?

第二章
文化创意产业的 IP 管理

 **本章导读**

　　文学、影视、游戏、动漫、音乐、演出、衍生品等组成的多元文化创意产业中，IP 是打通文创产业生态链的核心。IP 使产业链中的不同参与者实现融合共生，通过改编衍生，文创 IP 能够产生持续性价值。随着 IP 价值逐渐受到认可，游戏、影视等中下游产品数量和市场规模持续增加，周边衍生品市场成新蓝海，优质 IP 持续变现。

　　本章将学习 IP 对文创项目有哪些价值，什么是优质 IP，如何培育一个优质 IP，文化创意创业项目如何制定自身的 IP 战略。

 教学目标

1. 学习 IP 的概念与内涵；
2. 理解文创产业中 IP 的作用与价值；
3. 掌握优质 IP 的评估方法；
4. 学习 IP 战略与实施步骤；
5. 了解国家 IP 管理政策；
6. 发现 IP。

 **开篇案例**

熊本熊的 IP 诞生记

　　挖掘地缘文化特色、凝练文化元素、创造文创 IP、突破固有定义是再造文创 IP 的技术路径。以熊本熊为例，设计以火之国＋熊本城为地缘文化元素，诞生于作家和设计师的通力合作之下。

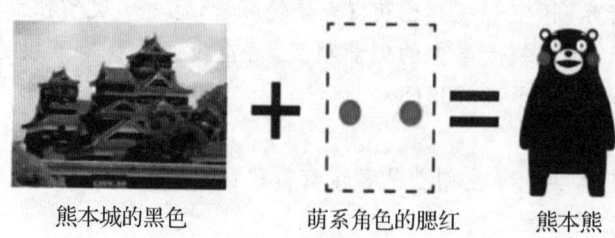

熊本城的黑色　　　萌系角色的腮红　　　熊本熊

但是熊本熊在诞生之初仍然是以满足常规视觉识别(VI)要求来考虑的,整个形象设计只是考虑如何体现文化理念与视觉形象两方面。但是对熊本县来讲,Logo 的出现并不能激起旅游市场的反应,但是随后加载的行为识别(MI)设计,使熊本熊这个形象才真正开始逐渐深入广大消费者心中。

从熊本熊的成功经历中进行总结,可以知道文创 IP 的成功源于文化的挖掘,挖掘现有的文化因子进行梳理、分类、延展,这是一个分析的过程,熊本熊正是从最富历史价值的熊本城(人文元素)着手,融合"火之国"的气候代名词,最终利用熊本县的地名化形熊的形象——熊本熊(也可叫熊本人),因此它就具有了极强的地域、文化属性。

而再造则是一种创造行为,创造的目的完全源于应用时代的功用需求,熊本熊的创造正是源于区域旅游大使、时尚达人、吉祥物的功用来定位的。

熊本熊是在形象设计成功的基础上又综合了时下的消费特点,加入了呆、贱、萌、蠢等多种可以和人们融入到一起的性格特点,又设计了独特的动作和表情组合,长时间运用专业的表演方式进行演绎,使得熊本熊的形象最终深入人心。

聚焦事件营销、化身公众人物。熊本熊这个文创 IP 一经设计出来就一直处在新闻媒体的报道中。最著名的是腮红遗失事件、降职事件,还有社交,以及到各个生活栏目中的客串嘉宾等。

熊本熊通过这种方式不仅向人们展示了其幽默的一面,同时还结合各种事件向人们展示它新开发的经典动作。事实证明事件营销是成功的,它能在很短的时间内让熊本熊跻身全日本最受欢迎的吉祥物之一,与米老鼠和 Hello Kitty 齐名。

可以说熊本熊的事件营销是利用生活中人们对新闻事件的关注心理,然后化身为公众人物来实现营销目的,而所策划的事件也都充满了合理性和不可思议性。合理的是熊本熊作为一个公众人物在日常生活中如明星一般受人们关注、追捧,其所发生的相关事件也理应受媒体的报道。不可思议的是,熊本熊的每次出现始终存在着一定的二次元违和感,而这种违和感又在人们的可接受范围内。

事实表明,这种如同闹剧一般的正儿八经的政府行为并非是荒唐,它反映的是在娱乐时代的一种营销精神。

熊本熊的成功是熊本县旅游行业的一次探索和创新,其相关衍生产品和关联产业为熊本县带来了广阔的收益来源。

熊本熊作为熊本县的文化创意产品,熊本县拥有其所有的衍生创意版权,从 Logo 到表情包,再到经典动作和各种梗事件,这就保证了熊本县在信息化时代能够获得足够多的知识产权保障和产业收益。

目前熊本熊这个 IP 已经走出了熊本县的地区平台,成功地跨入了整个日本乃至国际的产品市场,现在熊本熊被印在了各类食品包装上、各种学生用品上、列车外部车皮上等。

熊本县旅游的成功是熊本熊整个团队的努力结果。熊本县运用全新的旅游发展观向旅游市场推出熊本熊,意在利用有形的、具象的、移动的、可复制的、拟人的文创IP符号获得市场的关注和认可,进而破除区域旅游的空间限制。

(**资料来源**:IP怎么搞,《文化创意IP的应用探析——以熊本县熊本熊为例》)

第一节 IP的定义与内涵

一、IP

IP(Intellectual Property)是最近几年流行起来的一个缩略词,其本义是知识产权,乃法律概念,有比较清晰的界定与描述。不过现实情况是,大家只要聊起来有关内容产业、文化产业时,都会顺口使用IP一词,以致在不少场景下的IP已经偏离了其本义,成为类似于"有丰富开发空间的品牌"这样一个概念。

2011年,腾讯副总裁首次提出了"以IP打造为核心的泛娱乐"的战略构思。腾讯游戏在2012年度的发布会上正式发布了"以IP授权为轴心,以网络游戏运营为基础的跨领域、多元化商业开发模式"的"泛娱乐"战略。自此,互联网行业开始使用IP一词。这里的IP是英文词组"Intellectual Property"的首字母缩写,直译为"知识产权"。

互联网时代,IP涵盖了文学、影视、音乐、动漫、游戏、衍生品和网红等各个细分文娱领域。互联网从业者喜欢使用IP一词,是因为IP具有规范性、唯一性和连通性。

二、知识产权

知识产权是一个舶来词,学术界一直未给其一个公允的定义。WIPO(世界知识产权组织)将IP定义为"智力创造成果,即指发明,文学和艺术作品,外观设计以及商业中使用的符号、名称和图像等"。

(一)知识产权是一类权利的统称而非单个权利

知识产权可以分为两大类:工业产权和版权。其中,工业产权包括发明专利、商标、工业品外观设计和地理标志等方面的权利;版权包括文学作品(如小说、诗歌、戏剧等)、电影、音乐、艺术作品(如绘图、绘画、摄影作品、雕塑等)和建筑设计等方面的权利,以及与版权相关的权利。与版权相关的权利包括表演艺术者对其表演享有的权利、录音制品制作者对其录音制品享有的权利,以及广播组织对其广播和电视节目享有的权利。

(二)知识产权是一种受法律保护的权利

《世界人权宣言》第27条规定:"人人有权自由参加社会的文化生活,享受艺术,并分享科学进步及其产生的福利。人人对由于他所创作的任何科学、文学或美术作品而产生的精神的和物质的利益,有享受保护的权力。《中华人民共和国民法典》第123条规定:"民事主体依法享有知识产权。知识产权是权利人依法就下列客体享有的专有的权利:① 作品;② 发明、实用新型、外观设计;③ 商标;④ 地理标志;⑤ 商业秘密;⑥ 集成电路布图设计;⑦ 植物新品种;⑧ 法律规定的其他客体。"虽然我国尚无一部统一的知识产权法律,但已经先后颁布了《中华人民共和国专利法》(简称《专利法》)、《中华人民共和国商标法》(简称

《商标法》)、《中华人民共和国著作权法》(简称《著作权法》)等知识产权类法律法规。创造者或权利人拥有依法自行实施、使用其知识产权和许可他人实施、使用其知识产权的权利,并从中获取收益。

(三) 知识产权具有一定的独占性

比如在专利、商标的申请中,对同一智力成果,通常不允许有两个或两个以上同一属性的专利权、商标权的知识产权并存。

(四) 知识产权也是一种资产形式

与股权、债权、期权、物权等一样,知识产权可以通过评估、抵押、转让、出售、投资、许可等方式参与经营,实现价值变现。

三、版权与著作权

"版权"与"著作权"也是外来语,最初由日本传入中国。现代著作权法律制度脱胎于对传统印刷商和书商的权利保护,因此大家对版权(出版的权利)的理解可能会更容易些。现在,"版权"多数用于著作权行政管理部门及其相关机构的名称,如国家版权局、中国版权保护中心。著作权则强调对作者的权利保护。"著作权"多用于处理法律相关业务,如"著作权人""著作权归属""著作权集体管理""著作权协议"等。由于历史原因,一直以来"版权"与"著作权"长期混用。依据我国《著作权法》,著作权即版权,是指作者及其他权利人对其创作的文学、艺术和科学技术作品所享有的专有权利。

四、IP与版权

第一,在法律关系上,IP通常是以版权作品形式存在的,IP变现的渠道也以版权交易为主。比如,2008年,唐七公子开始在网上连载自己创作的长篇古风小说《三生三世十里桃花》,2009年付梓,2015年开始出现以"三生三世十里桃花"为主题的漫画、电视剧和电影。其中,电视剧首播3个月全网播放量就超过了300亿次。

第二,IP的开发过程涵盖了商标、专利、版权全要素的知识产权保护。比如,针对《熊出没》中熊大、熊二、光头强等漫画形象,深圳华强文化科技集团股份有限公司在2011年11月就获得了国家版权局颁发的《著作权登记证书》,同期还申请了商标。

第三,IP体现了"爆款"+跨界的互联网思维。一个IP的起点,通常是一部文学作品或是一个漫画作品。比如,2011年诞生的熊本熊,最初只是日本熊本县的吉祥物,到2015年其周边产品的销售额已突破了1 000亿日元。

第二节 IP发展现状

一、IP产业链

IP产业链,是围绕IP要素的全部产业部门,包括了从初始作品创作,到版权交易,到影视内容的制作和发行,再到游戏、电商、实景娱乐、玩具等实体物品销售以及艺人经纪、粉丝经济等衍生产品开发。IP产业链已经覆盖了整个泛娱乐行业,包括游戏、音乐、文学、电影、动漫、体育,甚至跨界渗透到餐饮和电商行业。本质上,IP经济是粉丝经济的拓展和延伸,其核心是将粉丝转化成消费者,实现商业价值的变现。我国IP产业链呈现以下特点:

(1) 整体起步晚,产业空间巨大。由于IP产业在中国市场也是近两年才开始兴起,企业更迭很快,多数企业处于初创和快速成长期,在细分市场上有足够的创业机会。

(2) 市场规模呈现向下逐级增长的正金字塔结构。产业链最上游的网络文学已经跨入百亿元规模级别,中游的影视剧市场正由千亿元向数千亿元规模进发,下游的衍生品市场很快将达到万亿元级别。

(3) 本土IP崛起,国外IP风险加大。2015年被称为"中国IP元年",《大圣归来》让西游记这个传统IP再次大放异彩;《锦绣未央》《甄嬛传》《琅琊榜》《花千骨》为代表的网络小说得到了影视剧制作公司的追捧。同时,由于日韩、欧美版权产业发展相对成熟,IP引进价格相对较高。日本热门动漫IP的授权底价通常高达数百万元人民币,还要求业绩分成。依靠国产老电影版权起家的乐视,因为高价引入国外体育版权丧失了竞争优势。

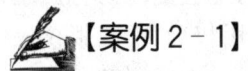【案例2-1】

中国没有"深夜食堂"

2017年6月12日,黄磊领衔主演的日漫改编电视剧《深夜食堂》迎来首播,但首播收视率太惨烈:北京卫视收视率为0.5,浙江卫视收视率仅为0.48;视频网站累计播放量2 800余万次。更重要的是,播出仅两集之后,该剧口碑遭遇断崖式下跌,在豆瓣上的评分仅为2.4分,88.4%的观众给出了一星差评,创造了中国电视剧豆瓣评分的新低。纵观之前的日剧改编,效果都不甚理想。例如,前一段时间热播的《求婚大作战》,虽有"小鲜肉"张艺兴加持,但是首播收视率仅为0.5,豆瓣评分4.5分。又如《问题餐厅》,在腾讯收获1.6亿次播放量,豆瓣评分6分。再如《约会恋爱究竟是什么》,豆瓣评分为5.1分,并没有掀起太大的水花。

《深夜食堂》改编自日本漫画家安倍夜郎创作的治愈系漫画,曾在日本改编成电视剧,深受观众喜爱和好评。2009年播出的《深夜食堂》原版电视剧,在豆瓣上拥有9.8万人评出的9.2分的高分,和在日本形成了收视奇观的黄金档电视剧《半泽直树》的评分人数几乎一样,分数甚至比《半泽直树》还高0.1分。

值得深思的是,网友的质疑其实归根结底都直指一个问题,就是日式改编剧的水土不服。国外IP如何本土化改编一直是业内人士面临的难题,显然《深夜食堂》不但没有规避这个问题,反而一脚踩进了雷区。该剧首播后,穿着和服的老板,泡饭和泡面简单粗暴的改编,以及部分细节上的处理不到位都遭到网友诟病,甚至有网友直言不讳地表示,"买版权要的是深夜、食物、情感这些内核,而不是硬生生架起来的仿佛存在于另一个中国大都市的摄影棚……"也有网友自动自发地在微博上讲述自己理解和亲历的"中国版深夜食堂"。虽说一千个人心中有一千个哈姆雷特,但是《深夜食堂》这种广告遍布但忽视内容的设置遭到了大量网友的差评。据说,《深夜食堂》版权的敲定就花了一年多时间,并且原作者要求一定要保留老板脸上的刀疤和无背景的人设。显然现在的剧情安排已经是中日双方不断沟通交涉后的结果。实际上,大部分中国观众无法对日剧中的那些小情绪感同身受,而换成我们期待的小龙虾、麻辣烫这样的中国夜宵摊美食,恐怕也很难表达出原著对于美食价值的理解。这种由两国经济发展和消费水平不同带来的心理差异问题,不是一个导演、一个编剧通过简单改编就能解决的。因此,日式 IP 在中国市场的水土不服可能还要存在不短的一段时间。

(资料来源:改编自《〈深夜食堂〉翻拍悲剧》,36 氪,2017-06-14)

二、IP 发展趋势

(一)内容付费将是 IP 的新型商业模式

未来几年,整个文化行业的趋势之一便是为优质内容付费。根据艾瑞《2015 年中国在线视频用户付费市场研究报告》分析数据显示,2017 年中国视频付费用户规模将突破 7 400 万户,内容付费市场规模或将达到 140 亿元。未来几年内,内容付费作为 IP 的一种新型商业模式,将成为行业常态。

(二)国漫品牌化渐成趋势,对优质国漫的争夺日趋激烈

网络 IP 改编为电视剧,已经是常态。新一轮的 IP 争夺将聚焦于动漫领域。随着互联网新媒体的传播和优秀动漫原创作品的涌现,中国动漫"低龄化"的现象将有望向"全龄化"发展。国漫 IP 的用户和手游用户有很大的重叠性,青少年和成人中具有强烈动漫情结的人作为中坚消费力量,将成为中国动漫产业的主要用户。

(三)IP 正在重塑电商,低价促销将成历史

随着设计师原创、创始人代言、网红直销等形式的出现,未来商品的人格化形象展现会构建出一种新的商业形态——IP 商品。虽然短期流量入口不大,但是会有非常强的黏性。就如罗振宇在节目里卖书一样,今天微博、微信上的一群大V、小V也是如此,他们以社交平台作为内容运营平台,在各自的细分领域有着一批粉丝,备受信任,他们就是 IP,一方面他们传递知识,另一方面还带来乐趣。他们卖的东西就是好玩有趣,或是不被怀疑。

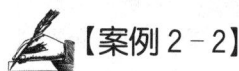
【案例 2-2】

"知识型 IP"七板斧

在流量经济时代,一切生意的本质是流量,一切交易的本质是信任,而流量和信任的母体是"IP"。打造创始人的个人 IP,既能 toB 整合业内资源,也能 toC 流量变现。罗永浩 10 场发布会搞定 7 起融资,转战直播后带货数亿,背后的核心就是罗永浩的个人 IP,这也是不可替代的软实力。

人物 IP 类型可划分为四大类,即商业型 IP、网红型 IP、知识型 IP、匠人型 IP。一般企业创始人会强调自身的商业属性,倾向于打造"商业型 IP"。但越来越多的明星企业家开始尝试知识型 IP,把自己在商界沉淀的知识和经验,以演说和写作的方式传播出去,创造出额外的商业价值和社会价值。如果一个企业家同时兼顾商业型 IP 和知识型 IP 两大标签,既能拓宽流量获取的边界和业务营收边界,也能叠加品牌势能。两者的本质区别在于传播的内容,商业型 IP 主要传播企业旗下的产品、服务和品牌,最终塑造成功的企业家形象;知识型 IP 主要传播知识、经验,最终塑造博学多识的专家学者形象;李开复、罗振宇、梁建章算是其

中的典型代表。

李开复曾说过自己的人生目标是"最大化影响力,世界因我不同",在此价值观驱动下,他活跃在各大媒体和活动现场,打造人工智能领域的超级知识型IP。罗振宇创立知识付费平台"得到App",把自己塑造成一位博学多识的知识代理人,通过打造知识型IP引领终身学习潮流,最终服务于公司产品推广。梁建章既是一位企业家,也是一位人口经济学家,这两个跨界标签使得个人IP极具高辨识度,经商之余找到了兴趣所在。因此,从他们身上我们可以发现打造知识型IP的第一驱动力源于"基因、理想、事业、兴趣",每个人应根据自身特定情况确定IP打造的方向和目标。

知识型IP兴起有三大背景:超级个体、新媒体、知识付费。

超级个体:今天我们已经进入大平台赋能的"超级个体时代",互联网基础设施日益完善,它可以精准、高效地将社会每一种精准的需求对接到相应的服务者,个体与平台的链接就可以成就个体商业。它正在冲击着公司制组织模式,个体为核心的商业模式涌现出来。

新媒体:现如今新媒体形式涵盖图文、音频、视频和直播,人人都可以通过新媒体渠道发声,并逐渐打造知识IP,也能打通"拉新、分享、链接、分发、变现"等各个环节。

知识付费:知识付费的本质,在于把知识变成产品或服务,以实现商业价值。网红经济学家薛兆丰的经济学课,在得到平台有36万人订阅,199元/人,营收7千万。除此之外,咨询、培训、课程、策划也成为知识付费的一种业务模式,越来越多的知识型IP享受着知识付费的红利。

关于企业创始人打造知识型IP的方法论,可细分为定位、精进、输出、占位、爆款、人格、社群七大模块,接下来我们详细拆解每一步。

1. 定位:为特定用户拿出解决方案

定位分为自我定位和用户定位。首先,根据自身的外在层、角色层、资源层、能力层、初心层,对自己有一个清晰的认知和定位,找到擅长的人设、技能、领域。然后,匹配特定的用户,做好知识定位(toB/C—商业价值/消费价值)、人群定位(行业、性别、年龄、职业)和人设定位(情感、故事、形象、语言、身份)。

知识型IP要具备拥有一定的知识和技能,并且具有依托平台实现变现的能力。知识型IP的定位基础=换位思考+渠道+表现力,要站在用户的角度产出知识,明白他们的痛点和需求点,培养写作能力、语言表达能力、直播表达能力、现场掌控能力,找到适合自己的宣发渠道。

2. 精进:领域专家离不开一万小时的积累

首先,打造知识型IP的前提是先具备足够的知识储备,我们要找到最具优势的领域学习全局,多维度把一类垂直细分的知识吃透,避免碎片化学习,带有目的性的用一万小时积累。其次,将学到的知识运用、流动起来,使其产生价值,比如日常社交分享和商业实践。为了充分掌握某一知识点,可以将其进行模块化拆解逐一研究,延伸扩张和补充。知识从外部输入、精益求精到落实践行、内化创新,整个知识的流通就是构建自己知识体系的过程。

拉卡拉创始人孙陶然的"创业学"源于近二十年来企业经营中的实践总结,他的知识更多是toB方向,注重实用,借助写书著作、创建昆仑学堂、做黑马会导师,把创业相关的知识通过各种渠道传播出去。

3. 输出：打造并输出完整的知识体系产品

在某一垂直领域沉淀了丰富的知识储备，接下来就要形成自己的原创内容，打造完整的知识体系产品，且坚持差异化、市场化、专业化、多元化的原则。保证在内容上的核心竞争力，就要特色、深度、透彻、稀缺、有趣、实用。我们要根据不同的场景设计不同的知识，即把内容包裹进用户熟悉的场景中。比如写书就需要系统化知识体系；写文章就需要高浓度的碎片化知识；经营社群就需要把系统化的知识分割成若干个模块，结合碎片化知识的辅助；注重实用性就需要把知识快速转化为自身能力。除此之外，保持持续输出，要记得一个IP的塑造需要持续向外界传递价值，日积月累的叠加影响力。

4. 占位：多平台抢占领域头部市场

内容的表现方式有图文、音频、视频、直播，熟悉各大平台的运行特点，将内容的表达方式进行场景处理，尽可能地利用擅长的方式触达目标受众人群，分发渠道的占位至关重要。一方面，组建新媒体矩阵，整合线上线下占位分发渠道；另一方面，走社交分享路线，创新知识产品组合策略多角度链接、扩大占位面。

5. 爆款：抓住时机打造知识爆款

知识爆款可以形成焦点引来关注、积累粉丝，它是IP转折点，爆款之前默默无闻，爆款之后人尽皆知。一般打造爆款的前提是用户基数足够大，设计能够满足用户实际需求的优质知识产品，一般工具类、社群类、技能类的内容比较受欢迎。站对行业风口，找到行业贵人的指导和帮助是能事半功倍的，这就是"抱大腿法则"。另外，以不同的内容表现形式（图文、音频、视频、直播），通过匹配的分发平台传播出去可以获得更多机会。薛兆丰在得到App开设的知识付费专栏《薛兆丰的经济学课》成为一款知识爆款，不仅收入数千万，还开启了网红经济学者之路。

6. 人格：借助人格魅力铸造强大号召力

真正优秀的知识型IP都是魅力人格体。所谓魅力人格就是指一个人的人格散发着一种能量，并对他人充满了吸引力。这种魅力是一个IP辨识度和信任力的来源，我们要从知名度、使命感、辨识度和信任力等方面来塑造自己的人格魅力，只有这样才能建立起强大的号召力。

首先，我们向外输出的内容就在一定程度上折射出创作者的三观，散发正能量的内容大多是积极向上、符合趋势、兼顾实用价值的。其次，输出内容的过程中要有目的性地形成高清晰度的人格辨识度，保持人设标签、表达风格、传播载体的差异化。然后，通过适合的媒介渠道大力推广造势，扩大影响力的同时积累一批铁杆粉丝。最后，通过内容建立联系，通过联系形成社群，而社群不断地反哺着内容，使之成为具有内循环特征的亚文化体系，这个体系在成长中不断跨界、融合，直至成长为一个独特、有生命力的"新物种"。

7. 社群：用情感圈住你的用户展开变现

社群是一群志同道合的人的聚集地，同时连接信息、服务、内容和商品的载体。不可否认，社群作为连接IP和用户最短的路径和最经济的手段，它连接的不仅是IP和用户之间的利益关系，还有情感关系。知识社群主要以分享和传播知识为主，长此以往就会形成一种社群文化，成为打造知识型IP的重要渠道。目前，"IP＋社群＋电商"模式形成了商业闭环，IP用来抢占认知高地，解决流量问题；场景用来强化体验，挖掘用户延伸需求；社群用来催化强关系，解决信任问题；电商形成商业闭环，完成商业变现。

除此之外,知识可以演变为多种产品形式,比如书籍、课程、培训、咨询等,也可以充当流量转化的抓手,前端免费知识分享,后端社群会员变现或电商带货变现。有的创始人打造知识型IP的目的是塑造意见领袖,降低用户信任成本,最终把IP服务于企业。

(**资料来源**:陈琦:《创始人打造"知识型IP"七板斧,掘金知识付费时代》,今日头条)

第三节 IP在文创产业中的作用与价值

一、文创IP的分类

商业化层面的IP可以分成以下四类,它们有一个共同的属性就是可以被消费:

(1) 故事型IP(包括小说和剧本)。一个好的故事,只要有足够的阅读量和曝光度,就有进入下一阶段IP运营的可能性。网络小说和网络动漫中有大量的变现机会。

(2) 产品型IP(主要是消费型产品)。这类产品虽然没有人类的价值观,但是很多人热爱后延伸出了很多情感以及相应的消费。最典型的就是苹果和小米。

(3) 人物IP。到了个性化消费的时代,消费者希望买到的产品跟他个人的价值观、个人的品位相吻合,而最能代表一个企业的产品品位和价值观的当然是创始人。大部分创始人IP是从语录开始的,也许是一句搞笑的话,也许是一句很深刻的话,然后开始参加论坛、参加发布会、写自传,这是创始人IP发展的模式。我们经常见到的明星、政客、网红、企业创始人就是这种类型。

(4) 知识型IP。这种人必须在某个领域拥有持续的原创内容的产出能力,通过持续经营,产生足够的影响力,如"罗辑思维"的罗振宇。

二、文创IP的属性

网络文学、网络影视剧、网络音乐、漫画等不同产业中的IP属性存在差异,需要准确识别。

(一) 网络文学

文学IP已经成为泛娱乐产业的重要发源地和重点改编领域。通过以文学IP为核心,进行全产业链运作、全方位运营,打通产业链条以发挥协同效应,既能放大版权价值,也有助于构建一个开放的泛娱乐生态圈。相比漫画而言,网络小说具有创作成本投入低、容错率高、圈粉效率高、产出速度快、题材适用性更广等优势。但是受题材和市场所限,只有玄幻、武侠、仙侠、都市爱情等类型被改编成影视作品和手游的机会相对较多。在2016年网络文学改编的作品中,玄幻修仙类占比最高,达到了37.1%。另外,目前网络小说情节雷同的情况较多。购买IP前,一定要注意规避版权风险。

(二) 网络影视剧

影视剧是目前变现能力仅次于游戏的内容产业。极速发展的电影院线和持续严格的网络视频反盗版,为影视剧的付费市场发展提供了有力的保障。目前,以具有一定粉丝数量的国产原创网络小说、游戏、动漫为题材的创作改编而成的影视剧,是各大网络视频平台关注的焦点。IP题材＋明星团队＝网络爆款,将IP改编和业内的幕后大腕捆绑的做法,以及网台联动的播映方式,正在成为行业共同的选择。

(三) 网络音乐

近几年来,中国音乐产业继续保持中高速增长,新兴融合业态产生的经济动能不断涌现。2015年,中国音乐产业市场总规模约为3 018.19亿元,较2014年增长了5.85%,相比移动音乐,在线音乐PC端的未来增长空间有限,而移动音乐能够契合用户随时随地听音乐的消费行为,呈现出快速增长的态势。在产业政策方面,2016年7月,国家版权局发布了《关于责令网络音乐服务商停止未经授权传播作品的通知》。16家直接提供内容的网络服务商主动下线未授权音乐作品220余万首。各音乐平台掀起了一场版权争夺战,战场也从内容延伸到歌手,纷纷抛出扶持原创音乐人计划。用户为正版内容付费的意愿也大幅提高。

音乐IP改编成电影初见端倪。高晓松亲自改编《同桌的你》并担任编剧,拍成了大电影,票房达到4.56亿元。何炅把自己的经典校园歌曲《栀子花开》搬上银幕,拿到3.78亿元的票房。目前,音乐IP改编的电影主要以校园文化和青春爱情为主题。

(四) 漫画

2014年被称为漫画的IP元年,当时动漫圈掀起了一股"动漫IP"的改编狂潮。这一年,手机游戏进入了"内容为王"的时代,游戏厂商开始购买日本优质的IP资源。比如,腾讯获得《火影忍者》授权,淘米手套游戏获得《忍者神龟》授权,搜狐畅游获得《秦时明月》授权,DeNA中国已拥有《航海王》正版IP。可惜的是,日本动漫IP在国内"水土不服"的情况频频出现,重金购置的IP却未能给购买企业带来相应的经济效应。以《航海王》为例,日方不同意独家买断,有时候会遇到多方授权问题。另外,日方对品牌价值非常严苛,会全程监修游戏细节甚至在角色语气、发型偏分方向等极致细节上进行把控,对开发商来说有很大的限制。

三、IP对文创项目的作用

(一) 对创业的法律保护

我国知识产权司法保护制度起步于改革开放。1985年,人民法院受理了第一宗专利纠纷案件。1995年,最高人民法院成立知识产权审判庭。2014年,北京、上海、广州分别设立了专门的知识产权法院。2015年6月,《国务院关于大力推进大众创业万众创新若干政策措施的意见》中,特别强调了加强创业知识产权保护。2017年,中国首个互联网法院落地杭州。在知识产权司法保护领域,我国用30年走完了西方发达国家近300年的路。

在现实中,创业者要充分认识到知识产权保护的重要意义,及时办理各种知识产权权属证明。遇到侵权情况发生,要第一时间保留证据,积极利用司法手段维护自身权利。

(1) App和网站的源代码可以申请软件著作权,不仅有利于提高项目估值,还可以作为创新成果申报高新技术企业认证、各类政府补贴和知识产权质押融资,也不用再担心员工会把代码外泄。

(2) 企业和产品Logo,在设计完成时,应该第一时间先向版权局申请"美术作品版权登记证书",然后将图样向商标局申请商标保护。如果碰到有商标与自己的申报图形相似,应该对图形进行相应的修改,甚至重新设计,以免侵犯他人著作权,同时耽误商标申请的宝贵时间。

(3) 文娱类创业企业，要重视对文化产品的版权保护。小说、剧本、诗词、歌词等申请"文字作品"版权，商品官方照片、风光照片、人物照片等申请"摄影作品"版权，动漫形象、游戏角色造型、表情、服装样式等申请"美术作品"版权，在线教育课件、娱乐短视频可以申请"录像制品"版权。

(4) 在专利方面，2017年4月1日开始实施的新版《专利审查指南》已经把专利保护范围扩展至含有技术特征的商业模式、商业方法。如果通过符合新颖性、创造性和实用性要求的技术方案来实施该模式，比如开发者设计了某个服务系统等，该项发明作为一个整体包含了技术方案，则可能被授予专利权。

（二）促进商业转化

(1) 设立公司时，担心注册资本高、现金实缴困难。虽然设立公司时可以采用注册资本认缴的方法，暂时不用缴很多现金，但是"出来混，早晚要还的"，融资时投资方很容易要求公司分红按照注册资本实缴比例进行分配。

知识产权是法律承认的产权存在方式，可以成为资产负债表中资产的构成部分。2014年3月1日，新修订的《中华人民共和国公司法》(简称《公司法》)取消了单个股东的无形资产出资比例，也就意味着创始团队可以用无形资产出资。全体股东的货币出资金额不得低于有限责任公司注册资本的30%，其余可以通过将实物、知识产权、土地使用权等进行货币估价后作价出资。

(2) 提高项目估值，提高股权融资成功率，降低股权稀释比例。2014年前后，在一切都要互联网化的感召下，大量资金进入互联网天使投资领域。一时间项目少、资金多，于是就出现了"一份PPT拿融资"的创业故事。2016年下半年开始，资本开始回归理性，有团队、有产品、有技术、有收入的"四有"项目才有机会拿到天使投资。谈融资时，估值是一个非常重要的关键点，如果创业者希望早期不要稀释太多股权，又想拿到更多的融资，只有让投资人接受较高的估值。提高估值的办法之一就是把相应的技术进行知识产权确权登记，以做实团队的技术能力。

(3) IP质押融资，解燃眉之急。如果创业项目的产品已经实现了销售收入，有了比较稳定的现金流，除了股权融资的方法，还可以尝试债权融资的方法。适当地使用财务杠杆可以在不损失股权的情况下，加速企业的发展。由于初创企业基本上没有实物资产作为抵押物进行贷款，因此，知识产权质押贷款几乎成了唯一的通道。根据中国版权保护中心著作权质权登记信息统计，2020年全国共完成著作权质权登记384件，涉及作品1 231件，涉及合同341个，质押融资金额为40.59亿元，其中作品著作权质权金额为2.6亿元，计算机软件著作权质权金额为37.97亿元。

(4) IP运营，作为产品进行分销。据国外安全公司Imperva2017年发布的报告称，全球范围内约52%的互联网流量来自"机器人"(bots)，即自动化程序。国内一位影视公司CEO甚至指出网络视频点击率90%都有水分。这些都意味着网站的大部分访问者不是人类，而是机器人。作品一经上网，就会被盗用。

内容产业的贸易客体就是作品版权合同。尤其是泛文娱领域的创业企业，公司的产品很可能只是图文、音像等数字作品。如果没有做好作品的版权保护，以版权内容分发、分销或代销模式为主的创业公司，一定无法在竞争中获得优势。

【案例 2-3】

600 亿市场规模可期，盲盒为何让年轻人欲罢不能？

有短视频平台对 95 后年轻人的用户画像，关键词排序前五的是：盲盒、汉服、JK、潮鞋、电竞。

如果说潮鞋、电竞专门收割男孩子，JK、汉服专门收割女孩子，那么盲盒则是男女通吃，并且下到小学生上到大学生，通通都不放过。

所谓盲盒，就是小小的盒子里装着不同样式的玩偶，但在拆封之前永远不知道里面是哪一款。为了集齐不同的玩偶或者得到隐藏版，很多玩家会不断剁手。

600 亿市场规模可期，男性也开始剁手盲盒。

据弗若斯特沙利文预估，2019 年潮流玩具市场规模约 207 亿元，2019～2024 年复合增长率约为 29.8%，仍处于行业高速增长期。

国金证券分析师通过拆解用户画像，来解构市场规模的增长。普遍认为潮玩盲盒行业女性是主要购买力。

通过将用户"触达—购买"的过程对应到线上搜索行为和购买行为，我们看到一些趋势，消费者性别的差异逐步缩小，男性也开始剁手盲盒。

从搜索行为和购买行为来对比潮流玩具消费者的用户画像，根据百度指数的盲盒搜索人群来看，男女比例较为均衡。这说明盲盒在概念传播过程中无性别差异。

从线上购买行为来看，女性消费者占比约为 60%，男性占比约为 40%，且性别比例的差距有不断缩小的趋势。

虽然不同平台对用户画像的年龄划分区间稍有差异，结合泡泡玛特招股说明书对用户年龄段的描述，潮流玩具用户的年龄主要集中在 15～39 岁。

据此国金证券分析师推算潮流玩具市场渗透率，2020 年预计从 8.9% 增加到 12.8%。相对 2019 年，男性群体的渗透率有所增加。

从消费形式来看，盲盒与电影有许多相似之处。二者均属于娱乐性消费，虽然内容有差异，但是服务或产品形式一致，单价相仿，一个盲盒价格在 39～69 元，普通电影票价在 35～70 元。

热门 IP 系列的生命周期可长达一年甚至更久。泡泡玛特创始人、CEO 王宁此前曾表示，IP 是有生命周期的，这一点不可否认。"有人可以火一年，有人可能火五年，也有一些本身设计就足够经典，或者凭借自己的创作能力，能持续提供优质内容的产品也许能火 20 年。但我认为，这其中的重点不是某个单一的 IP 能否常青，而是整个行业生态的生命长度。拿 Molly 来讲，它今年已经诞生 14 年了，不是一个很新鲜的事情，潮玩这个行业也不是一个新的行业。泡泡玛特不同的地方在于，我们花了更多的精力去打造一个健康的平台和行业生态。"安信国际也指出，潮流文化产品的生命周期相对较短，泡泡玛特的业绩增长目前依赖招牌 IP——Molly，IP 库市场吸引力也低于预期。因此，公司必须要强化自身的 IP 运营能力和 IP 的生命周期。泡泡玛特方面也称，后续，其还计划招募有天赋的设计师加入内部设计团队，增强内部 IP 发掘能力，增加自有 IP 数量，以进一步扩充其 IP 库。泡泡玛特除去依赖单一IP这个"内忧",同时也存在"外患"。当大家都知道潮玩品牌赚钱的时候,定会把泡泡玛特的套路玩一遍,与其产生竞争。

事实上,盲盒现如今也不是泡泡玛特一家独大了。据《CBND报告》显示,目前盲盒品牌销量TOP10分别为泡泡玛特、TOKIDOKI、sonnyANGEL、阿狸、长草颜文字、littleamber、吾皇万睡、罗小黑、小马宝莉、LINEFRIENDS。不仅盲盒品牌众多,一些上市公司也多有涉足。高乐股份在互动平台表示,公司已开发了迪士尼TSUMTSUM甜品屋盲盒系列、彩虹屋盲盒系列、木兰从军盲盒产品系列等,并已向市场推出。此外,不久前刚刚登陆资本市场的名创优品也已入场,且盲盒产品的价格极具竞争力。

第四节 IP评价模型

一、优质IP

IP从泛娱乐形态快速渗透新商业生态全维度,正深化为不同行业共同的战略方法,甚至是一种全新的商业生存方式,即IP化生存,优质IP的内核,是辨识度极高的、可认同的商业符号,它意味着一种对于打动人心的内容的身份认同,意味着自带势能和流量,自带压强,或者具有足够压强的一种社群商业标签。在这种全新的商业表达中,IP俨然成为商业逻辑的基础设施。以IP为起点,产品、品牌、渠道、用户等商业元素与IP的连接形成场景化的解决方案,赋能商业,同时IP价值不断沉淀,并形成新的商业反哺。在IP的催化作用之下,流量、用户、产品天然整合一体,并形成了极具吸引力的售卖逻辑。

《罗辑思维》是一个优质IP,于2012年年底创立,2015年10月20日完成B轮融资,估值13.2亿元人民币,其创始人罗振宇认为,一个标准的IP有着独立的人格魅力,能够靠着有温度、有态度的优质内容吸引用户,并形成一个拥有相同兴趣或价值观的社群。社群会激活用户的参与感,并最终转化为消费。优质IP的核心要素如图2-1所示。

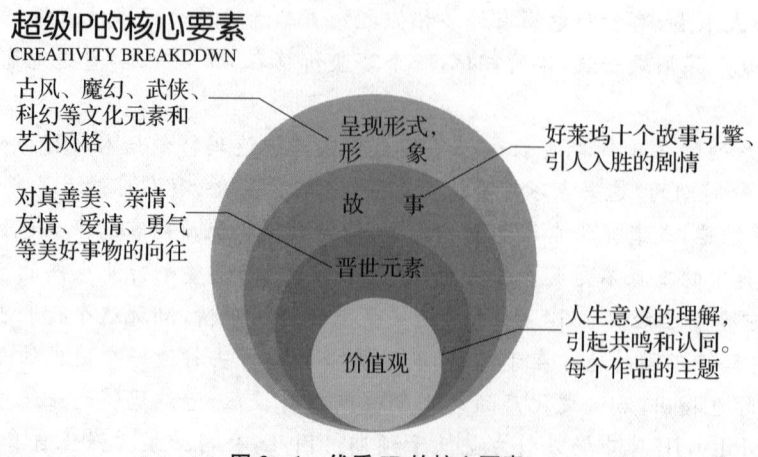

图2-1 优质IP的核心要素

二、优质 IP 评价模型

我们可以从价值力、内容力、活跃力、变现力和竞争力五个方面构建优质 IP 五力评价模型。

(一) 价值力

价值力包括内容所传递的人生观、价值观和世界观,是 IP 作品最为重要的元素。时代背景、故事情节、人物设定都围绕着价值,看它是否足够健康、积极向上且吸引人。

(二) 内容力

内容力又称故事性,具备独特的内容能力、自带话题的势能价值、持续的人格化演绎和新技术的整合善用能力。可以从相关网站的排行情况来考察,如月票榜、推荐榜、打赏榜、点击榜和各个分类榜。进入榜单的 IP 可以算是获得了最核心读者的认可,相对来说更有开发潜力。

(三) 活跃力

活跃力即 IP 的火热程度,可以参考粉丝活跃度,如点击量、收藏数、订阅数、微博与微信的评论数等。此外,每类 IP 内容又有其各自特性的参考指标。

(1) 网络文学主要参考点击量和留存度。
(2) 网络视频主要参考点击量、收视率和市场份额。
(3) 电影参考票房。
(4) 明星和网红主要参考粉丝数。

(四) 变现力

变现力包括用户的付费意愿、潜在的变现形式和收益,以及持续的变现能力。要从 IP 的特征、关联度(人群一致性、情感共鸣)来考虑。比如,《琅琊榜》这种背景丰富、角色多、情节复杂、本身带有竞技性质的影视作品,转游戏就相对容易;《小时代》转游戏就相对较难,只能尝试换装类小游戏。

(五) 竞争力

竞争力是指题材市场热度。考察竞争力主要需要考虑以下几个问题:是否有同类作品被改编为游戏、影视? 是否已经出版? 作者是否连续创作? 改编是否具有市场潜力?

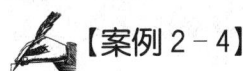【案例 2-4】

《赘婿》走红,何为网文 IP 改编的"正道之光"?

"郭麒麟跨界演大男主怎么可? 不好意思小可爱真香了! 商战拍了这么多剧了哪还有新意? 不好意思'拼刀刀'和'苏宁毅购'又真香了! 男频剧哪有塑造好女性角色的? 不好意思苏檀儿和聂云竹也真香了!"

从观望到真香,从欲罢不能到疯狂求加更,是不少观众追《赘婿》时心路历程变化的真实写照。《赘婿》的热播,也带动了广大用户对原著小说的追捧。

据 2021 微信春节数据报告显示,春节期间,《赘婿》原著小说成为微信读书阅读次数最多的图书,其次是《三体》《明朝那些事儿》《唐人街探案3》《飞行家》(《刺杀小说家》原著小说),剧粉与原著粉流动循环,双向反哺,成为剧集热度发酵和原著影响力再破圈的推手之一。

《赘婿》是继《庆余年》后,新丽传媒、腾讯影业、阅文影视"三驾马车"打造的又一部网文IP改编小爆款。剧集热播期间,镜像娱乐采访了该剧主创团队导演邓科及制片人刘闻洋,与他们探讨了《赘婿》制作过程中的方方面面,希望一窥网文IP改编的心得与空间。

可以说,《赘婿》的走红离不开"三驾马车"日益紧密、默契的协同机制。与《庆余年》类似,《赘婿》这次也抛开市场传统模板,在创新与独特质感打造上面下了不少功夫。专业化生产及多维度创新,兼具节奏快、喜剧化、有网感、有梗,共同成就了《赘婿》,也为网文IP改编带来了新思考,以及更大的想象空间。

谁说网文IP改编,尤其是男频IP改编出圈难?关键在于是否找到了对应此IP的正确打开方式。

工业模式下的"高能产物"

2017年,腾讯影业在年度发布会上官宣《赘婿》这一项目后,该剧便紧锣密鼓进入了筹备阶段。经历两年多的剧本基础建设、后期修改,《赘婿》于2020年开机制作,于2021年与观众见面。

这次高质量、快节奏的内容创作,与腾讯影业、新丽传媒、阅文影视这"三驾马车"形成的高效化与专业化生产模式密不可分。

首先,在IP筛选阶段,腾讯影业及阅文集团就对《赘婿》原著进行了专业评估,从故事风格、价值内核等多维度确认了其改编价值。

IP评估完成后,腾讯影业和阅文集团通过对《赘婿》原著用户的大数据洞察和内容偏好了解,为影视改编规划了系列开发,并敲定了第一季40集左右的内容体量。

在此基础上,腾讯影业发挥连接作用,引入新丽来主抢制作,在编剧秦雯的基础改编上,以制片人刘闻洋及剧本总监郑卓群为首的新丽团队进一步明确了剧集基调、角色性格等剧中关键故事人物信息。之后,以导演邓科为首的团队又对体量巨大的原著进行了"二次创作",选取了原著中江宁篇、霖安篇、武都篇中的精彩内容,从长度与内容上进行了改编调整。

"我们把原著按照章节拆成了一个个小篇章,重新对篇章进行了筛选。除内涵和价值外,原著小说提供了大量丰富情节,我们在里面进行了内容挑选和重新包装,最后构成了《赘婿》今天的状态。"导演邓科告诉镜像娱乐。

在"三驾马车"模式下,阅文的IP改编依靠的不仅是内部力量,还有外部力量,即根据IP定位与风格寻找最合适的优质导演、编剧等共同转化精品内容,《庆余年》《赘婿》都是"三驾马车"模式下内外合作的代表案例。

从《赘婿》播出后的成色来讲,以导演邓科、制片人刘闻洋为首的创作团队无疑是最适合《赘婿》的。

如《赘婿》虽定位轻喜剧,但其在前二十集的内容中融合了奇幻、喜剧、爱情、悬疑等众多元素,被观众评价"拥有多变风格下的流畅感"。这要归功于导演邓科的经验深厚,他曾打造过爱情奇幻剧《我的奇妙男友》《柒个我》、青春校园剧《人不彪悍枉少年》、民国推理悬疑剧《绅探》、探案剧《旗袍美探》等多类型作品,对各类元素的运用技巧炉火纯青。

谈到项目的整体开发过程时,导演邓科感慨:"整个主创团队对《赘婿》方向的拿捏都很一致、很准。"确实,有了"三驾马车"在全流程的一体化协作,《赘婿》在宏观大方向上避开了很多弯路,这也为细节创作留出了更多时间。例如,为了让濮园诗会、太平巷之战等高潮段落呈现出最好的效果,主创团队对这些片段进行了反复打磨。

从项目评估到剧本创作,从内容开发到定档后腾讯影业、新丽传媒、阅文影视整合三方资源进行联合宣传,专业化与高效化贯穿了《赘婿》制作的全过程。而这种工业模式下的生产思维,也成了《赘婿》成功的先决条件。

现代化创新成就流行基因

当然,如 IP 评估、项目宏观把控、创作团队筛选等影视生产中的工业化思维,对一部作品带来的裨益是主创团队更能清晰感受与洞察的。对观众而言,判断一部影视剧的成色如何,是从最直观的内容呈现效果出发的。

作为开年后众多男女老少欲罢不能的"搞笑下饭剧",《赘婿》最吸引观众的亮点之一,便是它区别于以往市面上网文改编作品的"新",这种新源于它在喜剧风格上的创新,也源于它在观剧氛围与角色塑造上的创新。

搞笑是第一生产力,但不同于《庆余年》中融入"智商盆地"等趣梗的幽默诙谐,《赘婿》的搞笑是与全剧的主角人设、剧情设定、细节桥段融为一体的。

就如主角宁毅与苏檀儿,带着现代记忆与思维的宁毅拥有高智商和杀伐决断性格的同时,内心也住着一位小可爱,而女主苏檀儿对外高冷搞事业,对内则摇身一变成为爱情里的纯情少女。前者"扮猪吃老虎"的反差萌与后者"外刚内柔"的性格差,频繁碰撞出笑点,如苏檀儿为圆房"火烧耳房",宁毅欲迎还拒配合演戏的片段,被观众打趣"都快笑出腹肌了"。

剧情设定和细节桥段上,宁毅自我攻略"岳父是反派"后的高能反转、七尺男儿穿红妆坐花轿的清奇画风、"拼刀刀"促销大法的机灵逗趣等,也在持续输出笑点。

此次,《赘婿》定档春节播出,颇有一份男女老少观众"通吃"的自信在其中,这背后有剧集轻松快节奏的风格优势支持,也倚仗于剧集在观剧氛围上的合家欢属性。

《赘婿》的合家欢氛围源于精彩群像人物的塑造,除主角外,如爱女在心口难开的老父亲、催生狂魔老母亲、有着不同人生困扰的男德学院 F4、一心匡扶正义的江湖女侠、心怀天下的秦相等,合力构成了该剧层次丰富的群像戏。这些家庭、江湖、庙堂中性格迥异的个体,让不同年龄段、拥有不同追剧需求的观众都能在《赘婿》中找到自己的兴趣点。

除轻喜剧风格与观剧氛围的创新外,《赘婿》还有一"新",即它打破了网文 IP 改编固有的男频与女频思维。剧中,《赘婿》对男女性角色的塑造同样出彩,它提倡的两性关系是平等的,也是面向现代观众的。

"小小赘婿,大大天地",剧中由宁毅及男德学院 F4 组成的"赘婿团"虽出身微寒,但始终积极进取;如苏檀儿、聂云竹等女性角色也在努力打破当时社会对女性的偏见,追求人生价值的实现。

导演邓科谈及创作初衷时表示:"我个人在创作上是不区分男频女频的。像一些早期的内地剧和港剧,它们就囊括了家国情怀,也有主角的情感戏、家庭戏甚至琐碎故事,这些都让它很好看。一部戏就是一个小的社会缩影,我希望观众能在里面体会到七情六欲。最开始做《赘婿》剧本时,我和编剧就一起定下了这个基调。"

无疑,只有创新才能让一部连载十年的 IP 在当下时代找到自己的市场。此次《赘婿》在创新上的开拓,得益于经验深厚的主创团队对内容风格与内容设定的火候掌控,也离不开"三驾马车"的协同。

《赘婿》是来源于阅文的IP，阅文提供了其对原著的理解，以及对网文用户影视消费偏好的了解；腾讯影业挖掘了IP改编潜质，并贡献了其强大的组局能力，新丽则展现了其精品化创制能力以及对剧集市场用户需求的洞察。

爽感与深度的"共鸣曲"

《赘婿》上线不到十日，催更大军便大规模出动在视频网站留言催更："更新太慢了等不及啊！"加更安排上后，观众喜大普奔，纷纷打趣"婿，你出息了"。

观众的喜爱值越高，代表着一部剧越成功。此次《赘婿》的成绩，不仅与它的创新有关，也离不开它独特的"爽剧特质"及浑厚的价值内核。

《赘婿》中，主角宁毅以现代金融界巨头的身份回到了古代，现代商业思维助力他在古代商贾市场大展身手。

苏檀儿因被二房针对，用于开业的库存布匹全被淋湿，宁毅巧用"拼刀刀"促销大法争取到了备货时间；竞争对手乌氏企图借助岁布生意搞垮苏氏时，宁毅利用现代商战原理反将一军。前二十集中，主角宁毅一路兵来将挡水来土掩，剧集"爽感"浑然天成。

有言道："不符合时代情绪的IP就是耍流氓"。《赘婿》之所以能以"爽"这份网感色彩吸引观众，便在于它满足了观众内心渴望成功，渴望实现人生价值的情绪。

《赘婿》的"爽感"不是悬空的，用导演邓科的词来形容，它是"飞中求稳"的。所谓"飞"指的便是该开的金手指是一定要开的，因为它是前期观众追剧的主要驱动力。

但同时，"金手指"也要开得讲究。"拼刀刀"片段中，导演要求相关道具必须来源于苏氏布行店内，如用于做转盘的桌面，如用于砍价的剪刀等；宁毅"搞垮乌氏布行"的片段中，主创团队详细研究了做空、市场营销、饥饿营销等经济学概念和相关经典案例，力求打造一段逻辑严谨的商战戏。

历史剧创作中有一种常见手法叫"大事不虚，小事不拘"，但在架空题材《赘婿》的创作中，主创团队却反向运用了这一手法。比如"拼刀刀"虽是由当代案例虚构而来，但它在细节处却是与剧中时代背景紧密契合的，这也为《赘婿》的"爽"带来了一份实感。

"爽"是《赘婿》的特色，但并非它的"底色"，因为《赘婿》的格局是渐进的。导演邓科透露，前期宁毅在江宁的顺风顺水只是一时，后面宁毅遇到真正的对手后，剧集爽感也将弱化，宁毅将真正迎来全方位的蜕变。届时，故事的价值自然也会升华。

从价值内核来看，《赘婿》聚焦的仍然是人物的成长与一份家国情怀。主角宁毅在古代重生后，起初的愿望只是"重头再来"，但在从"小人物"成长为"大男人"的过程中，他先是有了守护小家与身边亲友的责任感，最后在江山沦陷与生灵涂炭面前，他开始从"小我"走向"大我"，放弃悠闲人生加入到了为国家遮风挡雨的队伍中。

"修身、齐家、治国、平天下"，是古人的人生理想，也是《赘婿》这部剧所要传达的价值内核。剧集将宁毅的成长背景置于一个国家在纷乱年代的耻辱与抗争中，忠臣与奸臣博弈的暗流涌动中，这升华了《赘婿》这部"搞笑下饭剧"的思想境界，也让观众在轻松的观剧氛围中领会到了关于成长的深意。

从《庆余年》到《赘婿》，这两部网文IP改编的代表作，似乎意味着高品质内容改编已进入批量生产的新阶段，但其实，爆款的产出从来没有绝对的公式。这两部同由新丽传媒、腾讯影业、阅文影视"三驾马车"孵化出的高质量作品，代表的其实是高效化、专业化、体系化影视生产思维的价值显现，也是一次又一次经验累积下的生产力进步。

作为一种发展二十年的文学形态,网文领域至今已诞生了诸多优质IP与好故事,在中国电影家协会编剧教育工作委员会与北京电影学院中国电影编剧研究院联合发布的《2019—2020年度网络文学IP影视剧改编潜力评估报告》中,除了已被成功改编的《赘婿》,还有《诡秘之主》《第一序列》《大道朝天》等潜力股IP。如今,网文改编已成大势所趋,IP改编方法论又在不断成熟,更多优质改编作品的涌现只是时间问题。

诚如制片人刘闻洋向镜像娱乐分享的,公式无法通用,只有科学的经验沉淀,以及面向市场的真诚内容创作,才是网文IP改编的"正道之光"。《庆余年》与《赘婿》之后,未来还将有更多IP在成熟的市场环境下诞生,走向大众。

(资料来源:《〈赘婿〉走红,何为网文IP改编的"正道之光"?》,镜像娱乐)

第五节　文创项目中的IP战略

一、IP战略定位

(1) 从单一IP储备到重视IP内容运营。IP的长期规划会越来越受到重视,固定受众和新生受众要同时考虑。比如,《十万个冷笑话》等曾经爆红作品的后继无力已经将这一问题暴露出来,因为其受众基本已经固定,崛起的新生代消费群体不一定是"过时"IP的粉丝。

(2) 影视和游戏IP聚集。影视和游戏依然是目前泛娱乐产业中极具成长活力和市场张力的两大领域。比如,阿里巴巴基于大文娱内容生态,三年内投入500亿元启动的视频UPGC战略,目的在于加强视频内容原生创作能力,激活阿里巴巴泛娱乐各环节;网易游戏除了着手阴阳师在日本和美国的本土化以外,还围绕阴阳师IP产出动画、番剧、舞台剧、动漫等作品。

(3) IP内容平台化、周边的游戏研发和衍生品设计等因素,这样才能充分挖掘IP的综合价值,进而达到通过内容产生引流的作用。比如,网易的粉丝和受众就是被网易持续不断产生的优质内容所吸引而不断累积起来的。优秀的内容能产生类似的平台作用。

(4) IP分工全球化。围绕泛娱乐IP各环节制作的全球化分工趋势明显。以完美世界公司的产品《无冬之夜OL》为例,该游戏由美国的团队提供策划方案和技术支持,由成都的团队提供美术支持,中国企业通过调动全世界的资源,跟全球的企业一起合作。只有这样,才更有可能开发出更好的产品。作为IP运营不可缺少的衍生品制作环节,腾讯互动娱乐旗下的明星IP《穿越火线》与Zippo进行深度的战略合作,分别对粉丝产品定制、品牌策划、渠道推广等多个方面进行了授权。

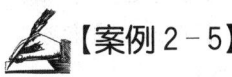
【案例2-5】

BAT发力网络文学欲打通泛娱乐产业链

2020年4月23日世界读书日,阿里巴巴成了网络文学的搅局者。

当天,阿里巴巴移动事业群宣布正式推出新业务阿里巴巴文学(下称"阿里文学")。阿里巴巴方面称,阿里文学主要负责业务以内容生产、合作引入以及版权产业链的双向衍生为主,依托内容生产,从数字内容阅读、数字内容传播、版权衍生、粉丝经济等多个角度出发,建立跟文学产业相关的开放生态。

在此之前,腾讯文学和盛大文学合并成立了全新的公司"阅文集团",百度也在去年成立百度文学,伴随着此次阿里巴巴的加入,网络文学成为BAT三巨头角逐的新领域。

在布局网络文学方面,BAT各有侧重,但目的都在于围绕IP,打通文学、游戏、影视等泛娱乐产业链。其中,网络文学是整个泛娱乐产业链条中的上游,除了直接产生价值之外,其IP拥有多样化的版权衍生和二次价值变现。

今年年初,腾讯文学和盛大文学联合成立的新公司阅文集团正式挂牌,打破了此前网络文学市场盛大文学、腾讯文学和百度纵横文学三家争霸的格局。

盛大文学版权内容与腾讯整合,一个优势是来自腾讯的海量用户,这样的用户群带来的是更广泛的需求和品类的延伸;此外,腾讯有着强大的IP开发门类,游戏、影视、音乐、动漫等一系列产业链能够给文学带来丰富的衍生产品和周边的开发价值。

此前,腾讯互动娱乐影视与版权业务部助理总经理陈英杰告诉记者,"腾讯电影+"已展开影视制作的5个明星IP,其中就包括网络文学作者"猫腻"的同名网络小说改编的电视剧《择天记》。

而百度则在去年年底宣布成立百度文学,对纵横中文网、熊猫看书、百度书城等网络文学品牌和内容进行整合,通过百度贴吧、百度游戏、百度音乐、百度视频等资源对原创网络文学进行推广、版权授权,以及对原创作品改编成影视、游戏后的推广与运营等。

相比腾讯与百度,阿里文学总编辑周运表示,阿里文学没有旧原创网站模式的历史包袱,不强调绝对控制版权,提倡版权共享,并不要求掌控IP产业链的所有环节,而是希望与合作伙伴共担成本、共享收益。

在网络文学最重要的IP的衍生渠道和方式上,阿里巴巴集团和阿里投资以及阿里控股伙伴公司的下游版权衍生渠道包括在影视改编支持上,阿里文学可与阿里影业、光线传媒、华谊兄弟等公司达成合作关系,游戏改编资源则包括手机网游联运平台九游等。此外,阿里文学已经和天下书盟、微博有书等达成了培育顶级文学IP的战略合作关系。

不过要在激烈的网络文学竞争中占有一席之地,关键在于核心资源和核心能力的比拼。易观国际分析师姚海凤在此前接受媒体采访时表示,核心资源包括网络文学作者与作品的数量、质量,自有渠道的用户活跃度和付费比例,以及合作渠道的数量和内容等;核心能力包括产业上下游协作能力、渠道分发能力、作者的培育能力、作者的激励模式、用户需求分析和商业化能力等。

特别是伴随着优质内容版权稀缺,明星IP价值上涨,业内人士认为,为实现文学价值的拓展和延伸,各厂商都在扩大自己的竞争实力,以优质内容为先导,重点发力版权的多元开发,以明星IP为中心,打通整个互动娱乐产业链,发展粉丝经济,从而在竞争中突出重围,迅速抢占市场。

(资料来源:《BAT发力网络文学欲打通泛娱乐产业链》,第一财经日报)

二、IP战略实施

自2008年6月5日《国家知识产权战略纲要》颁布实施以来,我国知识产权事业取得了举世瞩目的成就,除了知识产权拥有量快速增长以外,随着市场经济体制的不断完善,全社会运用知识产权的能力和水平也得到了迅速提升。

(一)腾讯以 IP 授权为核心,以影游结合为变现手段布局泛娱乐板块

腾讯于 2012 年提出了"泛娱乐"概念,即"基于互联网与移动互联网的多领域共生,打造明星 IP 的粉丝经济",并在泛娱乐战略指导下,在游戏既有业务基础上推出了动漫业务,然后于 2013 年推出了文学业务,于 2014 年推出了影视业务。2014 年 4 月 16 日,腾讯公司举办了"UP2014 腾讯互动娱乐年度发布会",腾讯互娱首次作为品牌主体,系统发布了全新的"泛娱乐"战略以及涵盖文学、动漫、游戏、影视等多个互动娱乐业务的重磅信息,宣布打造明星 IP 的粉丝经济,全面布局互动娱乐产业,致力打造全球领先的综合互动娱乐服务品牌。

(二)网易云阅读全版权生态战略

2012 年 6 月 11 日,网易阅读正式更名网易云阅读。2015 年 8 月开始,网易云阅读逐渐转型成为原创 IP 孵化平台。截至 2016 年 4 月,平台用户已突破 300 万,拥有超过 5 000 部优质漫画作品的在线版权,包括 700 多本来自美国、日本、韩国等国家和中国香港、中国台湾等地区的漫画以及 200 余位独家签约的国内外漫画家。2016 年 4 月 28 日,网易发布"源计划",宣布以网易漫画作为未来改编 IP 的串联枢纽,构建网易 ACG 生态以及 IP 布局蓝图,持续培育并发掘优质的可视 IP 作品,并积极联合网易旗下的游戏、云阅读的原创小说、音乐、影视等各大战略部门的资源与优势,实现对同一部作品的全版权开发与价值延伸。至此,网易成为继腾讯之后在整体布局上构建了漫画、小说、影视再到游戏的"游戏公司"。

(三)阅文主推 IP 合伙人制

经过十余年的发展,阅文已经拥有 970 万原创作品储备,覆盖 200 余种内容品类,在此基础上,通过与海内外约 2 000 家优秀的出版企业建立合作关系,更获得了 47 个品类、共 600 余种子品类的版权内容,不断扩充内容品类,提升自身内容的数量和质量,满足读者对多元化数字出版阅读的需求。

此外,阅文的出版融合也拓展到海外市场。线上方面,通过旗下起点国际,阅文率先实现网文作品以中英文双语版,在海内外同时发布、同步连载;而在线下,阅文旗下起点中文网等多家网站的原创小说已向日韩、东南亚、欧美多地授权 300 余部数字出版或实体图书出版,来开拓数字出版的全球化市场。

在 IP 战略实施方面,阅文提出了开发 IP 的新模式——IP 合伙人制。所谓"合伙人",阅文集团副总裁罗立是这样解释的:两个人一起开家公司是合伙人,换句话说未来阅文集团将基于 IP 与各个合作方一起开一家 IP 运营公司,一起为了未来五年、十年的世界观做奋斗。这是合伙人可能的形式之一,也是最有可能出现的形式。考虑到每家合作公司会有自己的考量,很难形成真正意义上的合力。阅文集团希望以后在产品开发前就把这些随机因素去掉,比如一部作品还没有写之前,就已经把动漫、影视、游戏的制作商以及播放平台公司聚集在一起,各方组局制订计划,同时将这个 IP 的影视、游戏、动漫、文字等各方面按步骤规模性地开发起来。

(四)中文在线超级 IP 孵化及合作模式

中文在线于 2000 年成立于清华大学,为中国数字出版的开创者之一,也是全球最大的中文数字出版机构之一,并于 2015 年 1 月 21 日在深交所创业板上市。

2016 年 7 月 20 日,中文在线正式公布了"IP 一体化"战略,并与王马影视、百盟传媒、北京幸福影视有限公司、品今(北京)网络科技、人民文学出版社等出版、影视、游戏领域的公司合作签约。中文在线"IP 一体化"的运营模式可概括为"四优融合,三位一体"。其中,"四优融合"指中文在线成立 16 年来积累的拥有百万量级内容储备、每年新增数万种内容的海量内容生产能力;通过行业智囊与智能数据分析相结合的智能 IP 评估能力;渠道宣传推广能力;行业开放合作能力,联动产业链上下游,共同运营 IP。而"三位一体"则是指以 IP 为核心,整合作者、渠道、产业链为一体,共创多赢生态。在"作者一体化"方面,中文在线通过创新作家经纪人模式,已独家签约包括海岩、石钟山、人海中等在内的 23 位知名作家的 50 余部独家重磅 IP。此外,中文在线还拥有 100 余部点击量过亿的独家原创 IP,通过网红网文作家培养模式,与作者深度绑定,并通过成立影视工作室、拓展游戏发行业务、原创内容 IP 向有声市场衍生以及投资出品等布局,打造"产业链一体化"。

第六节　IP 保护与管理

一、主管机构和协调机构

(一) 知识产权部际联席会

为贯彻落实《国家知识产权战略纲要》和《国务院关于新形势下加快知识产权强国建设的若干意见》(国发〔2015〕71 号),加强组织领导和统筹协调配合,深入实施国家知识产权战略,加快知识产权强国建设,2016 年 3 月 21 日,国务院发文建立国务院知识产权战略实施工作部际联席会议制度。联席会议由知识产权局等 31 个部门和单位组成,知识产权局为牵头单位。国务院分管知识产权工作的领导同志担任联席会议召集人,协助分管知识产权工作的国务院副秘书长和知识产权局主要负责同志担任副召集人。

(二) 国家知识产权局(www.sipo.gov.cn)

国家知识产权局是国务院直属机构,负责组织协调全国保护知识产权工作,推动知识产权保护工作体系建设;承担规范专利管理基本秩序的责任;拟定知识产权涉外工作的政策;拟定全国专利工作发展规划,制订和审批专利工作计划;制定专利和集成电路布图设计专有权确权判断标准,指定管理确权的机构;组织开展专利的法律法规、政策的宣传普及工作。

(三) 国家工商行政管理总局商标局(sbj.saic.gov.cn)

国家工商行政管理总局商标局承担商标注册与管理等行政职能,具体负责全国商标注册和管理工作,依法保护商标专用权和查处商标侵权行为,处理商标争议事宜,加强驰名商标的认定和保护工作,负责特殊标志、官方标志的登记、备案和保护,研究分析并依法发布商标注册信息,为政府决策和社会公众提供信息服务,实施商标战略等工作。

(四) 国家版权局(www.ncac.gov.cn)

国家版权局拟定国家版权战略纲要和著作权保护管理使用的政策措施并组织实施,承担国家享有著作权作品的管理和使用工作,对作品的著作权登记和法定许可使用进行管理;承担著作权涉外条约有关事宜,处理涉外及我国港澳台地区的著作权关系;组织查处著作权领域重大及涉外违法违规行为;组织推进软件正版化工作。

二、法律法规

随着2019年的到来,很多知识产权的新规已经开始施行了。

(1) 对于电商平台常见的侵犯商标权、专利权、著作权等行为,《中华人民共和国电子商务法(简称《电子商务法》)》本法于2019年1月1日起施行,强化了知识产权保护,赋予电子商务平台很大的权利。

《电子商务法》第四十一条规定:"电子商务平台经营者应当建立知识产权保护规则,与知识产权权利人加强合作,依法保护知识产权。"

《电子商务法》第四十二条规定:"知识产权权利人认为其知识产权受到侵害的,有权通知电子商务平台经营者采取删除、屏蔽、断开链接、终止交易和服务等必要措施。通知应当包括构成侵权的初步证据。电子商务平台经营者接到通知后,应当采取必要措施,并将该通知转送平台内经营者;未及时采取必要措施的,对损害的扩大部分与平台内经营者承担连带责任。"

《电子商务法》第四十五条规定:"电子商务平台经营者知道或者应当知道平台内经营者侵犯知识产权的,应当采取删除、屏蔽、断开链接、终止交易和服务等必要措施;未采取必要措施的,与侵权人承担连带责任。"

《电子商务法》第八十四条规定:"电子商务平台经营者违反本法第四十二条、第四十五条规定,对平台内经营者实施侵犯知识产权行为未依法采取必要措施的,由有关知识产权行政部门责令限期改正;逾期不改正的,处五万元以上五十万元以下的罚款;情节严重的,处五十万元以上二百万元以下的罚款。"

同时,《电子商务法》对知识产权权利人的维权行为也进行了相关规定。根据电商法的规定,知识产权权利人发出的通知应当包括构成侵权的初步证据,因通知错误造成平台内经营者损害的,依法承担民事责任,恶意发出错误通知,造成平台内经营者损失的,加倍承担赔偿责任。需要指出的是错误通知的民事责任应该是无过错民事责任,即只要通知错误,无论权利人是否有过错,都应对平台内的商家承担赔偿责任。

平台作为一种新的经济组织形态有其独特的运行规则,对平台的规制是《电子商务法》的核心,最终的目的是保护消费者的合法权益,促进电子商务的持续健康发展。同时,互联网知识产权保护也是《电子商务法》的核心内容之一,《电子商务法》的实施必将提升我国知识产权的行政和司法保护水平,促进我国创新型国家建设。

(2) 最高法统一审理专利等二审案件,自2019年1月1日起施行。

为了统一知识产权案件裁判标准,进一步加强知识产权司法保护,优化科技创新法治环境,加快实施创新驱动发展战略,特做如下决定:

① 当事人对发明专利、实用新型专利、植物新品种、集成电路布图设计、技术秘密、计算机软件、垄断等专业技术性较强的知识产权民事案件第一审判决、裁定不服,提起上诉的,由最高人民法院审理。

② 当事人对专利、植物新品种、集成电路布图设计、技术秘密、计算机软件、垄断等专

业技术性较强的知识产权行政案件第一审判决、裁定不服,提起上诉的,由最高人民法院审理。

③ 对已经发生法律效力的上述案件第一审判决、裁定、调解书,依法申请再审、抗诉等,适用审判监督程序的,由最高人民法院审理。最高人民法院也可以依法指令下级人民法院再审。

④ 本决定施行满三年,最高人民法院应当向全国人民代表大会常务委员会报告本决定的实施情况。

⑤ 本决定自 2019 年 1 月 1 日起施行。

(3) 为正确审查知识产权纠纷行为保全案件,及时有效保护当事人的合法权益,根据《中华人民共和国民事诉讼法》《中华人民共和国专利法》《中华人民共和国商标法》《中华人民共和国著作权法》等有关法律规定,结合审判、执行工作实际,制定本规定。

《最高人民法院关于审查知识产权纠纷行为保全案件适用法律若干问题的规定》已于 2018 年 11 月 26 日由最高人民法院审判委员会第 1755 次会议通过,现予公布。自 2019 年 1 月 1 日起施行。

(4) 最高人民法院发布《关于知识产权法庭若干问题的规定》。该司法解释于 2018 年 12 月 3 日由最高人民法院审判委员会第 1756 次会议通过,于 2019 年 1 月 1 日起施行。

该司法解释旨在进一步细化全国人大常委会《关于专利等知识产权案件诉讼程序若干问题的决定》,加大知识产权司法保护力度,优化科技创新法治环境,切实保障国家层面知识产权案件上诉审理机制落地见效。

(5) 为加强企业知识产权管理,规范企业知识产权相关会计信息披露,根据相关企业会计准则,财政部和国家知识产权局制定了《知识产权相关会计信息披露规定》。本规定自 2019 年 1 月 1 日起施行。

本规定适用于企业按照《企业会计准则第 6 号——无形资产》规定确认为无形资产的知识产权和企业拥有或控制的、预期会给企业带来经济利益的、但由于不满足《企业会计准则第 6 号——无形资产》确认条件而未确认为无形资产的知识产权的相关会计信息披露。

企业可以根据实际情况,自愿披露下列知识产权(含未作为无形资产确认的知识产权)相关信息:

① 知识产权的应用情况,包括知识产权的产品应用、作价出资、转让许可等情况;

② 重大交易事项中涉及的知识产权对该交易事项的影响及风险分析,重大交易事项包括但不限于企业的经营活动、投融资活动、质押融资、关联方及关联交易、承诺事项、或有事项、债务重组、资产置换、专利交叉许可等;

③ 处于申请状态的知识产权的开始资本化时间、申请状态等信息;

④ 知识产权权利失效的(包括失效后不继续确认的知识产权和继续确认的知识产权)披露其失效事由、账面原值及累计摊销、失效部分的会计处理,以及知识产权失效对企业的影响及风险分析;

⑤ 企业认为有必要披露的其他知识产权相关信息。

第七节 "新文创"IP 管理的新方向

"新文创"以 IP 构建为核心的文化生产方式在当下越来越普遍,围绕 IP 的塑造、行业的协作、产业的逻辑以及整个商业的生态,都有了非常大的改变。"泛娱乐"相关的各个领域,不再孤立发展,进入了向"新文创"升级的方向。

腾讯新文创研究院副院长罗施贤从三个纬度分享了腾讯新文创研究院在探索"新文创"时总结的规律和经验。

第一个纬度是"跨业务共生打造高价值文化 IP"。罗施贤表示,所有的数字内容都不是孤立的,是不断去跨接衍生的,能够不断增值的。IP《庆余年》从"网络文学"到"影视"再到"游戏"精品改编。IP《从前有座灵剑山》从"文学"到"漫画"再到"动漫""影视""游戏"持续做衍生开发,实现逐步的破圈。虽然在不断地改编,但其幽默风趣的故事风格,包括底层文化的元素、人物的性格都是一脉相承的。一些精品动漫也可以是 IP 开发的源头,如《狐妖小红娘》《一人之下》,在"动漫""影视""游戏"等方面做多维度的衍生。罗施贤认为,在"新文创"中,文学、动漫、影视、游戏等业务会不断地打通联系起来,每个文化形态的演艺都会为这个 IP 拓展新的用户,实现增值。

第二个纬度是"进行文创融合推动 IP 持续增值"。罗施贤介绍,《王者荣耀》,在推出角色皮肤时,与"越剧""昆曲""敦煌文化""三国文化"等相结合,受到用户的欢迎,同时推广了相关联的文化知识。《QQ 炫舞》,曾经与杨丽萍基于孔雀舞有一个合作,不是简单的跨界合作,而是把音乐、服饰重新制作到游戏里,去演艺杨丽萍的孔雀舞。

第三个纬度是"作为数字文化创新的解决方案"。罗施贤表示,"新文创"成为推动文化产业进行数字化升级探索的整体的解决方案。罗施贤介绍,腾讯和敦煌之间的合作,腾讯尝试了以游戏、音乐、动漫等形式对敦煌文化做数字化的演艺,包括《王者荣耀》里推出飞天皮肤,还有做敦煌主题的音乐会,以及通过 VR 技术远程去看洞窟里面的壁画,实现云参观。腾讯和故宫的合作,也涉及多个领域。腾讯和云南的文旅合作,腾讯为云南打造出全新的旅游形象 IP——"云南云",还有基于云南的 IP 特色,让很多线上的数字内容和云南线下文旅去结合十几个项目的落地,助推云南旅游季成绩的攀升。

拓展阅读

从阅文集团财报看中国内容产业 IP 版权运营的发展前景

2020 年 3 月 17 日,阅文集团(以下简称"阅文",0772.HK)公布 2019 年全年业绩。报告显示,阅文集团 2019 年实现总收入 83.5 亿元,同比增长 65.7%;毛利润为 36.9 亿元,同比增长 44.3%;净利润为 11.1 亿元,同比增长 21.9%,远高于此前市场预期。两大业务板块中在线业务收入 37.1 亿元,以自有平台产品营业收入为主;版权运营业务实现爆发性增长,收入同比激增 341%至 44.2 亿元。2019 年公司业务收入结构实现了以版权运营为核心的转化,表明以 IP 为核心的多元变现取得成果,公司优质内容长期价值的可持续性正逐步凸显。

文化创意产业创新创业案例实务

阅文集团作为内容产业的代表性企业,率先实现了内容产业从"文学IP库储备"—"IP孵化"—"IP价值转化"全产业链布局,验证网络文学行业全版权运营发展的可行性,为行业的发展提供清晰的发展路径,以下从阅文年报看内容产业IP化的发展机遇和前景。

一、阅文集团基本面

(一) 阅文升级业务模式,2019年营业收入超过预期

2019年,阅文集团持续投入内容生态建设,升级业务模式,为内容创作及长期发展提供坚实基础,行业地位一直高居前列。最新财报显示,2019年阅文实现总收入83.5亿元,同比增长65.7%;净利润为11.1亿元,同比增长21.9%,重新回至高水平。2019年版权运营收入庞大的市场贡献率,促使公司业绩高于此前的市场预期。

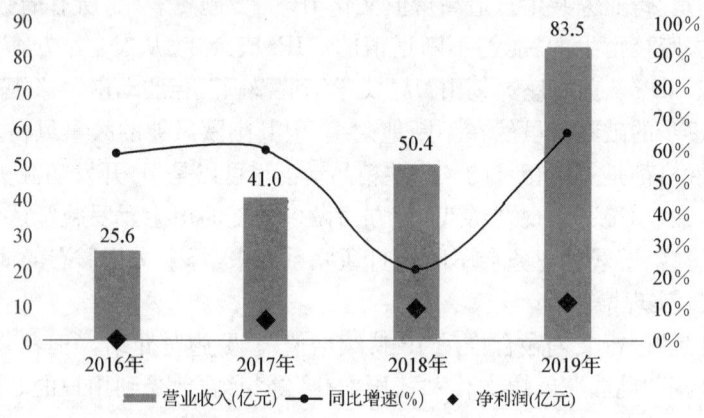

2016—2019年阅文集团营业收入及净利润统计(单位:亿元,%)
资料来源:企业年报前瞻产业研究院整理。

(二) 平台用户数稳定增加,月均付费支出黏性增强

作为网络文学产业的代表性企业,阅文集团旗下在线阅读平台有20余款,其中拥有起点中文网、创世中文网、云起书院、红袖添香、潇湘书院、起点女生网、言情小说吧、小说阅读网等9个自有平台,精准定位不同用户群。

阅文集团旗下在线阅读平台品牌
资料来源:公司官网前瞻产业研究院整理。

按消费方式分,形成了以QQ阅读、起点读书、红袖读书为代表的付费阅读平台和以飞读为代表的免费阅读平台。

在公司多平台及优质内容的吸引下,平台月活跃用户数稳定增加。2019年阅文用户数为219.7百万人(2.2亿人),约占中国网络文学用户数的50%,其中公司自有产品月活跃用户数增加至1.195亿人。

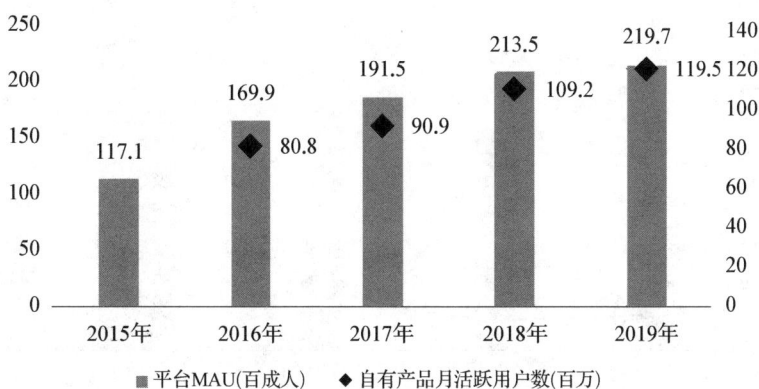

2015—2019年阅文集团平台月活跃用户数统计(单位:百万人)
资料来源:企业年报前瞻产业研究院整理。

优质内容影响力持续增加,公司付费用户的付费意愿及付费能力有明显的提升。2019年,公司每名付费用户平均每月收入同比增加5%至25.3元。

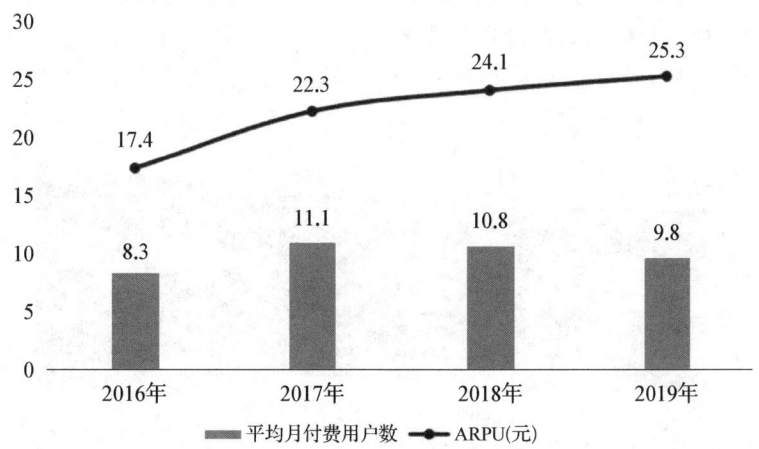

2016—2019年阅文付费业务活跃用户数及付费用户月平均收入(单位:百万人,元)
资料来源:企业年报前瞻产业研究院整理。

付费用户付费意愿和付费能力的提升,一定程度上为公司基于不同用户实现不同业务的转化提供了发展,另一方面也在大IP时代,为公司IP业务的孵化和转化提供了有利的支持。

(三)版权运营突破临界点,进入规模化扩张期

阅文营收增长驱动力共分为两个阶段:2017年之前因公司充分利用腾讯渠道能力以及自有平台运营能力的大幅提高,付费用户规模持续高增长,依靠在线阅读业务实现收入增

长;2017年开始,公司深耕IP全版权运营业务,构筑IP授权的公司能力及业务,亦采用自主开发、并购、联合投资等方式快速夯实基础能力。

财报数据显示,2019年公司版权运营收入44.23亿元,同比增加341%,占公司总营收的53.0%,首度超过在线业务收入,成为2019年阅文收入的基盘,表明阅文成功孵化了IP价值,进一步证实了阅文以"优质内容"为中心的多元变现战略获得了成效。

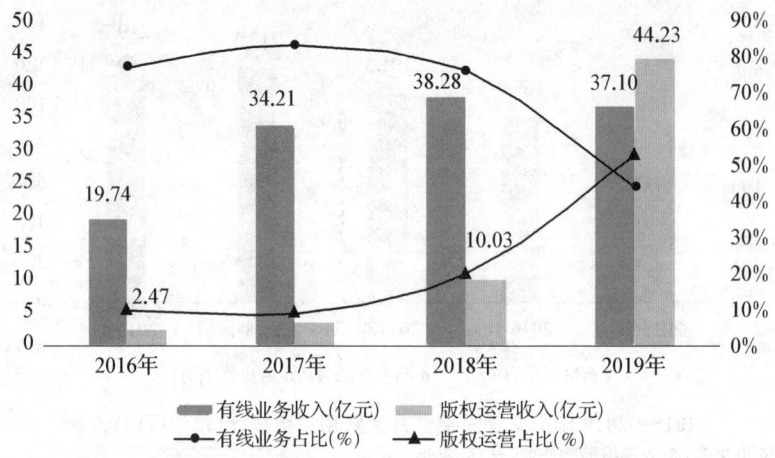

2016—2019年阅文集团主要业务板块收入及占比分析(单位:亿元,%)
资料来源:企业年报前瞻产业研究院整理。

在线业务收入是阅文最为核心业务板块之一。公司在线阅读业务渠道包括自有渠道、腾讯渠道独家分发途径、手机制造商预装应用程序与第三方合作平台。在多渠道优势的基础上,阅文升级业务模式,形成了以付费阅读为主,互联网增值方式,实现了对不同用户的广泛触达。

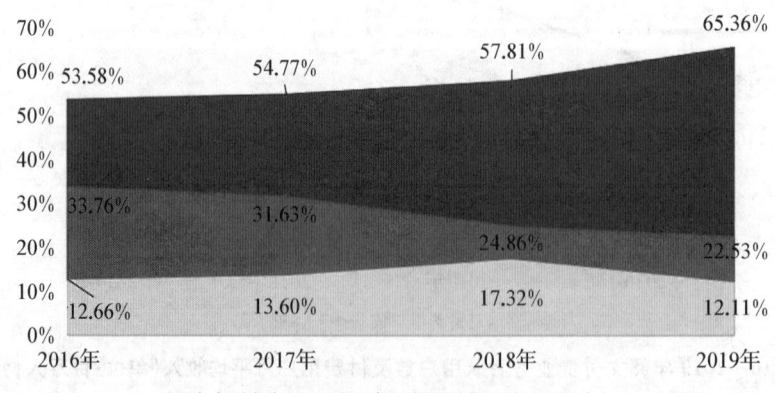

2016—2019年阅文集团在线阅读不同渠道收入占比(单位:%)
资料来源:企业年报前瞻产业研究院整理。

二、商业模式——上下游融合,IP全产业链孵化

阅文集团以平台为中心,聚合原创文学的优秀创作者,引进90后新生代作家,为平台提供具有核心竞争力的原创文学内容,为下游的读者用户提供创新、高质的线上文学读物,同时依托广大的用户群体进行作品流量的积淀。

在在线业务的基础上,依托阅文平台价值IP作品,促进大流量IP文学作品的衍生化发展,与电影、剧集、动漫、游戏、衍生品和主体公园等领域进行IP衍生业务的合作,升级业务模式,实现文学IP全版权运营的发展。

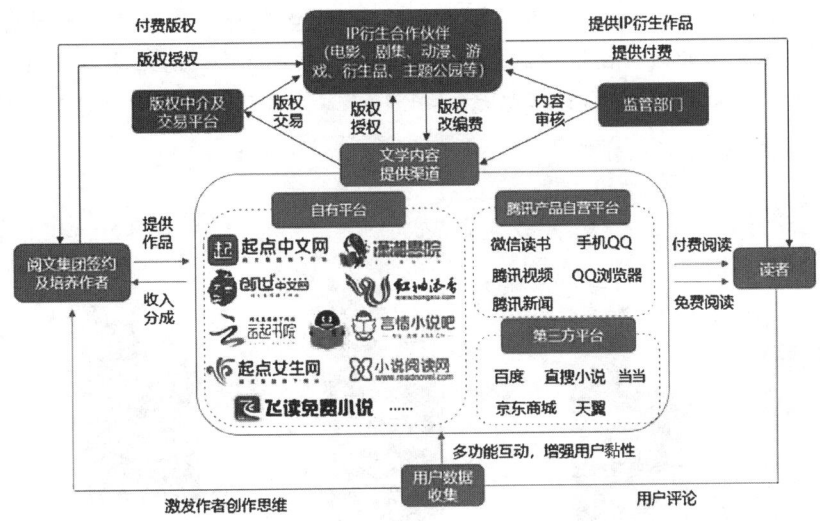

阅文集团商业模式分析

资料来源:前瞻产业研究院整理。

阅文以高质量原创、具有吸引力的文学作品为核心竞争力,鼓励并激励作家对内容进行创新,搭建起一套具有绝对竞争优势的作家团队、作品库,实现了IP资源的前期积累及持续创作。

作为中国重要的IP源头,阅文集团依托平台用户进行IP塑造。同时结合在不同场景的版权开发拓宽IP的影响范围和受众群体。在阅文内容建设及IP资源库积累的基础上,阅文重视对IP价值的激活,促进文学IP与电影、剧集、动漫、游戏、衍生品和主体公园等的深度融合和多元开发。未来,阅文集团"IP资源储备+IP资源塑造+IP价值激活"的"3-IP"化的商业发展模式,将在IP爆发时期迅速占领行业的至高地位。

IP资源储备
依托平台具有深度的原创及具有吸引力的文学作品,搭建文学作品库,实现文学IP的资源储备

IP资源塑造
利用付费阅读及免费阅读平台,依托用户的喜好和选择进行IP资源的塑造,加之平台的推广宣传,实现IP影响力的提升

IP价值激活
利用IP资源储备进行影视、游戏和动漫等产品的开发,实现IP价值的激活

阅文集团商业模式拓展分析

资料来源:前瞻产业研究院整理。

三、付费阅读—龙头地位无法撼动,奠定 IP 孵化基石

阅文深耕内容创作,付费阅读领域地位无可撼动。阅文一直致力于对原创作家的孵化和培育,长期深耕付费阅读业务。2019 年阅文平台入驻作家 810 万位,作品数量达到 1 220 万部,自有原创文学作品 1 150 万部。阅文的作家数、作品数和作品影响力均保持领先优势。为了在网络文学领域占据绝对的竞争优势,阅文重视对作家的培育并扶持作家对内容的创作,2019 年公司内容成本 14.77 亿元,占比 17.7%。高成本投入也奠定了公司网络文学领域绝对的竞争优势。

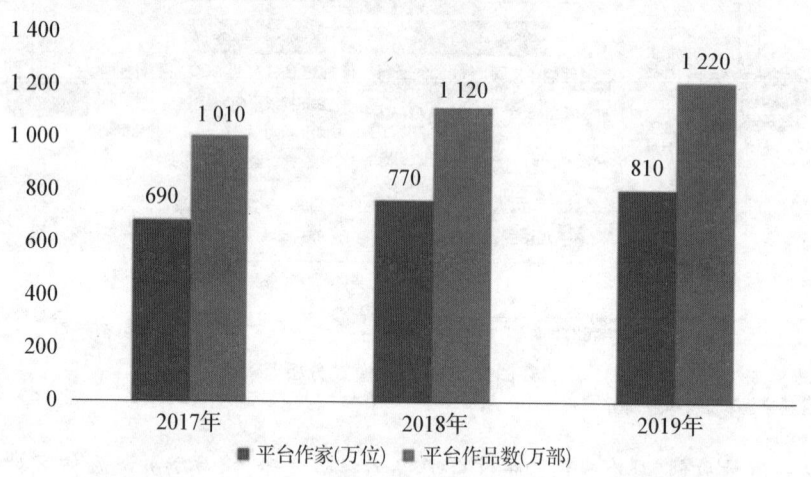

2017—2019 年阅文作家数、作品数统计(单位:万人,万部,%)
资料来源:公司年报前瞻产业研究院整理。

除了具备高产出能力外,平台文学作品品质也位列行业前列。2019 年,阅文平台的 45 部文学作品和 27 位作家获得了国家新闻出版广电总局、中国作家协会及各省市作家协会授予的荣誉及奖项,中制协青工委也牵手阅文集团,共建百部优质 IP 文库。

2020 年 1 月 7 日,速途研究发布《2019 年中国网络作家影响力榜》数据显示,2019 年网络文学男作家影响力 TOP50 中阅文集团占比 96%,女影响力作家占比 88%。据 2020 年 2 月百度小说风云榜,排名前 30 部的网络文学作品中,有 25 部出自阅文平台。由此可见,阅文在内容创作领域具备绝对的竞争优势和优势文学创作的主导地位。

2019 年网络文学男女影响力作家 TOP50 企业分布　　　　　　　　　　单位:人

作家分类	企业简称	网　站	作家数
男作家	阅文集团	起点中文网	41
		QQ 阅读	7
	掌阅	掌阅小说网	1
	纵横文学	纵横中文网	1

续表

作家分类	企业简称	网站	作家数
女作家	阅文集团	云起书院	23
		起点女生网	8
		潇湘书院	7
		红袖添香	5
		小说阅读	1
	晋江	晋江文学网	5
	浙江文艺出版社	浙江文艺出版社	1

资料来源:速途研究院前瞻产业研究院整理。

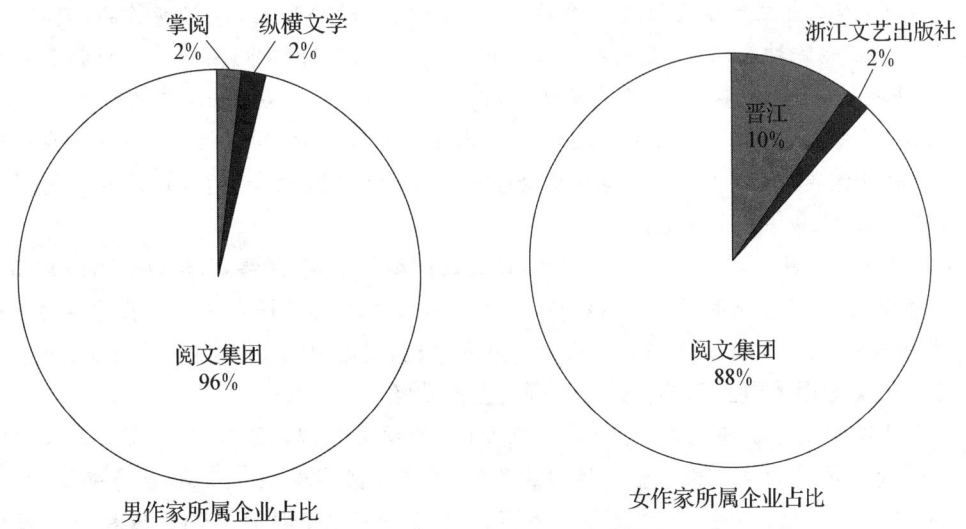

2019 年网络文学男女影响力作家 TOP 50 占比(单位:%)

资料来源:速途研究院前瞻产业研究院整理。

四、版权业务——以内容为牵引力,打通网文 IP 全产业链开发

(一)阅文版权授权业务快马加鞭,搭建 IP 全产业链基础设施

在 IP 孵化战略的促进下,阅文在版权运营和改编方面取得显著进展,重视 IP 价值转化率的提升,IP 转化涉及电影、电视剧、网络剧及游戏等多种形式。2019 年,阅文把 160 部文学作品改编权授予给第三方,在版权授权和改编方面继续取得显著进展,涉及电影、电视剧、网络剧及游戏等多种形式。

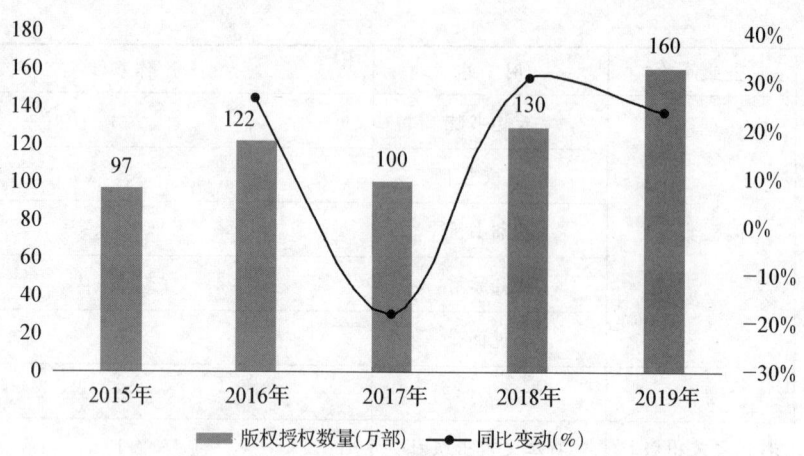

2015—2019 年阅文版权授权数量及变动情况(单位:万部,%)
资料来源:企业年报前瞻产业研究院整理。

2019 年,阅文自主制作及开发体系推出了多部优质动画作品,包括新作品《崩坏星河》《萌妻食神》《武动乾坤》,以及《斗破苍穹》的新番。其中,《武动乾坤》第一季累计播放量突破 8 亿次;《斗破苍穹》第三季及《斗破苍穹特别篇 2 沙之澜歌》共收获了 13 亿次播放量,使该动画系列的累计播放量突破 54 亿次。此外,《全职高手之巅峰荣耀》是 2019 年首部在中国电影院上映的电竞题材动画电影。包括《黄金瞳》《国民老公 2》《淑女飘飘拳》等在内的联合投资影视剧也在 2019 年广受欢迎。

通过与娱乐行业优质合作伙伴的协作,阅文的改编影视剧、网络剧、动画和游戏作品库不断壮大,推动 IP 价值进一步提升。这种以 IP 为中心的变现模式将有助于延长作品的生命周期,并实现不同内容形式的高效变现。多领域布局渗透,实现 IP 全版权运营的同步发展。

(二) 阅文全面渗透上下游,布局 IP 开发全产业链

2018 年阅文投资了韩国 Munpia 和泰国 OBU 网络文学阅读服务平台,深化网文内容的推广,布局海外阅读领域。除了重视核心业务外,阅文积极实现 IP 全版权业务领域的布局,至此已经在动漫动画、影视、互动视频及有声读物领域实现了投资布局。依托公司投资的 KacaEntertainment、福煦影视、A4 漫业、音熊联萌、娃娃鱼动画几个公司已经实现了动漫游戏领域的 IP 版权运营。收购新丽传媒,实现了影视领域 IP 版权运营的布局。

阅文集团多领域布局情况汇总

布局领域	企业简称	轮次	投资时间	投资金额	产品介绍
动漫动画	福煦影视	天使轮	2015/11/30	金额未知	福煦影视是一家动画片制作服务提供商,专注动画长篇的制作发行业务,同时提供影视节目的开发制作与宣传发行服务和原创版权授权销售服务。旗下代表作品有《我为歌狂》《斗破苍穹》《快乐星猫》等
	音熊联萌	天使轮	2017/7/8	1 000 万	音熊联萌是一家以动漫游戏配音和声优演艺为主营业务的文化传媒公司,致力于搭建对于声优艺人的孵化培养、市场化以及经纪业务的整套体系

续　表

布局领域	企业简称	轮　次	投资时间	投资金额	产品介绍
动漫动画	娃娃鱼动画	天使轮	2017/7/12	5 000 万元	娃娃鱼动画是一家原创动漫制作公司，作品有《药王异闻录》《小米的森林》VR作品《蜀山奇侠录》等
	Kaca Entertainment	A 轮	2018/8/30	5 000 万元	Kaca Entertainment 是一家国内精品动画制作技术公司，拥有完全自主知识产权"HR2D"技术，为 IP 运营方客户提供整套动画制作服务。Kaca Entertainment 是一个以技术加速 IP 价值放大的内容聚合平台
	A4 漫业	A 轮	2019/6/20	1 000 万元	A4 漫业是一家专注于原创漫画领域的连载出版、移动应用设计及增值服务提供商，旗下有动漫我世界、联宇星空、联动我世界等，隶属于联动我世界（天津）网络科技有限公司
影视领域	苍穹互娱	天使轮	2018/1/11	金额未知	苍穹互娱是一家文学 IP 改编及影视制作公司，获取文学作品版权，对其进行改编，制作真人影视剧、动画电影、游戏以及实景产品等，致力于为用户提供高品质的泛娱乐作品。公司已获取阅文集团文学作品的改编权
	新丽传媒	并购	2018/8/14	155 亿元	新丽传媒致力于电视剧、电影、网络剧制作以及全球节目发行、娱乐营销和艺人经纪等领域，产品有《白鹿原》《父母爱情》《庆余年》等影视作品
互动视频	互影科技	A 轮	2019/12/11	近亿元	互影科技是中国第一家专注互动视频的科技内容平台。通过融合影视制作、互动设计、技术开发，创造基于移动端体验的下一代互动娱乐内容产品。希望融合科技和内容，让人们拥有属于自己的定制化故事体验。目前完成待上线的互动电影包括潘粤明主演的《古董局中局》等多个头部 IP 项目
海外文学	Munpia	战役投资	2018/10/19	金额未知	Munpia 是一个韩国阅读服务平台，专注于为用户提供网络文学阅读服务，内容涉及玄幻、武侠等类型小说，平台具有收藏和在线购买等功能
	OBU	股权融资	2019/9/27	1 051 万美元	OBU 是泰国一家网络文学平台，主要通过其及其附属公司拥有的多个网络平台从事提供的网络文学及数学生活内容业务，具体涉及对话小说平台、独立音乐社区、生活视频社区及电影电视剧工作室等类型

续表

布局领域	企业简称	轮次	投资时间	投资金额	产品介绍
网文平台	红袖添香	战略投资	2015/8/6	金额未知	红袖添香专业致力于为用户提供涵盖电子付费阅读、无线增值、网络增值、图书出版、影视授权、报纸杂志授权等数字内容版权运营服务。目前网站拥有300万部(篇)作品
有声阅读领域	懒人听书	B轮	2015/12/14	6 000万元	懒人听书是国内移动音频综合平台,为用户提供听书、听播客节目、主播交流、听友交流等服务,懒人听书已经完成有声数字内容的生产、消费与传播的完整生态系统,拥有海量的教育、小说、财经、娱乐、曲艺、广播剧、每日新闻等正版有声内容,致力于打造成国内最大的有声数字内容交流平台
	腾讯音乐	战略合作	2020/3/18	/	QQ音乐、酷狗音乐、酷我音乐三大主流音乐服务提供商,是中国在线音乐服务领航者

资料来源:前瞻产业研究院整理。

(三)阅文与新丽以内容为牵引形成了"1+1>2"的协同效应

2017年11月阅文集团完成IPO,将IP战略提到新的高度。阅文作为文学IP的最源头,一直坚持按照三条线进行深化:一是内容的建设,打造最大的IP资源库;二是依托在线阅读业务和强大的用户群体,孵化IP;三是打通IP全版权运营,激活价值,实现文学IP的多元化开发。2018年10月阅文集团以155亿元的价格对影视公司新丽传媒进行了收购。新丽传媒作为国内最具实力的电视剧和电影制作发行机构之一,曾经制作和出品了《我的前半生》《白鹿原》《大丈夫》《虎妈猫爸》《辣妈正传》《余罪》《悬崖》《夏洛特烦恼》《如懿传》等较为有影响力的影视作品。阅文和新丽的整合协作,充分地实现了阅文从IP创造—孵化—价值转化的完整链条,以内容为牵引实现上下游的协同效应。

(四)文学IP转化多领域拓展,多业务反哺文学IP价值提升

阅文作为国内最具影响力的网文平台,自2015年公司优质的IP纷纷被改编为电视剧作品,并获得了较高的评分和收视率,网文IP化发展成为关注热点。

上线时间	名称	豆瓣评分	上映周期	累计播放量	日均播放量
2015年	盗墓笔记	4.1			
	花千骨	6	1745	186.2	1067
	琅琊榜	9.2			
	何以笙箫默	6.6	1895	89.5	472
	芈月传	5.4	1571	291.3	1854
2016年	欢乐颂	7.3	1431	230.4	1610
	锦绣未央	4.7	1224	281.2	2297
	微微一笑很倾城	6.4	1305		
	老九门	5.8	1352		
	诛仙：青云志	5.3			
	鬼吹灯之精绝古城	8.1	1186	54.3	458
2017年	三生三世十里桃花	6.4	1144	430.3	3761
	楚乔传	5	1018	485.2	4766
	择天记	4.2	1065	302.3	2838
	孤芳不自赏	3.1	1133	192	1695
	大唐荣耀	6.3	1114	70.1	629
	琅琊榜之风起长林	8.5			
	双世宠妃	6.2	983	57.1	581
2018年	扶摇皇后	4.7			
	武动乾坤	4.7	590		
	创业时代	3.5	524	45.4	866
	天盛长歌	8.3	583		
	双世宠妃Ⅱ	7.6	514	38.4	747
	将夜	7.2	505	52.7	1044
	你和我的倾城时光	6.3	493	59.1	1199
	夜天子	7.6	583	21.4	367
2019年	全职高手	7.4	238	34.1	1433
	庆余年	7.9	128	78.9	6164
	从前有座灵剑山	7.1	113	19.6	1735
	精英律师	5.3	90	32.3	3589

2015—2019 年网文 IP 电视剧/网剧改编情况（单位：分，天，亿次，万次）

资料来源：骨朵数据库前瞻产业研究院整理。

《庆余年》成为男频 IP 开发的分水岭，促进阅文全产业链的发展。收购新丽传媒后，公司正式进入自制 IP 改编领域，2019 年依托阅文自制 IP 改编《全职高手》《从前有座灵剑山》《庆余年》和《精英律师》等网剧的热播为阅文 IP 全产业链布局战略决策提振了信心。2019

年 11 月 26 日,由腾讯影业、新丽传媒、阅文影业等出品的猫腻小说改编作品《庆余年》开播,一天后就有 6 800 名观众打出了 7.8 的豆瓣评分。及至 2020 年 3 约 18 日,豆瓣平台获得 70 万人评价,豆瓣评分 7.9。据骨朵数据显示,开播至今仅 113 天,《庆余年》全平台累计播放量 78.9 亿次。

电视剧名称	上映时间	上映周期	累计播放量	改编自小说	所属IP
全职高手	2019/7/24	238	34.1	蝴蝶蓝《全职高手》	阅文集团
从前有座灵剑山	2019/11/12	128	19.6	国王陛下《从前有座灵剑山》	阅文集团
庆余年	2019/11/26	113	78.9	猫腻《庆余年》	阅文集团
精英律师	2019/12/26	90	32.3		阅文集团
长安十二时辰	2019/6/27	266	42.64	马伯庸	娱跃文化
我的盖世英雄	2019/6/14	279	20.55	余木泽《一网打尽》	爱奇艺文学
陈情令	2019/6/27	266	77.2	墨香铜臭《魔道祖师》	晋江文学

2019 年网文 IP 热播代表影视剧对比(单位:天,亿次)

资料来源:骨朵数据库前瞻产业研究院整理。

《庆余年》的成功不仅让外界坚定了对内容 IP 改编的信心,也让大家看到了阅文集团在 IP 开发领域的优势和市场潜力。

在网络文学快速发展及文学 IP 全产业链构建的市场背景下,爱奇艺和娱跃文化等互联网平台也逐步重视男频小说 IP 全产业链运营,2019 年娱跃文化打造 IP 剧《长安十二时辰》也累计获得了 42.64 亿的播放量,爱奇艺文学 IP 出版《我的盖世英雄》累计 20.55 的点播量。

但是相比较阅文而言,无论是娱跃文化还是爱奇艺都存在一定的差距,主要体现在以下三个方面:

其一,爱奇艺是国内具有竞争力的网络视频公司,主要提供影视资源制作和播放业务。虽然爱奇艺重视向上游延伸产业链,于 2016 年 5 月 6 日创立了爱奇艺文学,并推出了爱奇艺阅读免费在线阅读业务,以期在自己的平台上积累更多的 IP,进而实现 IP 内容的创作和价值的转化。但是文学创作是一个长期积累的过程,爱奇艺内容创作领域无论是产品的供给还是用户的积累都与阅文有着一定的差距。

其二,近年来,爱奇艺自制网络剧数量不断增加,但是受文学质量的影响,自制影视内容产品质量不一,好坏参半,未能实现 IP 价值的有效释放。而阅文集团与新丽整合后,有效地弥补了在影视出品制作领域的不足,加之阅文具有竞争力的文学 IP,在文学 IP 全产业链的布局占据着绝对的竞争优势。

其三,阅文与腾讯形成了强强联合,无论是在流量平台的搭建还是在 IP 孵化的宣传推广领域,都较爱奇艺具备较为丰富的渠道资源。

多业务开花,促进 IP 价值的最大化。除了影视作品外,阅文 IP 资源在电影、游戏和动漫改编方面也获得了较大的成功。年报显示,2019 年,阅文相继推出包括《崩坏星河》《萌妻食神》《武动乾坤》《斗破苍穹》新番在内的多部优质动画作品及首部在国内上映的电竞题材动画电影《全职高手之巅峰荣耀》等。改编的自营手游《新斗罗大陆》在发布后即广受欢迎,并赢得包括2019金陀螺"年度人气IP游戏奖"和2019金葡萄"最受关注游戏奖"在内的众多知名奖项。2019年阅文IP运营全面开花,多种形式上都实现了里程碑式的突破。

(五)引领创新发展,阅文与腾讯合作发力长音频有声读物

2020年3月18日,阅文宣布与腾讯音乐达成战略合作协议,阅文集团授权腾讯音乐将旗下文学作品制作成长音频有声读物,并在双方各自平台上进行全球发行,共同开拓长音频领域有声作品市场。此次阅文与腾讯的创新性合作,使得阅文利用文学IP开拓了新的孵化领域,也为阅文在该领域的领先发展创造机会,真正地实现了IP价值的多元转化。

五、阅文率先实现全版权运营,为行业发展提供借鉴

从阅文的发展现状及业务布局情况看,阅文集团依托公司长期积累且具有绝对竞争优势的内容率先实现了其在内容产业全版权运营的布局,2019年《庆余年》IP的影视化打造,实现了内容IP在影视剧领域的高效转化,并提振了内容产业IP化发展的信心。

(一)深耕内容,重视IP内容的积累和孵化

内容是产业IP全版权发展的基石,其价值对内容产业的意义不言而喻,IP全版权运营的发展应该是在高质量、高受众、高粉丝群体的文学作品的基础上进行开发。阅文作为网络文学的龙头企业,公司建立了完善的作家生态链,持续充实内容库,并重视文学内容的创作、积累和国内外的运营,依托"付费+免费在线阅读"业务扩大用户群体,反过来依托消费者孵化作品流量,实现了IP内容的积累和孵化。在阅文成功发展经验的基础上,内容产业应把握住行业发展的根本,重视高品质、高价值、高流量的"三高"作品的积累,多渠道运营和推广,多种方式筛选客户,实现内容的流量积累。

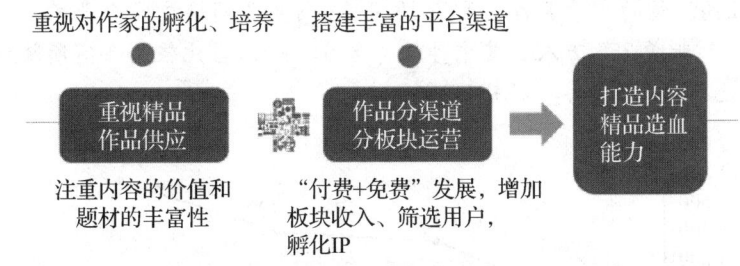

内容产业重视内容创作的发展分析

资料来源:前瞻产业研究院整理。

(二)多业态融合,催生IP价值多场景转化

阅文作为中国乃至世界范围内的头部文学创作平台,与行业下游产业同频共振,助推IP孵化开发形成良性共赢的生态。截至目前,阅文已经从最初单纯的IP授权,向"授权+联合投资/制作+自制"多领域发展,并在影视、动画、动漫、有声读物及游戏领域多业务布局,实现了文学内容版权销售、联合投资和自主研发"三驾马车"之间的联动,多点开花,率先在内容产业实现全版权运营。加强了其在内容生产上的话语权和对IP的掌控力。与新丽逐渐整合之后,将进一步释放IP改编运营及制作能力。2019年《庆余年》等IP影视剧的大获全胜为文学与影视相互转化逐渐找到了更为畅通的路径,验证了阅文全版权运营战略的正确性,也为行业的发展提供了借鉴。

六、行业前景篇

(一) 网文行业高速发展,为内容产业发展奠定基础

1. 网络文学成为内容产业重要IP来源

内容产业IP化的发展主要关注上游IP的来源和下游IP的价值转化,文学、漫画、动画都是重要的IP来源,但是由于其内容的产能、成本以及受众的差异,使得文学(包括网文和传统图书等)成为目前内容IP最主要的来源,其次是漫画,再次是动画、游戏等其他来源。

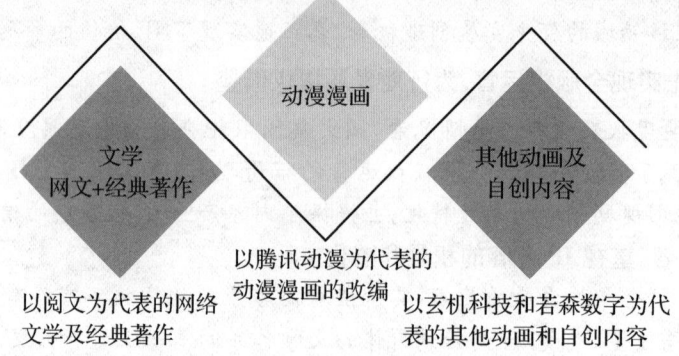

内容产业 IP 来源分析

资料来源:前瞻产业研究院整理。

2. 网文行业吸引力发酵,为IP衍生积累素材

互联网的普及为在线文学创作提供了基础,同时受工作压力的增加及网生代生活工作方式的转变,越来越多的人愿意尝试写作。目前,专职化与兼职化的网络文学创作模式,孕育了大量经典且高流量的文学著作。至2018年,国内主要网络文学企业的驻站作者已达到1 755万人,较去年新增355万人。其中签约作者61万人,占比较去年有所降低。签约作者中,兼职作者占比61.9%,较去年提升8.9%。

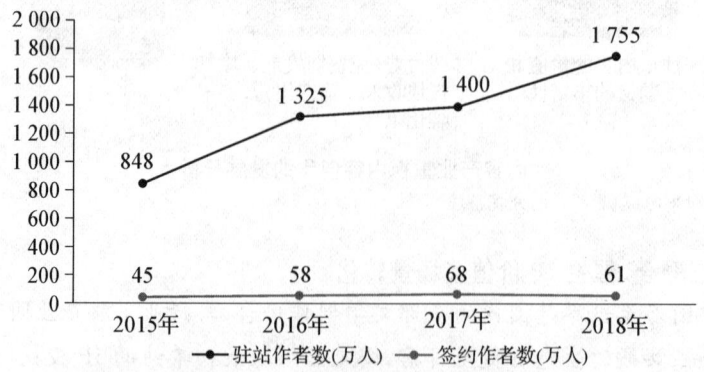

2015—2018年中国网络文学作者情况统计(单位:万人)

资料来源:《中国网络文学发展报告》前瞻产业研究院整理。

2019年,网文行业新人作家不断孵化,口碑作家持续涌现。并且越来越多的90后、95后新锐作家在写作平台上脱颖而出,为网络文学的"逆龄发展"带来驱动力。在文学作者显著提升的影响下,中国各类网络文学作品累计数显著提升。2018年网文作品累计数为2 442万部,较2017年新增795万部,同比增长48.3%,其中,签约作品129.1万部,2019年网络文

学作品超过 3 100 万部。

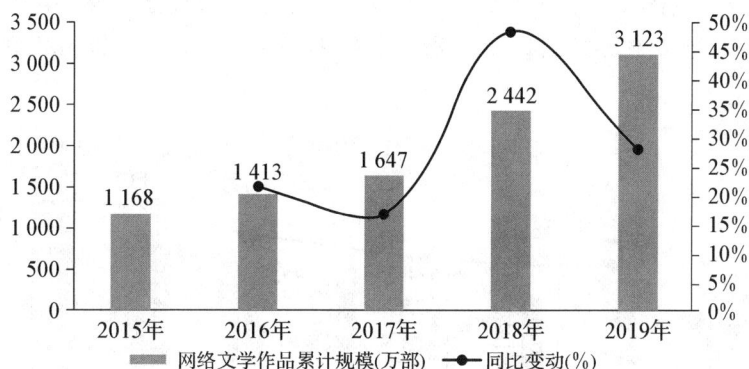

注：截至 2020 年 3 约 20 日,《2019 年中国网络文学发展报告》尚未发布,2019 年数据为前瞻依据历年发展趋势结合行业发展形式测算所得,最终数据以权威公布数据为主。

2015—2019 年中国网络文学作品数统计(单位:万部,%)

资料来源:《中国网络文学发展报告》前瞻产业研究院整理。

网文作为现阶段内容产业 IP 孵化产业链中上游重要的内容提供平台,随着国内网文作家数及网络作品累计规模的增加,为内容 IP 的孵化提供了重要的内容来源,也为行业的发展提供了充足的内容供应。而阅文作为网络文学的龙头企业,2019 年阅文平台入驻作家 810 万位,作品数量达到 1 220 万部,其中自有原创文学作品 1 150 万部。在内容 IP 的源头领域,阅文的作家数、作品数和作品影响力均保持领先优势。

3. 网生代知识付费意识养成,用户需求提升

在互联网及移动互联网用户普及率提升的促进下,互联网应用逐渐向细分市场演进,Questmobile 公布的 2019 年移动互联网市场中,在线阅读成为除短视频业务外最为重要的细分市场,移动互联网在在线阅读领域的转化提振了网文行业的发展动力。

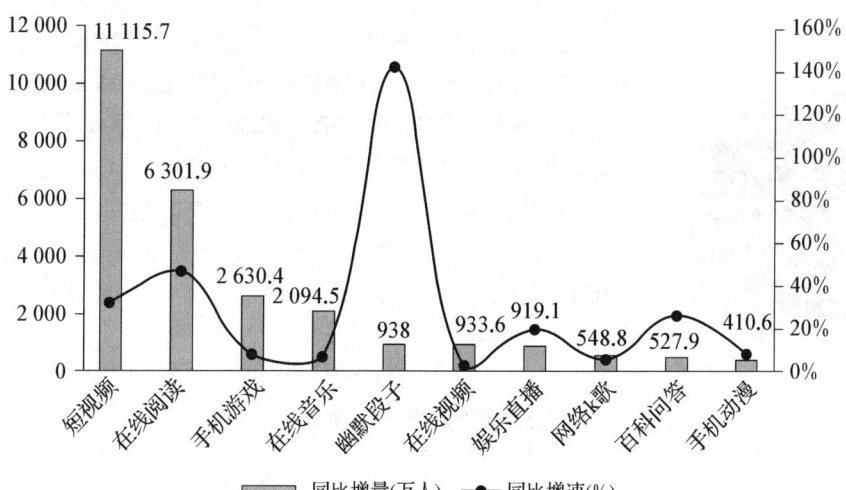

2019 年 6 月移动互联网市场细分行业用户规模同比增量 Top 10(单位:万人,%)

资料来源:Questmobile 前瞻产业研究院整理。

网络在在线阅读领域的下沉,促进了网文用户规模的持续增加,中国互联网信息中心《第44次中国互联网络发展状况报告》公布数据显示,至2019年上半年,我国网络文学用户数量已达4.55亿,网民使用率达到53.2%。其中,移动网文用户规模为4.35亿人,我国网文读者群体规模巨大。

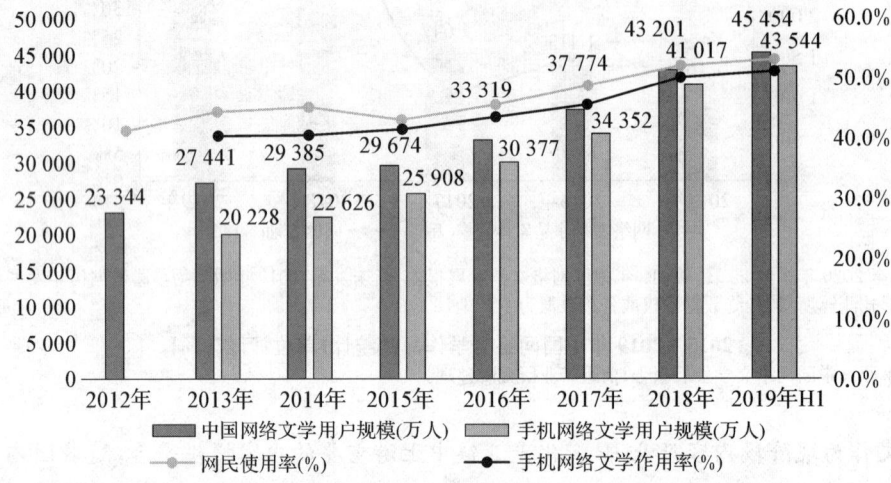

2012—2019年中国网络文学用户规模统计(单位:万人,%)

资料来源:CNNIC 前瞻产业研究院整理。

近年来,《关于加强网络文学作品版权管理的通知》和《版权工作"十三五"规划》等国家政策相继出台,奠定了网络文学合规、合法化发展的基础。在此基础上,我国知识付费业务得到了广大消费者的支持,艾媒资讯调查显示,88.8%的被调研者有购买过知识付费产品,其中付费文档及文章的购买是知识付费内容的重要板块之一。知识付费消费习惯的养成为网文付费阅读业务及内容产业IP价值转化提供了较为有利的支持。

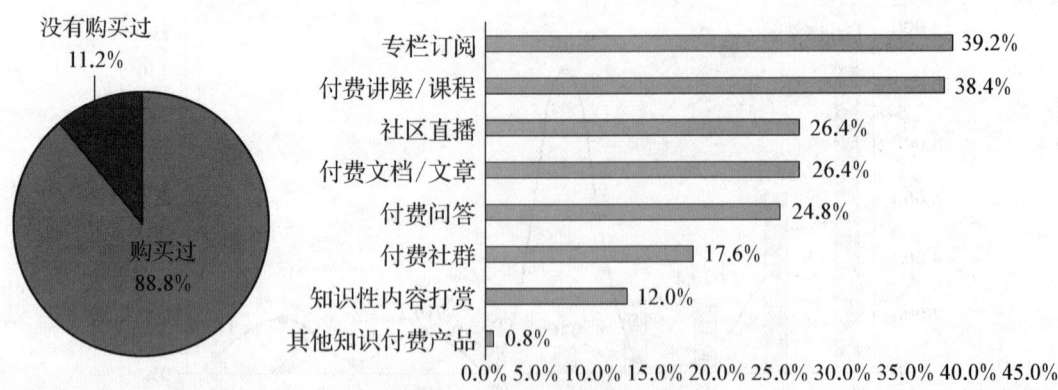

知识付费意愿调查统计(单位:%)

资料来源:艾媒数据中心前瞻产业研究院整理。

而从用户年龄分布看,2019年4.55亿网文用户中,90后的用户已超总量的70%,其中90后用户占比15.56%、95后18.49%和00后36.03%;付费用户中,90后占19.73%,95后占23.87%,00后占22.54%。随着我国互联网的快速发展,"网生代"已成网络文学接受主体和消费主力。

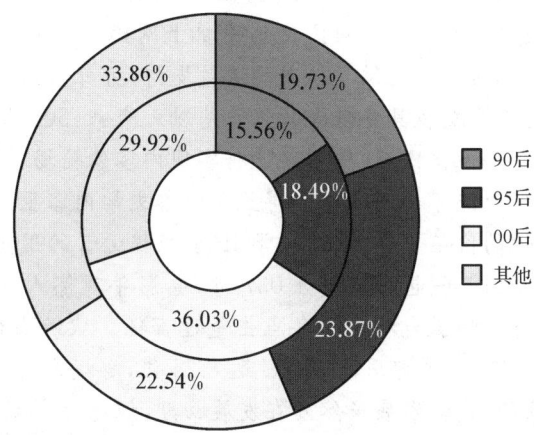

注：内圈为2019年网络文学用户年龄结构，外圈为网络文学付费用户年龄结构。

2019年网络文学用户年龄分布（单位：%）

资料来源：前瞻产业研究院整理。

4. 网文变现形式丰富，内容产业IP化成为趋势

在线阅读的付费订阅是网文最为传统的变现方式，"免费＋广告"模式的拓展，增加了广告收入变现渠道。近年来随着我国内容产业的发展，内容产业与上下游的联动丰富了网络文学行业的变现方式。从数据看，行业内订阅收入仍是主要收入，但随着内容的积累，产业链的延伸，版权运营的收入占比将会实现明显提升，未来将成为行业细分板块收入的重要来源。

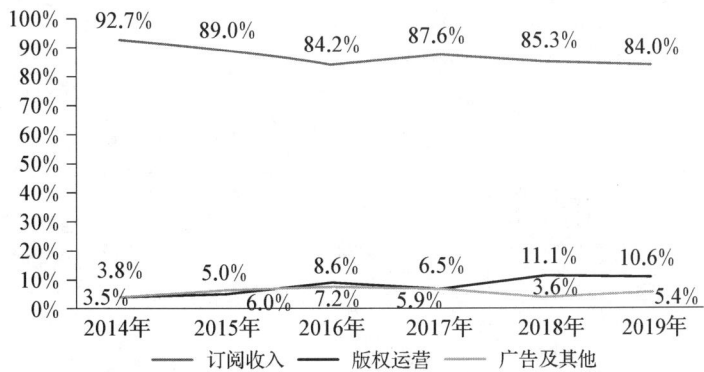

注：2019年数据为机构测算数据，最终数据以官方公布数据为主。

2014—2019年网络文学各细分板块收入占比（单位：%）

资料来源：艾瑞咨询前瞻产业研究院整理。

（二）内容产业逐步打通全产业链，行业前景广阔

从内容供给及流量看，近年来我国网文专职及兼职作者数增加明显。2018年网文企业驻站创作者已达到1 755万人，其中签约作者61万人。2019年网文累计作品超过3 000个，在此基础上，随着在线阅读的发展，代表性网文平台积累了广泛的用户群体，孵化了一批具

有高流量IP的文学作品。

从用户需求情况看，截至2019年6月，我国网民规模达8.54亿人，互联网普及率61.2%，其中手机网民规模8.47亿人，网民使用手机上网比例达到99.1%。庞大的互联网用户人群为内容产业IP化的发展提供了较大的流量支持，另外，居民可支配收入的提升，知识付费意识的养成，使得行业发展具备较大的用户基础。未来，5G时代的开启，万物互联能够更加精准地向用户推介个性化内容，技术赋能将实现内容体验场景的多元化，沉浸式互动体验增强对内容产业全产业链布局的需求。得益于网络文学内容巨大的存量、显著的增量、不断升级的品质和持续性的价值创新，网络文学IP全版权运营的用户需求广泛。

从关联产业发展看，2019年电影产量1 037部，电影年观影人次达17.3亿，电影票房642.7亿元。电视剧254部，爆款电视剧单年点击量过百亿。从游戏行业发展看，2019年中国游戏用户规模达到6.4亿人，手游用户MAU达8.25亿，游戏市场规模收入2 330.2亿元。

综上所述，内容产业的IP化发展虽然处在发展初期，但是结合阅文集团2019年业务布局及发展的较为成功的经验，结合市场优质的文学作品的供给能力和用户广泛的需求，内容产业打通文学IP，实现下游与电影、电视、游戏和动漫几大产业的布局，将带来行业巨大的发展风口。

（**资料来源**：《从阅文集团财报看,中国内容产业IP版权运营的发展前景》，前瞻网，编者有改动）

【思考题】

1. IP价值实现的路径有哪些？
2. 内容产业逐步打通全产业链的模式是怎样的？
3. 如何培育一个成熟的优质内容IP？《庆余年》是如何操作的？

第三章
文化创意产业的金融服务

 **本章导读**

"文化创意产业在中国已经进入了高速发展的阶段,成为主导的市场力量。在科技创新引领文化创意产业的发展过程中,金融的支持必不可少,但金融在和文化创意产业的结合中始终存在着一些障碍。"清华大学五道口金融学院金融学讲席教授、常务副院长,清华大学金融科技研究院院长廖理表示,比如无形资产评估、文创项目风险评估等都离不开金融的支持。廖理认为,将大数据等科技创新分析运用到版权资产的价值评估,或者运用到文化企业的商业模式创新、文化产品的策划和制作、艺术品的价值评估等方面,将突破目前依靠历史经验或专家意见的传统评估模式的困境,为文化产业发展及文化金融合作开辟新的思路。

本章将学习金融对文创产业的重要性,如何解决文创企业的融资难问题,如何通过创新模式获得资金支持,帮助文创企业走出金融困境。

 教学目标

1. 掌握金融对文化创意产业的作用;
2. 理解文创企业的融资难点;
3. 了解文创企业的融资渠道;
4. 学习文创产业金融创新模式;
5. 把握文创产业金融政策新趋势;
6. 发现文创金融领域中的创业机会。

 **开篇案例**

HIHEY 的光荣与梦想

2011 年 4 月 18 日,HIHEY 从北京 798 艺术区开始创业起航,上线首日交易额就突破 10 万元。HIHEY 的创业团队试图构建一个基于互联网的全新艺术生态:将艺术品从局限的区域和少数人的手中辐射到更开阔的艺术群体和空间中去,致力于去除传统艺术世界中的权利化和中心化,打破审美垄断,解放艺术家。如今,HIHEY.COM 已经成为最大的艺术品电商,拥有遍布全世界 20 多个国家和地区、300 多个城市的会员收藏家群体,为 20 000 多位艺术家提供专业的作品交易、展览服务,承载着数十万件优秀艺术品的网络平台。截至 2016 年年底,HIHEY.COM 的交易额超过 2 亿元,画廊有 400 家,日访问量达 7 万,注册买家已达20万。HIHEY是由民生创新资本、中信证券、深圳创新投资集团联合投资的艺术电商,现估值达1亿美元。

HIHEY是一家基于互联网提供全品类、全渠道、全客群的艺术品营销和交易(拍卖、金融)服务平台。在线艺术品交易有利于艺术市场价格透明、交易公平。HIHEY的使命是让艺术家富起来,同时帮助新兴收藏家发现下一代艺术明星,倡导人人都是艺术家、人人都是收藏家的艺术消费时代。北京DMG娱乐传媒艺术总监高波,是由HIHEY网发掘并培养的艺术家,曾获MOBIUSAWARDS美国莫比广告银奖等国际设计大赛奖项。2012年,他开始以多年积攒的商业广告创作经验来尝试艺术观念摄影的创作。这一年他凭借公益类作品获得奥赛实验组金牌,之后又创作了一系列作品,但却一直没有找到合适的艺术推广机构。直到2014年10月的一天,他接到HIHEY艺术网的电话,正式签约HIHEY,成为职业艺术家,并举办了第一次较大规模的作品个展。高波的作品在上线3个月后即实现了成交。这个案例说明:HIHEY艺术网是线上线下结合的艺术平台,能够帮助艺术家实现从业余艺术创作到职业艺术家的跨越。HIHEY.COM倡导公开、公平交易的互联网理念,努力让艺术品得以从庙堂之高飞入寻常百姓家,让更多艺术家从苍茫云海间脱颖而出,也让更多徘徊在艺术品收藏和投资门槛之外的潜在收藏家入了门甚至成为资深收藏家。HIHEY.COM打破了传统的交易模式并建立起新的平台概念,与收藏家一起共享创新,建立新的艺术收藏文化价值理念,建立新的文化价值观,共创中国新文化繁荣的机会。

1. 战略构想

HIHEY的战略是通过基于大数据的艺术"电商+金融+IP"的产品和服务,以资本为杠杆搭建一个万亿元级的艺术消费生态系统。

自营电商平台打造流量型产品线,为行业经纪人、画廊、拍卖行等提供"互联网+平台"服务,客单价10 000元,实现跨境销售,负责贡献交易额。金融模式打造利润型产品线,客单价100 000元,通过金融业务切入生产端以掌握定价权,为全行业提供流动性,负责贡献利润。IP版权打造入口型产品线,客单价500元,旨在进入千家万户,负责贡献利润。

2. 核心业务模式

艺术家通过在HIHEY注册成为内容提供商,在平台上出售自己的作品,同时平台为其提供相关服务,助力艺术家成为新兴的大艺术家,然后逐步成长,成为顶级艺术家。平台为艺术品提供数字化处理等服务,并对其实施专业认证,利用平台或者其他渠道来联系展览、拍卖等活动,通过媒体进行造势和宣传。买家或者收藏家通过注册成会员,可以在平台上购买作品,还可以参加众筹项目,孵化艺术家,为其创作过程提供资金支持。

平台会为艺术家的作品提供版权、授权服务,最终将作品形成具有商业价值的产品。平台还会通过与证券公司、文化产权交易所合作来展开金融业务,将平台资金的价值最大化。

艺术电商HIHEY认为,2017年艺术电商的关键词是网络艺术经纪、直播、跨境艺术电商和全国招商渠道下沉。HIHEY的营销渠道已经下沉到二线、三线、四线城市,并且与传统家纺企业和互联网家装公司合作。HIHEY的营销方式多样:使用自媒体方式通过艺术的故事进行内容驱动的营销;和明星跨界互动进行新媒体事件营销;挑选爆款推送,占领装饰画品类,进行全网渠道营销。

HIHEY将优秀作品进行艺术衍生品开发,形成装饰画品类,向个人或者企业进行销售,使用场景可涵盖家装、酒店、办公等众多地点。该业务的经营理念是:订单式生产、流水线装配,艺术也包邮,装点你的梦。

艺术金融HIHEY认为,2017年艺术金融的关键词是众筹平台和艺术家工作室基金。HIHEY提出了自己独特的方法论——"互联网+"文化创意产业的"四化""三基""两个一切"。"四化"指个人IP化、IP公司化、公司资产化和资产证券化;"三基"指基地、基金和基业;"两个一切"指一切线上都是金融,一切线下都是地产。目标是让每个艺术家成为一家内容创业公司。

艺术众筹是HIHEY的模式之一。HIHEY平台请专业人员对刚入行或经济状况不佳的艺术家进行鉴定和估值,并利用平台优势进行众筹融资,让投资人为艺术家的创作过程提供资金支持,待艺术家的作品创作出来并通过平台售出后,艺术家可以实现名利双收,众筹投资人也可分得7‰~35‰的年化利润。艺术基金也是HIHEY的模式之一。HIHEY投资具有高成长性的艺术家资产包和非物质文化遗产,通过原作和版权的运营增值带来投资回报。原作通过运营提高市场知名度,再通过美术馆展览、拍卖等形式打开原作市场,原作交易后即退出。版权运营即将代表作的版权限量发行成版画10万份,发行价100元,文化产权交易所平均涨幅为10倍,10%作为原始股给予经纪会员单位申购,锁仓30%,剩余60%可在市场上自由报价交易,涨1倍即可回本,涨10倍的平均收益为500%。

艺术家IP HIHEY对将要投资的艺术家IP有着非常严格的遴选标准:首先,艺术家要具有知名美术学院教育背景;其次,作品类型应为油画、水墨画、雕塑、摄影为主的当代艺术,有明确的个人风格并且有相当的存量;最后,艺术家应具有一定的市场知名度,有良好的展览和拍卖记录,愿意尝试新的艺术营销和推广模式。

HIHEY自2011年4月18日成立以来,不断与各领域展开合作:2015年1月,HIHEY.COM开启移动战略与微信合作,为7亿用户提供超级艺术入口,并且启动"艺术达人"计划,将社交引入HIHEY,让艺术行业的人群、作品与市场全面链接;2015年4月,HIHEY与民生易贷推出艺术品融资产品"艺贷"。HIHEY一路走来战果颇丰,未来HIHEY.COM将不断以开创性产品和创新灵感为艺术和生活带来更多、更好的可能。同时,它还将致力于提供艺术家全品类、全渠道、全方位的推广与服务。HIHEY希望在更多的实践中验证自己,也渴望为建设互联网艺术添砖加瓦,竭尽所能为那些对艺术抱有热情、充满理想的人们提供一个可以实现光荣与梦想的地方。

【思考题】

1. 金融对艺术品行业有哪些作用与价值?
2. 金融工具在艺术品行业中有哪些应用场景?
3. HIHEY为什么将金融纳入业务板块中?
4. HIHEY的金融业务将对公司的发展起到哪些作用?
5. 你认为HIHEY的金融业务能否成功,为什么?

第一节　金融对文化创意产业发展的作用

文化产业发展需要金融的支持,同时,当代金融的创新也需要与文化产业相融合。从现在到未来的若干年,文化产业将成为支柱产业,文化产业的发展,也将为金融业的价值交流提供一个良好的机遇。中华民族珍贵的文化遗产是我国文化产业发展的源头活水,是中发展的根脉,是文化自信的底气。在全面建成小康社会的进程中,文化产业成为国民经济发展的支柱型产业。

一、为文创产品研发提供资金保障

文化创意产业在生产产品的过程中,是具有高知识型特征的,资金涌入对产品研发过程有保障作用。文化创意产业主要是源于个人或团队的创意和文化积累,依靠个人的灵感、智慧、天赋和创意,紧密联系市场和企业,从事生产和经营活动,并且该产业与信息化、高科技、智能化紧密相关。比如电影,不仅需要制片人、编剧、导演等人的天赋、灵感和创意,在拍摄过程中还需要借助高科技设备才能完成,在制作及剪片过程中还需要和光电技术、计算机仿真技术结合,这些都体现了高知识型的特征。这些创作过程和技术都是需要大量资金支持的,大量的资金可以购买更高精尖的设备和技术,同时也为文创产品的质量保驾护航。

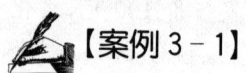
【案例3-1】

普惠金融|"四聚焦"赋能文旅产业发展

为进一步做好文旅产业金融服务,助力文旅产业高质量发展,泰安市岱岳农商银行充分对接产业融资需求,聚焦服务便利、控制成本、产业融合,丰富金融供给,支持企业健康发展。

(1)聚焦复工复产难题,加强沟通对接。结合泰安旅游业发展实际,认真摸排旅行社、星级饭店、A级景区、乡村旅游区、文化娱乐场所等文旅产业复工复产资金需求,重点梳理中小微民营文旅企业融资需求,形成文旅企业复工复产融资需求清单。

通过举办银企座谈会、产品发布会、理财沙龙等,与300余家企业、商会、行业协会取得联系,与当地旅行社行业协会签订合作协议,为34户注册地在服务辖区内的中小微文旅企业及从业人员提供新增授信810万元,提升了对接有效性。

(2)聚焦提升金融便利,打通时空梗阻。围绕"产业兴旺、生态宜居、乡风文明、治理有效、生活富裕"20字总方针,强化基础金融服务和基础设施建设力度,为省级乡村振兴示范区、泰安市首个乡村旅游聚集区——道朗镇九女峰片区内居民开立个人结算账户1.3万个、社保账户9 200余个;开通智e通电子银行1 800余个;设立自助设备4台、农民自助服务终端30台;配备农金员51名,实现了乡镇金融服务全覆盖和24小时不间断服务,依托营业网点、农村金融社区服务点等,最大限度地满足了当地居民和游客的基本金融需求。

(3)聚焦融资成本控制,提升服务质效。加强政银合作,积极推广"文旅六保贷",为保障行业复产、稳产提供稳定金融支持。疫情期间,为11户文旅企业办理无还本续贷及循环贷,金额共计2.1亿元。

利用支小再贷款专项资金投放文旅小微企业、个体工商户贷款76户,累计金额8 700余万元;办理延期付息、暂停还款12户,金额1.9亿元,有效减轻了企业转贷压力和融资成本。

(4)聚焦产业融合发展,强化金融供给。积极服务文旅基础设施建设、景区建设、特色民宿、消费支付等产业链上下游优质服务商,支持文旅产业与农业、林业、体育、康养等产业融合发展,实现倍增效应。

岱岳农商银行先后为山东乐惠生态农业发展有限公司提供流动资金贷款600万元,用于市民菜园、知青楼民俗馆、"彩韵田园"农业综合体等项目建设,助力打造文旅产业发展新模式。截至8月末,为文旅业态吃、住、行、游、购、娱六要素行业提供信贷支持共计14.8亿元。

(**资料来源:**《普惠金融|"四聚焦"赋能文旅产业发展》,岱岳融媒)

二、为文创产品提供了容错机会

文创产业具有较高风险性,资金涌入对文创产品市场有容错的作用。在当今社会,文创产业的产品更多地体现为精神上的需求,而这种需求具有很大的不确定性。文创企业所带来的产品能否满足市场上的这种精神需求,受制于个体嗜好、时尚潮流、社会环境等多种不确定因素。也就是说,投入大量资本生产出来的文创产品不一定能够带来高收益,因此,足量的资金在对文创产品的高风险性容错和再创造过程中起到了重要的作用。

【案例3-2】

《战狼2》投资局

2017年的暑期档,《战狼2》应该是最具风头的影片,没有之一。

就在今天下午,业内的微信群开始转发一张好莱坞《综艺报道》的截图,《战狼2》首周末票房登顶全球票房第一。

可以说这是个皆大欢喜的局面。《战狼2》用实际票房对一年多以来,电影市场"拐点论""阴霾论"进行了有力的驳斥,也让背后的出品、保底发行方拿到了双赢的局面。今日早盘,北京文化一字涨停,捷成股份出现3.47%的增幅,出品方之一橙子映象背后的股东光线传媒也在下午1点左右出现了5.74%的涨幅。

一方面,北京文化和聚合影联在首周就卸下了8亿票房保底包袱;另一方面,票房超过12亿的部分,吴京等各家出品方将拿到更高比例的分成!

不过,河豚君发现两个很有意思的现象。

《战狼2》在被北京文化、聚合影联保底发行的情况下,又陆续进入几家出品方,甚至保底队伍中后来也加入了鹿鸣影业、启泰文化、启迪影业等几家公司。

事实上,去年北京文化发布公告,与关联公司聚合影联按照8亿票房保底《战狼2》,并垫付不超过6 000万的宣传营销和发行费用。

影片主控方在已经确定收益的情况下,为什么允许多家公司分享自己的收益?

类似《战狼2》这般引入多家投资方的做法,还有《京城81号Ⅱ》《绝世高手》《绣春刀2》等影片,它们背后分别站着20多家出品公司,《建军大业》背后甚至有将近40家公司参与。

一些业内人士已经明显感觉到,这种现象在以前并不常见。过去的电影中,出品方一般也就三五家公司,而在最近一两年,优质电影项目背后的出品方名单越来越长。

到底是市场不景气引发的抱团取暖,还是业内新流行的一种投资策略?

《战狼2》背后的14家出品方、7家发行方"军团"是怎么来的?

"你看这些年被资本绑架的电影全死了。所以我不能被资本'强奸',我要睡了资本。"在接受娱乐资本论采访时,吴京快人快语。

他确实做到了。截至今晚22点,《战狼2》的票房已经超过12.5亿。

参与这场盛宴的不仅有登峰国际以及春秋时代几家"老"出品方,还包括万达影业、博纳影业等多家"新面孔",甚至还有在保底之后入局的公司。

明知《战狼2》是赚钱的片子,北京文化8亿保底已经让原出品方在影片未开拍之前就锁定2.7亿元收入,为何还要在保底之后引入众多出品方?

因为吴京缺钱!

在2016年的华表奖颁奖现场,吴京透露《战狼2》已经开拍,河豚君曾问吴京,《战狼1》的时候很缺钱,第二部应该有很多投资方追着投吧?

"《战狼2》依然很缺钱!"吴京说。

由于北京文化在《战狼2》开拍前保底,吴京并未预计到后面影片拍摄会超支,影片制作成本从1.5亿涨到了2亿。有消息称,吴京甚至拿自己的别墅抵押融了8 000万。

一家出品方曾向河豚君透露,当时北京文化给出了10亿和8亿两个保底方案,而8亿是综合各方面风险后,得出的比较低的预期。

吴京也承认:"即便北京文化8亿保底,我也依然赚不到钱。"这样看来,在北京文化保底之后,吴京再引入其他投资方分担一下成本也有情可原。有业内人士透露,《战狼2》的出品方多,其实也有一部分是出于资源和人情的考虑。

围绕着吴京的公司登峰国际,深入观察《战狼2》背后的出品方和发行方,似乎能隐约看到影视圈内复杂的关系脉络。

其中,春秋时代作为《战狼1》的出品方和登峰国际合作密切。去年春秋时代主控的《大话西游3》中也有登峰国际的身影。

星纪元影视也是《战狼1》的联合出品方之一,并且专注于军旅题材影视剧,曾经出品《与狼共舞》《我是特种兵之火凤凰》等军旅剧。

而上市公司捷成世纪原本是CCTV、湖南卫视等电视台的设备供应商,同时也是星纪元影视的母公司。

还有,嘲风影业也曾经是《战狼1》的联合出品方,曾在2016年4月把《我的岳父会武术》中的投资份额以2 900万价格转让给北京文化。

一位业内人士透露,同意万达影业加入出品方阵营,明显是看中了万达在影院排片方面的优势。

《战狼2》背后到底有多少家保底方?

在数量庞大的出品方之外,河豚君发现,《战狼2》的保底方也增加了数量。根据知情人士透露,《战狼2》的保底收益分了4个等级,8亿之下,8亿到12亿,12到15亿,15亿以上,每个等级额收益比例不一样。在这个保底的盘子里,河豚君发现,启泰文化和启迪影业都是新面孔。

去年8月,北京文化发布公告与聚合影联一起为《战狼2》保底8亿。其中1.4亿是由北京文化来保,剩下的1.3亿有6 000万是宣发费,由启泰文化和聚合影联各保了一半,每家出资6 500万。

启泰文化是在影片保底后不久,就从影联手中拿到了份额。

"从《百鸟朝凤》到《大话西游》加长版,再到《血战钢锯岭》《绣春刀2》,我们已经和聚合影联有了很好的合作默契并达成了战略合作关系。"内部人士透露。

但另一家保底方启迪影视则是在看完影片,粗剪之后才参与到保底中来的,并且是以固定收益的方式参与。

"在《战狼2》中相当于债权合作,收取固定利息;《绣春刀2》的保底我们也是在看完片之后才参与进去的,挂联合出品方的名字。"一位公司内部人士透露。

值得注意的是,不管是启泰文化还是启迪影视参与保底,都是以平价转让的方式从影联手中购买投资份额,而非以前溢价流转的方式。

"国家金融监管的严格,而且这几家主出品方都不是金融企业,没有原来那种把影片切分成不同份额,溢价转让的方式,纯粹是分担聚合影联的风险。"上述知情人士称。

"有些项目1.5亿拍了两年,但是主控方因为资金周转不灵,准备2亿卖给你,这算是溢价吗?1.5亿资金加上两年的资金使用费,肯定不止2亿啊,如果评估影片品质过关,这个接盘侠就当得不亏。"一位业内人士称。

在实际操作中,一般情况下,部分先进入的出品方会把原先的投资额加上12%~30%转让给后进入的出品方,具体浮动多少要看资金占用的时间长短。

(资料来源:《深扒〈战狼2〉投资局:21家公司抱团参与,8亿保底,再经多次"加磅"》,娱乐资本论)

(三)为文化创意产业链的延长提供支撑

文化创意产业的产业链较长,资金涌入对产业链的延长有支撑作用。文化创意产品一旦被市场接受,文化创意产业的产业链就会被无限延长,多种形式的衍生品会被不断地开发、生产和销售,这些过程都需要大量的资金投入。在链条延长的同时,资金的作用也就更显著了,只有大量的资金才能支撑起不断延长的文创产业链条。

【案例3-3】

电竞行业产业链

iiMediaResearch(艾媒咨询)数据显示,中国电竞用户规模逐年增长,2022年将达4.18亿人。艾媒咨询分析师认为,目前中国电竞用户规模已步入缓慢发展阶段,新增用户数趋于平稳,行业内部已进入存量竞争阶段。随着移动端游戏的快速发展,其用户规模将进一步扩大,移动电竞将成为电竞行业的重要增长点。

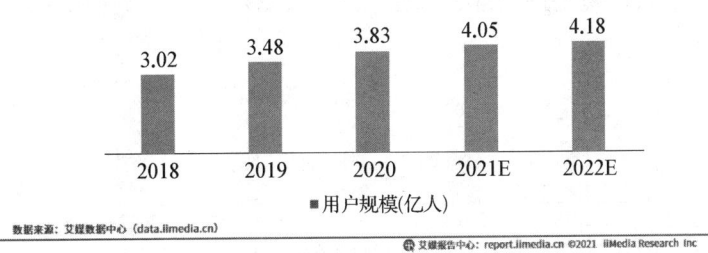

2018—2022年中国移动电子竞技用户规模及预测

中国电竞行业正处于黄金时期

经过十余年的探索发展,中国电竞行业步入了爆发阶段,在这一阶段中,中国电竞行业具有政策利好,受资本关注度较高,认知度及认可度均有所提高等快速发展条件。艾媒咨询分析师认为,随着大量政策扶持及资本力量的介入,中国电竞行业将加速向正规化、专业化发展;受新冠疫情的影响,移动电竞游戏、电竞直播平台获得发展红利,成为电竞行业发展的新增长点。未来,中国将迎来"全民电竞"时代。

中国电竞行业正处于黄金时期

探索阶段:
- 中国引进第一批电子竞技游戏
- 中国首家电子竞技对战平台于2000年开始运营
- 中国电子竞技俱乐部开始萌芽

1998—2008年

发展增长阶段:
- 中国电子竞技游戏网游化
- 中国成立电子竞技俱乐部联盟
- 电竞衍生内容多元化发展,虎牙自制国内首个综合类纯手游电竞赛事——HMA

2009—2017年

爆发阶段:
- 官方发布的新职业中包含电子竞技员及电子竞技运营师
- 电竞被纳入体育竞赛项目
- 电竞直播平台如虎牙打造的自制顶级赛事IP——"天命杯"
- 受新冠疫情影响,移动电竞游戏、电竞直播平台获得发展红利

2018年至今

中国电竞行业发展趋势

直播平台成为电竞主要传播渠道

经过近几年的快速发展,电竞行业目前已初步形式一条较为完整的产业链,主要包括上游游戏研发运营、中游衍生内容制作以及下游内容传播平台,并且各环节已逐步实现成熟化运营;同时每个环节纷纷涌现头部企业,共同带动电竞行业发展。艾媒咨询分析师认为,受新冠疫情影响,电竞直播平台加速发展,电竞行业借助直播、短视频等视频类平台实现内容广泛输出,进一步扩大受众基础。

iiMediaResearch(艾媒咨询)数据显示,中国电竞直播平台用户规模保持稳定增长态势,2022年将增长至达2.72亿人。艾媒咨询分析师认为,电竞直播用户规模不断扩大,以及其用户结构趋于复杂化、多元化,从而带动了电竞直播市场需求增长,以及对产品服务的质量水平提出更高的要求。

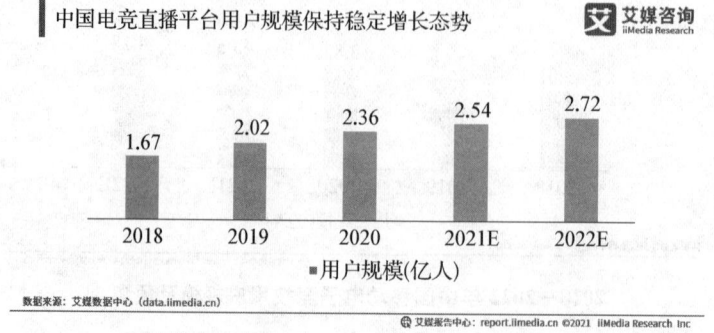

2018—2022年中国电竞直播平台用户规模及预测

电竞直播用户经常观看 MOBA 类型游戏

iiMediaResearch(艾媒咨询)数据显示,过半的受访用户经常在直播平台中观看英雄联盟、王者荣耀等 MOBA 类型游戏。艾媒咨询分析师认为,当前电竞直播头部平台,如虎牙等重视端游、手游等版块布局,契合当前电竞直播用户的观看偏好,有助于平台扩大新增用户数量,提高市占率。

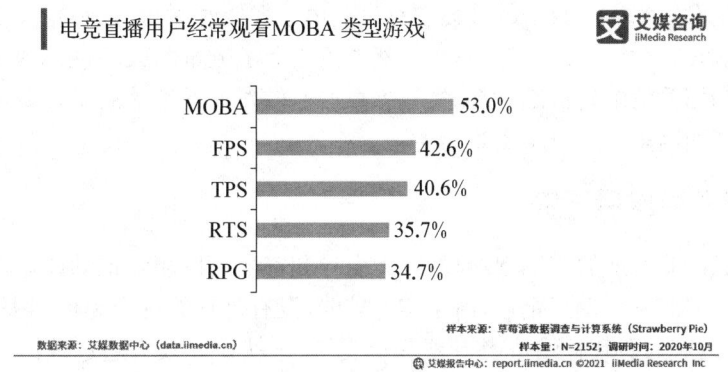

2020 年中国电竞直播用户观看游戏类型调查(TOP 5)

中国电竞直播行业生态链全景图

围绕电竞直播平台,其生态圈涌现了各类相关主体,涉及内容制作、内容传播、商业业务、市场监管等多领域。艾媒咨询分析师认为,受新冠疫情严重冲击,电竞行业相关线下业务运营困难,品牌赞助减少;云游戏市场发展火热,且部分线下赛转为线上赛,电竞直播平台利好尽显,同时也凸显了极强的抗风险性,为电竞直播行业生态链带来了生机。

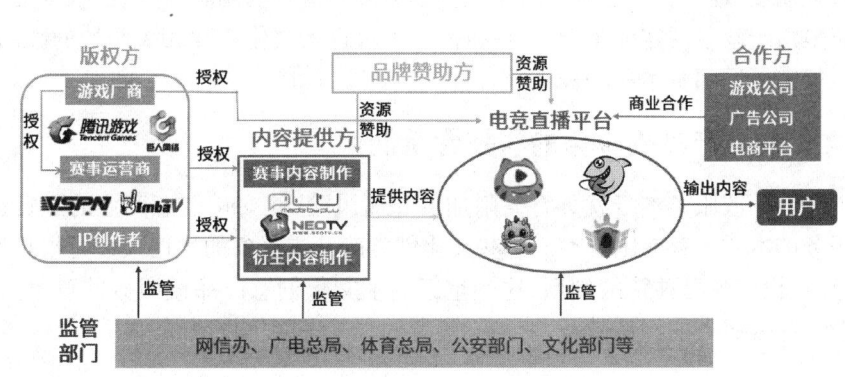

中国电竞直播行业生态链全景图

(**资料来源**:《2020—2021 中国电竞直播市场发展分析:行业正处黄金时期》,艾媒网)

第二节　文化创意产业的融资困境

文化创意产业是我国在十二五期间重点发展的行业之一,它的蓬勃发展代表着一个国家的经济和文化发展水平。我国的文化创意产业由于发展时间短,存在企业规模小、经营不规范、人力资源短缺、融资渠道窄等问题,虽然国家出台了大量的鼓励性发展政策,但由于缺乏市场的认可和相关的配套机制,致使文化创意产业的发展远远落后于转型期的经济发展,而制约行业发展的因素中尤以融资难为主。

一、政府引导作用不够

在文化创意产业发展的初期,政府的政策引导和资金支持能够推动产业得到快速发展。尤其是对于中小型的文化创意企业,由于实力较弱,没有足够的资产和信用去向金融机构贷款,更多的需要政府的财政补贴或者专项基金支持,这就需要政府通过政治、经济手段为文化创意产业的发展铺平道路。但是就目前来看,大量的中小型文化企业未能得到政府的资金支持,从而限制了产业的发展。

二、文化创意产业融资渠道缺乏

文化创意产业,尤其是位于北方的企业融资渠道仍然较窄,一是政府的财政资金有限,虽然每年政府的收入都在增长,但是财政支出的项目太多,所以文化创意产业资金缺口很大,只靠政府资金是难以满足的。二是我国的资本市场进入条件比较严苛,融资成本较高,拿我国A股市场来说,公司上市的门槛较高,要求公司注册资本5 000万元以上,有比较健全的内部管理制度,连续三年盈利。对于大多数新兴的文化创意企业来说,根本无法实现上市融资。三是由于政策规定的不健全,使得民间资本进入文化产业相关领域的限制较大,在一定程度了打击了民间资本的积极性。

三、文化创意产品或服务的科技含量低

文化创意产品或服务本身就具有高附加值和高风险,使文化创意产业的融资在文化创意产品或服务的本质上存在困难性。有些文化创意产品或服务的生产大多是模仿别人已经用过的创意,而没有自己独特的创新,这严重影响了文化创意产品或服务的竞争力,也影响了文化产业产品或服务的经济效益,使得投资者的观望态度比较浓厚。

第三节　文化创意产业融资路径

金融是现代经济的核心。推动文化体制改革和文化产业发展,需要通过现代金融要素的渗透,带动和促进各种资源优化组合、高效配置,进一步激活文化活力。在国家致力健全文化产业投融资体系的同时,已上市的文化企业融资模式也是值得我们借鉴的。中国当前文化创意产业有以下几种融资渠道。

一、通过银行信贷融资

通过银行进行融资是最传统也是最普遍的融资方式,银行也能通过资金放贷来获取贷款利息从而实现收益。但是银行放出任何一笔贷款,在赚取利息之前首先考虑的是本金回收风险。因而,文化企业要通过银行顺利实现融资一般来说应具备下列条件:一是文化企业应拥有可供抵押的资产,这种资产可以是有形资产也可以是无形资产。例如,一些负责文化产品复印、打印等制作环节的文化企业可以以其机器设备或厂房等固定资产作为抵押来进行融资;文化企业也可以以其所拥有的无形资产进行抵押融资,但这种融资方式要求其无形资产具有较高的市场认可度,从而能获得较为稳定的现金收入流,进而降低企业的还贷风险。华谊公司在拍摄《夜宴》时,就是以该片的海外销售权作抵押,从深圳发展银行获得5 000万元人民币的贷款。二是银行出于还贷风险的考虑,一般会对处于成熟期、经营模式稳定、经营绩效较好的文化企业,优先给予信贷支持。例如,华谊公司在2006年筹拍《集结号》时,就从招商银行成功获得5 000万元人民币的无担保贷款。这在一定程度上反映了招商银行对华谊公司的市场地位、经营模式以及经营绩效的肯定。

二、民间借贷

目前,民间借贷已经成为中国文化创意企业融资的主渠道。在当今社会,无论从理论上还是实践中均认可人力资源、知识产权、品牌价值等无形资产的经济价值,对于这类资产来说,最有效的投融资方式则是风险投资。民间资本作为风险投资的重要来源,将在这一过程中发挥重要的作用。事实上,这一点已经在生物制药、电子产品开发等高科技产业的发展过程中得到了证实。风险投资过程包括融资、投资、风险管理和退出四个阶段,它是对企业盈利和管理能力的投资,并通过证券市场和产权市场出售股权,最终实现投资利润,是一种短期或中期投资。然而,资本的本性是追求利润,风险投资更是要求在高风险下获得与之相匹配的高收益。因此,文化创意产业要获得风险投资青睐,就必须要保证风险投资的高收益。而高收益的实现一般须具备两个前提:一方面,文化企业需要能保持较高的增长率,如英特尔、微软、苹果等公司自创办以来获得了数十倍的爆发性增长,这种增长速度保障了投资的高收益而倍受市场青睐;另一方面,文化企业需要具备一定的经济规模,如Google公司自创办之后迅速获得了行业主导者的经济规模,这种经济规模具有放大风险资本的杠杆作用,因而也能有效地通过风险投资来获取资金。

三、企业海外上市

随着中国文化市场的不断放开,嗅觉灵敏的国际金融巨头蜂拥而至,企图分食中国文化市场这块巨大的"奶酪"。外资是企业海外上市的推手。华视传媒在纳斯达克上市与其投资结构有关。按照常规性分析,企业如果在境外上市,很大一部分原因是有外资的注入。由于是外资基金,没有设立人民币基金,因此企业就需要在国际市场上套现。中国的创业板与国际市场相比,境外市场的政策相对宽松,企业不一定只有在盈利的情况下才允许上市。企业上市后,可能会具备一定的未来引力,以飞快的速度盈利,甚至盈利翻番。而在中国主板或创业板上市,企业需要经历相对漫长的审批过程。对于需要高速成长的企业而言,就会选择到海外上市。目前商务部对企业到海外上市的管控力度越来越大,主要是希望中国的优质企业在中国上市,让中国的投资者享受到本土企业的高速成长。

四、创业板上市

随着文化创意产业政策环境和经营环境的不断改善,商业银行对文化创意企业融资开始给予越来越多的关注。其实,创业板上市的门槛并不低,甚至接近于中小板。北京大学文化产业研究院文化金融研究中心主任喻文益认为,能够在创业板上市的企业多在行业内处于垄断竞争地位,有一定的规模和市场占有率。国务院发展研究中心金融研究所副所长张承惠则将创业板比作文化类企业融资的一扇新窗。她表示,创业板对于文化创意企业来说是一个很好的机会。由于文化类企业的自身特点,在A股上市的可能性较小,由于银行贷款需要抵押,文化类企业的固定资产少,从而银行贷款也不顺畅。创业板主要吸纳的是具有新兴经济增长点的企业,文化创意企业符合这一标准。

文化创意产业正在迎来飞速发展期,无论是国内还是国外,文化创意产业都显示出其对经济的巨大推动作用。但正因为文化创意产业是一个朝阳产业,其在成长模式、运营方法、发展环境等方面并不成熟,在欣喜之余,更应该看到文化创意产业并非前路无忧,其成长和发展的道路中也面临着诸多的问题。其中,如何有效地利用资本市场成为文化创意产业要解决的首要问题。

五、债券融资

债券融资是指企业通过发行债券的方式从银行间市场直接融资,其中主要发行的债券种类有短期融资券、中期票据、中小企业集合债券等。相对于传统信贷融资,债券融资具有利率低、担保方式多样化、融资企业信用门槛低、资金募集使用灵活等优势,其对于规范文化企业公司治理、建立科学规范的财务管理制度有较大的促进作用。

债券融资最大的优点就是债券利息在企业缴纳所得税前扣除,减轻了企业的税负。同时债券融资可以避免稀释股权。但是债券发行过多,会影响企业的资本结构,降低企业的信誉,增加其再融资的成本。

六、其他融资

我国文化产业融资的方式还有产业引导资金、信托融资、产权融资等,这些融资方式都有各自的优缺点。我国文化产业的融资可以根据不同行业性质、不同的项目选择不同的方式,如可以通过项目和专题方式发行信托融资,以吸纳社会资本。小企业则可以通过吸纳民营资本进入,传统的文化单位(如艺术品制造、博物馆等)可以利用产业引导资金发起公共性质的文化宣传等。

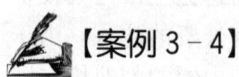
【案例3-4】

国内影视众筹平台十大排名榜

随着电影市场越来越火爆,网络大电影也越来越火,很多众筹平台也开始布局网络电影众筹项目。

影视众筹最具代表性的就是国产电影《大圣归来》《十万个冷笑话》和韩国电影《鬼乡》众筹都取得了巨大的成功。让不少人看到了影视众筹未来美好的发展前景。与传统电影融资相比,影视众筹不仅可以提供资金支持,还可借助众筹制造话题、凝聚人气开展营销。当然,想要做好影视众筹,首要离不开的是众筹平台。

下面盘点中国十大影视众筹平台排名,都是国内著名的影视众筹平台,排名根据曝光度和知名度作参考。

NO.1 娱乐宝

娱乐宝是由阿里巴巴推出的最具颠覆思维的C2B互联网娱乐产品和粉丝互动营销平台。用户可以在该平台参与热门娱乐文化项目,参与后即有机会享有电影首映、明星见面、剧组探班、拍摄地旅游及娱乐周边礼品等娱乐权益。娱乐宝旨在为粉丝打造从参与影视娱乐项目、关注创作动态,到近距离接触明星互动、参与电影、综艺等观摩活动的娱乐文化项目全程体验,提供一种全新的娱乐生活方式。

NO.2 优酷众筹

优酷众筹是合一集团(优酷土豆)于2015年9月9日正式推出的首个文娱众筹平台,为草根、自媒体达人和影视制作团队提供圆梦的时机。

NO.3 星揽投

星揽投致力于为影视项目发起人和投资者、明星粉丝提供专业、高效的影视项目投资、奖励众筹和相关投资咨询服务。星揽投项目投资是以优质的电影、电视剧、网络剧、微电影为出发点,而奖励众筹影视延伸的产品。由明星见面、剧组探班、明星演唱会、明星签名、明星专属会员、明星直播互动、拍摄地旅游以及娱乐周边礼品等娱乐前沿作为回报,为粉丝和明星架起互动的桥梁,提供一种全新的互动娱乐方式。

NO.4 苏宁众筹

苏宁众筹是苏宁金融集团旗下的众筹模式网站,包括实物类、公益类、影视类、娱乐类、农业类、房地产类、股权类众筹等,其在2015年推出了不少千万级的影视众筹项目,像《叶问3》和《红色护卫》等。

NO.5 聚米金融

垂直型众筹平台,专注于专注互联网影视的众筹平台,在专注于影视行业的同时,聚米金融也将视野进一步拓宽,关注当下与广大消费者在文化、生活、娱乐方面息息相关的"泛娱乐"产业。

NO.6 淘梦网

淘梦网是一个垂直型众筹平台,专业提供影视的投资、出品、营销、发行、众筹、融资等服务。代表作品有《二龙湖浩哥》系列、《道士出山》系列、《国产大英雄》系列。

NO.7 幕客

杭州幕客影视传媒有限公司是由野风集团、点点搜财、光彩传媒、万像聚合、幕客股权投资合伙企业(高管持股)共同发起的互联网影视投资服务平台,专业运营影视文化投资项目。平台利用特有的影视版权资源和优势渠道资源,旨在打造国内最专业的影视文化投资平台,实现人人都能参与影视投资,分享票房收益。

NO.8 蛋芽网

蛋芽网,专注于年轻创业及投资群体的第三方众筹平台,多元化综合性平台。蛋芽网投资领域以创投、海外、影视、娱乐、游戏、动漫为主,提供项目推广、项目投融资、企业孵化以及创新众筹模式。帮助更多年轻创业群体以及投资者。蛋芽网众筹平台诚邀全国各地有梦想的年轻人,一同创造属于自己的奇迹。

NO.9 梦想蛋

梦想蛋由上海鱼兴投资管理有限公司和美国 Dream Alliance EntertainmentInc.联合打造的全国第一的跨国影视投资平台,为中国爱影人建立投资新方向——投资者将参与美国电影收益的全球分账。立志连接优秀美国电影项目和投资人、电影发烧友,用互联网思维,社交媒体,数据和粉丝的强大力量创新电影制片方式,共创电影界新格局!尽管美国影视剧有着巨大的投资机会,国际上也有许多投资参与,中国的投资人却很容易由于缺乏渠道,缺乏专业指导,不了解市场,而只能盲目信任大制片公司,把投资变成赌博。我们将助中国的投资人了解和深入美国影视投融圈,既能与好莱坞亲密接触,又能够理性投资,公平收益。

NO.10 恒星计划

恒星计划是一家专注影视的新生态年轻化、娱乐化互联网金融平台。公司围绕"明星股东、明星效应、明星产品"战略,利用多种众筹方式立足影视产业上下游。恒星计划倡导用户秉承"I like it and I make it"的情怀全方位、多角度参与众筹项目。平台以创新信息发布机制和交流机制,实现资金、人才、资源的优化配置,最终打造人人都能实现影视梦的平台。

(资料来源:《国内影视众筹平台十大排名榜》,网络IT观点)

 拓展阅读

从农村学子到"金融+文创"跨界大咖

郑建林,1982年出生于航埠镇曹门村,2002年,考入武汉科技大学金融系后转入中南财经政法大学金融学。现担任重庆中复文化控股执行董事、重庆耀银投资管理有限公司董事长、重庆浙江衢州商会执行会长党支部书记、重庆浙商联合会副会长等。主要从事金融市场股权类和衍生品投资、文化创意产业投资等,其中重庆北仓文创街区、重庆虎峰山界外民宿、重庆816工厂小镇、重庆李子坝文创街区等已成为重庆乃至全国的知名打卡点。

日前,记者专程赶赴重庆,拜访了这位柯城乡贤——郑建林。

走进郑建林的办公区,首先映入眼帘的是书柜上摆放的一张张老照片和依次排开的奖杯、奖状,生动而又形象地记录了郑建林从一名初入社会的普通学子,到"金融+文创"跨界创业的全过程。郑建林说:"虽然在重庆已经生活了12年,但根始终在柯城,最难忘的永远是家乡的味道。"

人物故事

2016年,对正在重庆金融界做得顺风顺水的郑建林来说,面临一个重大选择——一家面临倒闭的文创公司,四处寻找天使轮股权投资人。

投,不投?投了下一步怎么做?在经过仔细考察,详细了解背景、项目情况后,郑建林毅然决然地投资这家公司,并植入最新的管理理念和经营思路。大刀阔斧地改造,从无到有、从有到优、从优到爆的运营和推广,以城市二次更新为示范目标,以老建筑历史文化为基石,保留了原有建筑的结构及元素,让历史时尚化、空间情境化,将具有人文情节的内容植入其

中,让老建筑有机更新。

四年时间,历经化蛹成蝶的阵痛,曾经的江北纺织厂老仓库蝶变为一座集城市图书馆、生活美学馆、文化体验空间、创意项目孵化、人才基地、创客空间、社群大厦为一体的文创生态场地——北仓文创街区。如今,地处重庆最繁华商业中心的北仓文创街区,日均人流量约1 000~2 000人。荣获重庆市级文创街区、重庆市级特色街区称号。2020年,北仓文创街区当选"成渝潮流新地标"。

从金融领域到文创跨界的经历,也为郑建林积累了大量的人脉与市场资源。2017年开始,得益于北仓的成功经验,郑建林又先后投资了重庆虎峰山界外民宿、重庆816工厂小镇、李子坝文创街区等多个文创项目。在外打拼的十余年的时间里,郑建林坦言在创业的道路上幸运地碰到了许多前辈、师长和老乡,为其点燃了前行的灯光。"万丈高楼平地起,不管是学习还是工作方面,都要一步一个脚印地打好基础。在自身提升的同时,要不断完善专业领域知识。"郑建林说。

正是凭着这股"勤奋努力、勇于开拓、万事敢为先"的精气神,闯出了一片属于他的"天地"。2020年11月7日至8日,柯城区重庆商会成立。在不断加强商会建设的同时,郑建林本着"集众人之智,聚众人之力"的原则,积极引导并促成一些商会会员也投身于建设柯城的大军中。

在外打拼十余载,郑建林始终放不下那份乡愁。疫情期间,他第一时间向柯城区红十字会捐赠KN95、N90及一次性口罩等用于疫情防控工作。当得知家乡衢州正大力发展生态农业和文创产业,他又迅速组织重庆文旅考察团到柯城等地考察相关农业和文旅项目,并投资开办了一家200余亩的农业生态养殖深加工观光项目,主要从事稻蟹养殖工作,每亩经济收入可达13 000~15 000元。浓浓乡情报桑梓,乡贤的"回巢"带来的是村民的富裕和家乡的振兴。郑建林,对柯城这片故土饱含着热情,也用实际行动为家乡的经济建设和发展再添新动力。

"虽然走过很多城市,现在在重庆安了家,但柯城永远是他魂牵梦萦的地方。他希望在自己力所能及的范围之内,为家乡的发展、村庄建设,出一份自己的力量,也希望通过商会架起川渝和柯城之间沟通的纽带,为家乡的经济建设发展做出应有的贡献。柯城这几年的变化让我很惊喜,比如打造时尚低碳小镇、浙江灵鹫山名山开发建设项目……这些年,柯城发生了翻天覆地的巨变。"尽管工作繁忙,郑建林每年都会抽出时间带妻子和孩子回家探亲,每次回家他都会惊讶于家乡的变化之大:家乡的环境越来越美,溪水越来越清澈,发展也越来越好;交通便捷、城市有礼文明、发展指标、创业环境上都更具竞争力,城市文明程度不断提升……"柯城将来的发展潜力非常大,柯城的发展靠的正是柯城人这股锲而不舍、奋勇向前、敢拼敢闯的韧劲。"郑建林对柯城的未来充满期待。

(**资料来源**:《乡贤故事丨郑建林:从农村学子到"金融+文创"跨界大咖》,浙江新闻)

【思考题】

1. 你认为文创产业现状如何?
2. 文创产业中,有哪些值得关注的领域?
3. 大文创时代,如何把握好"文创+"产业?
4. 如果你有机会在家乡从事文创工作,你会怎么做?

第四章
商业模式

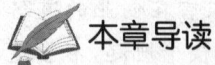 **本章导读**

以腾讯首倡的"泛娱乐"发展模式为例,在行业的共同推动下,我国在一些文创领域实现了全球领先,甚至具备了向发达国家和地区反向输出文化和商业模式的能力。例如,网络文学几乎可称之为我国独创,诞生了近年来大量流行的"快时尚"IP,衍生出一系列影视剧和网络游戏,甚至吸引了翻译组服务于数十万的海外用户,同时仅在阅文集团这一平台上就至少有400万写手参与创作,不乏年收入过千万甚至过亿的"大神";网络漫画近年来发展势头很快,已经可以在东京的相关动漫频道和网站播放,并得到还不错的评价;网络游戏在东亚和东南亚地区已经初步打开了市场,部分游戏公司甚至有1/3以上的营收来自于海外;网络直播甚至已经反向输出美国,在 Facebook 提出要将直播作为重要战略之前,我国已经诞生出一系列商业模式,客户定位相对清晰的直播平台。传统文创产业没有达到甚至在未来一段时间都很难达到的追赶甚至超越西方文创产业的目标,提出和发展仅仅几年的"泛娱乐"已经可以逐步实现一两个"小目标"了。作为一个研究者,如何从这一现象中提炼规律,找到关键点,并对未来做一些趋势性的探索,是一种研究的自觉。

本章主要介绍互联网背景下文化创意产业商业模式的概念、内涵和文化创意产业的盈利模式,揭示 IP 模式与平台模式这两种文化创意产业的典型商业模式的概念、核心及发展。

 教学目标

1. 理解商业模式的概念与内涵;
2. 辨析商业模式与盈利模式两个概念;
3. 掌握文化创意产业商业模式的特征;
4. 学习文化创意产业的典型商业模式;
5. 理解文化创意产业商业模式的关键要素;
6. 学会设计商业模式。

 **开篇案例**

SG 音乐——中国公播音乐的"精灵"

咸渊在上海音乐学院的西洋音乐和音乐心理专业学习期间,培养了对广播领域的兴趣。在毕业之后,咸渊先后进入上海人民广播电台和国际广播电台英语中心(轻松调频

EasyFM)担任总监,并在中国国际广播电台担任副总裁。在上海人民广播电台期间,他开办了音乐台第一档晨间大板块直播节目"城市晨曲",并引入了时段广播模式,创新了广告形式,使用音乐心理学从年龄、时段、职业等方面出发播放相应广播,提高了广播电台的收听率。

1996年,成渊创办的尚至音文化发展(上海)有限公司(英文名Sound-Genie,简称SG,意为"声音的精灵",音译成中文为"尚至音")是中国第一家广播领域先进公司,致力于促进音乐创作作品版权合法而快捷地产出利益,从而改善原创环境。

同时,SG公司专注于从事媒体及其数字化运作平台的建立与运营,在中国乃至全球建立音乐商务平台,提供适合的音乐作品服务,增加各受众群体的体验感。

SG的发展轨迹清晰:1996—2015年将精力投入在电台音乐、广播广告、音乐版权、播放系统等方面;从2015年至今,它在版权管理、公播平台、场景应用、乐曲画像等方面也小有所成;2017年之后,它将发展重点放在智能家居、车载娱乐、音乐聚合等方面,打造商业空间环境音乐的愿景更加突出。

近年来商业空间环境音乐在国际音乐市场上逐渐引起人们的重视,这是因为在不同的场所选择合适的音乐会起到意想不到的效果:在营业场所播放恰当的音乐,可提升38.2%的营业额。这充分说明环境音乐可以带来无限的商机和无尽的想象。

然而环境音乐在中国还只处于起步阶段,大众对其还不太了解,所以中国的环境音乐存在着很多问题与不足。虽然目前商场等消费购物场所的音乐无处不在,但专业性缺失的现象十分严重,如品牌与音乐的贴合度与定位不明晰、音质及播放效果不理想、促销或节日音乐更新困难、音乐风格混乱且播放内容随意、音乐内容无版权保障等。SG正是瞄准了环境音乐这一行业空白,抓住了时机,坚持致力于促进音乐创作作品版权合法而快捷地产出利益,从而改善原创环境。

客户价值:SG主要为酒店、购物中心、餐厅等消费场所提供专业的环境音乐定制服务,同时还会根据不同的节日提供相应的专业的音乐服务。合适的音乐可以创造特色各异的节日气氛,不同风格的音乐会给听众独特的感受,为听众带来别样的心灵体验。目前,SG已经服务到网鱼网咖、李宁运动品品牌等商家。

关键资源:SG具有丰富的正版音乐资源,以具备All-in完整版权数字音乐为库,库存10万首,常用作品15 000首,SG具有国内最完整的公播音乐版权库资源、先进的作品筛选系统以及国内最优秀的音乐著作权律师。

关键流程:SG入驻商家,首先做的是音乐环境改造。为了可以让SG环境音乐"软装潢"达到更佳的效果,SG提供商业空间内喇叭的选择及线路布局设计,这些设备与数字中拉、功放等器材的呼应尤为重要。依托互联网上的音乐库和操作后台将普乐送至用户从SG公司购买的硬件和软件两种终端:专业设计的SG牌音响和在智能手机上的SG应用。前者适用于大商场等大型公共场所,而后者适用于个人商户等小型公共场所。其次,SG还为企业提供自主研发的软件系统。SG已建立网络广播类型化分众平台和远程控制流媒体播放平台,并提供语音条定制服务,可实现专业广播人员录制、专业语音后期制作、定时播放语音内容、100%全自动化更新等。再次,SG会根据客户品牌和产品理念设计音乐Logo。最后,SG会依据不同客户的业态特质,包括其品牌文化及诉求、环境布局、消费人群、逗留时间等因素,制定出相关标准频率的节目方案,满足客户在全天营业时间内对播出音乐的风格需求,并通过互联网自由选配。

盈利方式:SG基于近30年的广播媒体经营经验及深厚的渠道关系网络,与国内外优秀唱片公司及专业音乐版权管理机构合作,代理音乐版权,通过数字化加工与营销,将音乐版权出售给银行门店、通信营业厅、快捷酒店、服饰店、餐饮店、超市和便利店等实现盈利。

SG提供的环境音乐服务有两个考核标准。首先是综合考量。SG是以商业目的为前提的,所以会在考虑价格、成本等问题的基础上,根据不同的价格定位选择版权费不同的音乐作品。SG提供环境音乐时还会考虑顾客类型及消费水平、店面装修的风格、音响设备的条件、店员的素质以及企业的文化氛围等。通过综合考虑这些因素,SG帮助商家确定恰当的音乐作为背景音乐。

其次是加减考量。SG强调改善消费环境,创造愉悦氛围;注重音乐心理的应用,从而提升销售盈利;努力提升品牌感知,来传递企业的文化。SG在这些方面竭力做加法的同时,在成本管理方面积极地做着减法,它通过统一网络管理,有效地降低了企业的相关成本。

SG的宗旨就是在对的时间,面向对的受众,播放对的音乐!营业全天不同时段对音乐风格的需求。不同的时间,不同的受众,对应着不同的场景音乐。上班准备时间,可以放一些简单轻快的音乐;开门迎客,可以放一些欢快的音乐;午餐时间,若时间较短,适合放节奏较快的音乐;午后休闲,适合放一些轻音乐舒缓心情;晚间时刻,可以放一些适合二人世界的浪漫音乐;等等。在不同的时间,面对不同的受众,播放恰当的音乐,这就是SG的最大宗旨。

音乐产业之所以是一大市场,其原因总结起来就是"无处不在"。在大街小巷都能听到不同类型的音乐。也许,你在某日也可以在某家商场或餐厅内听到SG的音乐呢。

【思考题】
1. SG的主要业务有哪些?它可以为用户提供哪些价值?
2. SG是如何开发音乐产品和服务的?核心要素是什么?
3. SG的产品在市场上有竞争力吗?是否形成了行业壁垒?
4. SG的盈利模式是什么?SG的商业模式是什么?
5. 你认为SG的尚之音平台可以促使更多人创作原创音乐吗?为什么?
6. 音乐产业是一个好的创业领域吗?音乐产业还有没有其他的创业想法?

第一节 商业模式的概念与内涵

一、商业模式定义

(一)商业模式的基本概念

商业模式是指为实现各方价值最大化,把能使企业运行的内外各要素整合起来,形成一个完整的、高效率的、具有独特核心竞争力的运行系统,并通过最好的实现形式来满足客户需求裂变、渠道赋能、实现各方价值(各方包括客户、员工、合作伙伴、股东等利益相关者),同时使系统达成持续盈利目标的整体解决方案。简而言之,商业模式,描述与规范了一个企业创造价值、传递价值以及获取价值的核心逻辑和运行机制。可以帮助大家更直观地理解。

结合图片我们看到商业模式最核心的三个组成部分(创造价值、传递价值、获取价值)构成一个环环相扣的闭环。三者缺一不可,少了任何一个,都不能形成完整的商业模式。

创造价值是基于客户需求,提供解决方案;

传递价值是通过资源配置,活动安排来交付价值;

获取价值是通过一定的盈利模式来持续获取利润。

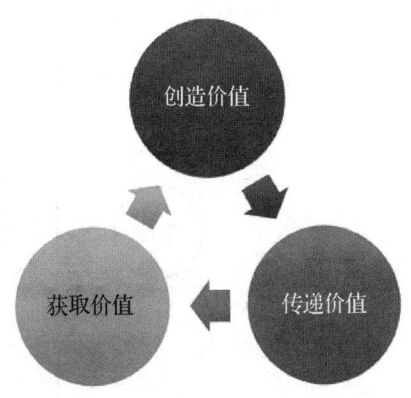

图 4-1　商业模式核心部分

一个成熟的商业模式背后都会潜藏着一定的商业要素,任何人在操作的过程中,必须匹配了这些要素才能够确保创业项目成功的可能性,从而形成机制。

这些商业要素不仅是每一个需要用到的人要弄明白的问题,也是决定商业模式是否成立的关键因素,乃至于是否能打动投资人。接下来我们来了解商业模式有哪些要素,又是如何形成运行机制的。

(二) 商业模式六要素

1. 定位

一个企业要想在市场中赢得胜利,首先必须明确自身的定位。定位就是企业应该做什么,它决定了企业应该提供什么样的产品和服务来实现客户的价值。定位是企业战略选择的结果,也是商业模式体系中其他有机部分的起点。

2. 业务系统

业务系统是指企业达成定位所需要的业务环节、各合作伙伴扮演的角色以及利益相关者合作与交易的方式和内容,业务系统是商业模式的核心。

3. 关键资源能力

关键资源能力是让业务系统运转所需要的重要的资源和能力。

4. 盈利模式

盈利模式指企业如何获得收入、分配成本、赚取利润。它是在给定业务系统中各价值链所有权和价值链结构已确定的前提下,企业利益相关者之间利益分配格局中企业利益的表现。

5. 自由现金流结构

自由现金流结构是企业经营过程中产生的现金收入扣除现金投资后的状况,其贴现值反映了采用该商业模式的企业的投资价值。不同的现金流结构反映企业在定位、业务系统、关键资源能力以及盈利模式等方面的差异,体现企业商业模式的不同特征,并影响企业成长速度的快慢,决定企业投资价值的高低、企业投资价值递增速度以及受资本市场青睐程度。

6. 企业价值

企业价值即企业的投资价值,是企业预期未来可以产生的自由现金流的贴现值。它是评判企业商业模式优劣的标准。

为了更直观地了解它,我们做了一个简单的运行图(见图4-2)。

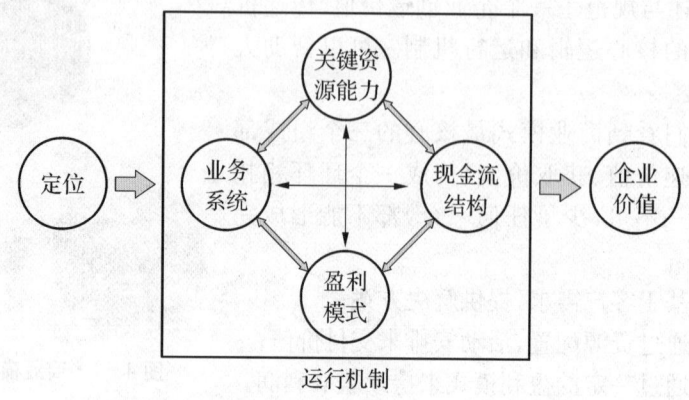

图4-2 运行机制

商业模式的这六个要素是互相作用、互相决定的:相同的企业定位可以通过不一样的业务系统实现;同样的业务系统也可以有不同的关键资源能力、不同的盈利模式和不一样的现金流结构。

例如,业务系统相同的家电企业,有些企业可能擅长制造,有些可能擅长研发,有些则可能更擅长渠道建设;同样是门户网站,有些是收费的,而有些则不直接收费;等等。商业模式的构成要素中只要有一个要素不同,就意味着不同的商业模式。

一个能对企业各个利益相关者有贡献的商业模式需要企业家反复推敲、实验、调整和实践这六个方面才能产生。而通过在合理的时机调整这六个要素,就可以重构企业的商业模式进而为进入发展瓶颈期的企业重塑活力。

(三) 建立商业模式的意义

商业模式是一个企业得以运转的底层逻辑和商业基础,如果没有弄清楚一个企业的商业模式,就开始运作一个企业,那就是"无本之木,无源之水"。完善的商业模式可以让一个企业更加科学合理,有的放矢地去运营。

它就是一个企业的基石,一个企业的内在价值,如果一个企业没有弄明白自己的商业模式是什么,一直在靠外在的资本注入而运作,那就相当于这个企业还没有"断奶",没有获取自己自力更生的生存能力。这在竞争激烈的商业市场上是没有生存空间的,更别提达到持续盈利了。

所以商业模式是一个企业健康发展的根本前提,是一个企业最高级别的竞争方式,在任何一个想要长久发展的公司都是缺一不可的。

任何一个个人或者创业公司都需要商业模式,个人如何发挥自己的价值从而获取回报,公司如何给客户创造价值从而持续盈利,这些都需要一个清晰完善的商业模式作为基础,之后的各个资源的配合,人力的配置,利润的再分配才可以有的放矢地开展。

(四) 商业模式的场景

市场千变万化,而我们的思维有局限,所以我们仅列举以下三个场景,也是我们日常生活和工作中经常会遇到的,他们都需要建立自己的商业模式。

1. 中小创业者——刚开始创业，根本没有商业模式这个意识

一家初创企业的日常活动不同于一家成熟企业。初创企业的主要活动，应该是探索，而不是执行。在一切尚不明确的时候，一味强调地执行，带来的可能是在错误的方向上越走越远，在烧掉投资，用执行验证错误的假设后，结束短暂的创业之旅。

所以，初创企业在早期应该花费大量时间去探索的不是其他的，应是商业模式。只有明确了自己的商业模式，搞清楚自己究竟要做什么、为什么做以及怎么做，才能尽量减小自己贸然烧钱的风险，降低试错成本。

2. 成熟企业——不明确自身已有的商业模式

成熟企业无论规模如何、所处哪一个发展阶段，自身已经有一定成熟的商业活动和稳定的业务了。

也就是说，其商业模式已经客观存在了，但是企业没有意识到其存在，这类企业就需要用专业的商业模式理论来梳理出自己的商业模式框架，从之前模糊的误打误撞式的运作方式，变为更科学合理的、有目的、有条理、有规划的商业行为。

3. 转型企业——之前的商业模式已经不适合现阶段的发展

传统企业在数字化时代下，在互联网企业的冲击下，随着市场的快速变化、科技的发展、消费者消费模式的改变、各种跨界竞争对手的出现，他们沿习多年的商业模式正面临着被颠覆、被淘汰的危险，急需转变思维，探索新的商业模式。而当下很多企业家都没有意识到或足够重视这种危机，因为现代企业的竞争，已从产品竞争、品牌竞争上升到商业模式竞争。

总之，好的商业模式在今天拥有很多优越有利的条件，好的商业模式自带光环和能量，就足以吸引资金的追逐、人才的效力、客户的热捧。

商业模式不是一成不变、一劳永逸的，任何商业模式都是阶段性的。很多时候也不是一下子设计出来的，都是在过程中不断完善、进化迭代、微创新、逐步成熟的。

再好的商业模式，如果长期保持不变，必然会失去优势。因为，企业发展到一定规模，制约其发展的不仅仅是人才、技术、管理、资金等要素，更重要的是商业模式的选择。

在所有的创新中，商业模式的创新属于企业最本源的创新。离开良好的商业模式，其他的管理创新、技术创新都将失去可持续发展的可能和盈利的基础。

所以在现今，商业模式的地位已经关系到一个企业的成败关键。当然，设计商业模式也不是我们嘴巴说说，手随便画画就能出来的，肯定有它的方式和方法。

二、互联网商业模式的核心

PC互联网的商业模式是通过入口级产品获取用户，把控网络流量，最后通过流量变现来获取盈利。移动互联网的商业模式是在碎片化的时间里，通过极致的产品和服务来快速吸引、获取用户，并随时随地满足用户个性化的需求，互动性更强，使企业获得更大的优势。

互联网商业模式的核心是流量。传统的商业模式强调实体流量，互联网商业模式强调的是线上流量。互联网商业模式发展之初，商家通过地推、赠送优惠券等营销方式吸引用户使用其产品，虽然营销费用巨大，但是效果十分明显，这使得腾讯、阿里巴巴、百度等互联网巨头几乎掌握了所有用户流量。随着近几年互联网突飞猛进的发展，用户对于互联网产品的消费观念已经逐渐成熟，对于互联网产品的选择更加理性，而且流量入口几乎被BAT等大公司占据，新晋的互联网企业很难再通过简单的营销手段获取大量的用户流量，于是获得

流量入口就成为决定互联网企业生存的关键因素。因此,互联网商业模式的核心正在发生转变:内容成为互联网商业模式的另一大核心要素。新晋的互联网企业可以通过精良的内容吸引用户,开辟流量入口,增强用户黏性。

三、互联网商业模式的分类

互联网商业模式典型的有六种,分别是 O2O 商业模式、平台商业模式、"工具＋社区＋变现"模式、免费商业模式、长尾型商业模式和跨界商业模式。

(一) O2O 商业模式

O2O 即 Online To Offline(在线离线/线上到线下),是指将线下实体店与互联网结合,通过 O2O 平台下单付款,然后线下进店消费。通过这种方式,可以将店铺信息和口碑在消费者(特别是年轻消费者)中更快、更远地扩散,可以量化消费数据、追踪交易,同时还能较容易地传递面对面的实体服务品牌价值。O2O 是互联网与传统商业模式结合的一个非常好的突破口,对很多传统产业来说,是向互联网行业跨界以实现产业互联网的切入点。

(二) 平台商业模式

平台是指将供应商和消费者联系起来,成为连接供给和需求的市场。平台商业模式最核心的功能就是作为市场的中介,将市场中的各方资源整合起来,吸附大量市场信息,快速高效地沟通买卖双方的关系,从而促进交易的达成。

(三) "工具＋社区＋变现"模式

"工具＋社区＋变现"的三位一体化模式是移动互联网时代催生的新模式。工具、社区和变现三者是"入－留－付"的关系:工具可以作为入口,通过其工具属性、社交属性、价值内容等核心功能来满足用户的痛点需求,从而过滤得到大批目标用户,但它无法有效沉淀粉丝用户,需要通过社交属性培养出自己的社群,然后通过点赞、评论等互动交互手段,保证用户活跃度,形成社区以沉淀、留存用户,最后逐步开始变现业务,如话费充值、购买电影票和火车票等,实现盈利。

(四) 免费商业模式

免费商业模式指的是通过向用户提供免费的服务或者产品功能来积累流量,再以流量为基础来构建自己的盈利模式,从而创造价值的商业模式。当三大运营商还指望靠用户打电话、发短信赚钱时,微信通过图片、语音、视频等多种免费模式实现了用户之间的关系交互。也就是说,微信利用免费的方式带走了传统通信企业的客户,继而转化成流量,然后再利用其他渠道实现了盈利。

(五) 长尾型商业模式

长尾是由克里斯·安德森提出的,这个概念描述了媒体行业从面向大量用户销售少数"拳头"产品向销售庞大数量的利基产品的转变。长尾型商业模式就是为利基市场(Niche Market)提供大量产品,每种产品相对而言卖得都很少,但销售总额能与传统的面向大量用户销售少数拳头产品的销售模式相当的一种商业模式。

(六) 跨界商业模式

颠覆性创新,而且一般都是源于行业之外的边缘性创新,于是很多互联网企业纷纷在传统行业领域内大展拳脚,跨界模式也就应运而生。

四、文化创意产业的商业模式

在文化创意产业的经营活动中,文化是根,创意是本,商业模式是价值实现的保障。在互联网时代的背景下,互联网成为中国文化创意产业发展的温床。在这个平台上,属于文化创意产业的不同领域正发生交融,因此,文化创意产业的商业模式可以理解为:在碎片化的时间里,通过文化创意产品快速吸引、获取用户,把控网络流量,并随时随地满足用户的个性化需求,增强与用户的互动性,最后通过流量变现来获取盈利。

文化创意产业的商业模式具有开放性,文化创意产业的开放商业模式要积极采用外部(用户及合作伙伴)的创意,同时允许更多的创意为他人所用。在这种开放商业模式下,企业要集中在如何能从包含你的创新的知识产权中获取价值。文化创意产业作为凝结一定程度的知识产权的创造性产品和服务的生产、扩散、聚合体系,其核心内容是创新活动,本质特征体现在对创新产权的收益上。知识产权的重要性在于能够保障创意主体持续的创新原动力,从而保证文化创意产业的持续稳定发展。

互联网模糊了所有行业的界限,使跨界成为一种新常态。跨界思维的核心就是文化创意产业多以内容为核心,商业模式设计要素在于 IP 贯穿。整个设计环节重点考虑以下几个方面:

(1)生产。通常分为创作和加工两个过程。创作为创意型工作,加工为技术型工作。好的创意与相应的技术合理结合,才能构造出吸引用户的产品。

(2)传播。从最初的发行开始,就要选择好对应的渠道,考虑产品的目标用户群的偏好,进行精准投放。

(3)消费。商家最核心的目的在于盈利,所以消费渠道是重中之重。因此,要设计出合理的流量变现渠道。

在每个设计环节,都应该考虑到变现的问题,即引入流量,对流量价值进行变现。

第二节　文化产业必备的十个商业模式

在"文化+"的市场背景下,文化产业与其他产业的融合发展催生了各种新型商业模式,主要包括平台规模化与资源独特性相结合;以优质文化内容带动新产品;"一带一路"倡议下的节点资源整合;统一主题下的轮转特色消费;以城市文化体验为代表的城市主题化旅游;以艺术小镇为代表的文化地产;健康旅游的新思路;艺术家、收藏人、投资者三合一的艺术组合;以足球产业为代表的全产业链发展;创业、创业投资和创业辅导相结合的新型三创基地。这十种商业模式的创新反映了当前中国文化产业的新业态,同时也为中国文化企业提供了新的发展思路。

第一种商业模式:平台规模化与资源独特性相结合

近几年,中国互联网发展迅猛,根据中国互联网络信息中心(CNNIC)在京发布的第 47 次《中国互联网络发展状况统计报告》,截至 2020 年 12 月,我国网民规模近 10 亿。《数字中国发展报告(2020 年)》指出,2020 年我国数字经济规模达到 39.2 万亿元。互联网作为兼具技术、用户、内容等关键市场要素的新领域也逐渐与传统文化产业相融合，一些主要的互联网公司纷纷进军文化产业：阿里巴巴推出两期娱乐宝，收购文化中国并将其改名为阿里影业，进入影视制作、手游等领域；腾讯宣布参与推出影视大片；百度也收购了网络视频运营商PPS的视频业务。

互联网给文化产业带来了诸多新变化，不仅仅表现在业务类型、市场范围、传播媒介等一般产业特征上，更关键的变化是互联网改变了文化产业的思维模式。例如，互联网领域的价值评价是颠覆传统的，京东连续亏损了10年，但市场价值很高。传统的投资理念——"投资给当下赚钱的企业"演变为"投资给当下亏得有道理的企业"。因此，文化产业企业要适应互联网潮流就必须在根本上转变思维模式。互联网最大的特点就是规模化，人们在互联网平台上可以做任何事，但追求规模就需要大量的投资，最后只能少数人赚钱，因此规模优势只有BAT这些大型互联网平台才能做到，而刚刚起步的中小互联网平台应该集中力量开辟独家产品资源。

既做平台又做内容，是这种商业模式的另一种形式。例如，腾讯的社交平台加入了游戏内容，视频门户网站也在自己的平台上打造网络剧。平台＋部分自制内容将成为最好的商业模式，如湖南卫视的芒果TV就是这种商业模式的代表，芒果TV是湖南卫视自己做的一个网络平台，好的节目会放在这个网络平台上播，比如"爸爸去哪儿""我是歌手"等。互联网文化企业要有竞争力就需要独家的产品资源，否则是难以在互联网环境下生存下去的，内容资源来自产品设计，而平台的成功取决于内容的独家化。当前蓬勃兴起的垂直平台模式就是互联网独特性的典型代表，垂直平台区别于BAT这些以覆盖面广、种类多而取胜的平台模式，它一般只占据某细分的垂直领域，重在挖掘特定客户群体的需求，例如，蘑菇街、美团网、大众点评网、陌陌等都利用了垂直平台的经营优势。

人们的文化需要一般是千差万别的，因此，垂直平台事实上符合文化消费的需要，可以根据不同的文化群体或不同的地域文化开发有针对性的垂直平台，特别是可以针对某一粉丝群体或某一兴趣团体开发针对性产品。总的来看，平台规模化与资源独特性相结合遵循了"互联网＋文化产业"的两条基本价值增长原则：一是通过规模优势增长价值，二是通过独特性增长价值。

第二种模式商业模式：以优质文化内容带动新产品

区别于第一种商业模式先建设平台再注入内容的思路，第二种商业模式是先打造优质内容，然后依靠核心内容注入新产品，最终占有产品市场。在互联网文化领域，文化企业逐渐意识到只有拥有高质量的文化产品才能在市场上立于不败之地，而IP资源是研发各种各样的文化产品的起点与核心。以网络文学为例，网络文学作为IP源头之一在资本市场中越来越受到关注，2015年比较成功的"琅琊榜""盗墓笔记"等影视作品均改编自文学作品。此外，IP资源的开发途径将日益多样化，互联网正在由文字时代转为视频时代，内容为王的特征越来越明显。一方面我们需要不断挖掘或创造新的IP资源，这可能来自传统文化，也完全可以是当代的创造；另一方面我们需要丰富IP资源的开发途径，充分利用媒体平台发挥IP资源的经济价值。

除了网络文学、电影、游戏等传统的内容资源可以开发外，笔者认为微电影是这种商业模式十分理想的新型内容资源。可以打造"微电影内容＋衍生品＋电商"的商业模式，每个微电影都是小平台。不是只做一集微电影，而是把一个主题做成系列微电影。只要微电影受欢迎,就可以持续在微电影中加上植入广告与电商产品,再利用互联网平台推广微电影,同时可以利用微电影做IP买卖,可以签约演员。总之,可以围绕微电影做很多方面的事情。这其实是用平台思维重新思考内容资源的市场特性,我们传统的思维是把内容资源等同于产品,但事实上,在互联网时代,内容资源不仅能够转化为产品,内容资源本身也可以成为平台:围绕核心内容植入各类产品,形成"新媒体影视+电商"的新模式。这带动了与明星合作的粉丝经济模式。"新媒体影视+电商"的模式事实上就是新媒体植入消费的常态化,观看者可以一边看视频一边购物。游戏、视频在互联网上都可以植入广告,互联网是无处不植入的。从植入方式的角度看,有自主的植入,也有合作的植入,几乎所有的电商都是以植入为主,然后再卖产品。

这可以实现中国销售行业的产业升级,比如互联网的很多商店都可以与明星合作,引导明星的粉丝进入店里,通过微店、淘宝与明星的粉丝进行针对性的销售;比如通过与明星合作,广告可以获得良好的传播效果,吸引明星的粉丝消费;比如粉丝可以参与明星演唱会直播的线上活动,同时平台提供在直播过程中即兴消费的机会,从而强化明星经济。在新媒体时代,视频等文化内容产品很容易与明星结合在一起,本书认为可以形成一种"设计+内容播出+明星经济+粉丝+衍生品"的消费结构,这样一种结构以明星和衍生品为核心重构产业链,以明星为源头开发衍生品,进而带动粉丝消费。

第三种商业模式:"一带一路"倡议下的节点资源整合

"一带一路"倡议为中国文化产业的发展带来了新机遇。"一带一路"作为综合性倡议提供了市场、交通、人才等各个方面的政策红利,特别是给"一带一路"沿线的广阔地域提供了丰富的可供开发的文化资源,这为文化产业创造了良好的发展条件。遗憾的是现在还没有人把"一带一路"的业务整合起来,"一带一路"沿线各国、各地区拥有不同的文化艺术形式,如伊斯兰艺术、印度艺术、佛教艺术、基督教艺术等等。如果把沿线每个地方视为一个节点,那么我们可以把这些不同艺术形式组合在一起,进行整体性的开发利用。

艺术组合不是简单地把不同艺术拼凑在一起,而是要寻找共同的契合点来实现有机组合。从内容上看,艺术组合强调共同的文化主题,陆上丝绸之路与海上丝绸之路就是现有的文化主题,我们可以通过这两个历史主题把各民族文化统合在一起进行联合开发。此外我们还要策划新的文化主题,如针对海洋文化主题、佛教文化主题、陶瓷文化主题等,通过策划新的文化主题在现有艺术资源中不断组合出新的艺术集合体,从而实现艺术开发的可持续发展。从形式上看,艺术组合也强调多种艺术形式的组合开发,把画作、影视、雕塑、日常器物、文艺表演等多种艺术形式结合在一起全方位展示不同民族的艺术特征,一方面增加艺术的公众吸引力,另一方面拓展艺术的开发渠道。围绕"一带一路"倡议,沿线城市可以举办各种主题的文化艺术博览会,也可以建设相关主题的文化产业园,而旅游资源的开发、传统手工艺品的创新、互联网平台的应用无疑给文化创意公司带来了新的发展机遇,文化创意公司可以将各种创意理念、现代传媒工具与"一带一路"沿线的文化要素相结合,凭借"一带一路"的政策红利寻求新的市场空间。

事实上,诸多文化企业和地方政府已经着手利用"一带一路"倡议的政策优势来发展壮大文化产业,"一带一路"政策推动了诸多文化创意企业的崛起与发展。从宏观的角度讲,它也推动了中国文化和中国文化企业走出国门,通过与"一带一路"沿线的国家与地区的合作,中国文化企业将赢得更大的国际市场,中国文化品牌也将获得更多国家和民族的认同。

第四种商业模式：统一主题下的轮转特色消费

这一商业模式与第三种商业模式有类似之处，二者都看重对文化资源的统一组合，如果第三种商业模式主要关注的是资源共享与投资，那么第四种商业模式更加看重的是文化消费问题，即让散布在不同地区但有共同消费爱好的人们能够在统一平台上实现轮转消费。仍然以"一带一路"沿线文化资源的开发问题为例，我们可以充分利用线下与线上这两个平台，发展线上与线下两种平台是凝聚消费者、创造消费热点的关键，通过线上活动培育活动参与者，宣传活动内容信息，扩大活动影响力，在线下可以开展演出、会展、旅游等具体的文化交流活动，让参与者切身感受不同文化的魅力，从而激发持久的文化消费欲望，使参与者成为线上平台的忠实用户。

通过线下线上两个平台的建设，虽然消费者或文化企业分布在不同的地理空间，但他们可以汇聚在一起形成巨大的消费热点。所谓的轮转消费就是人们能够在线上平台享受共同的文化消费，同时又能在线下参与各个地方的文化消费活动，实现了不同地区间的消费市场整合。

第五种商业模式：以城市文化体验为代表的城市主题化旅游

城市主题化可以充分彰显城市的个性和特色，它既是以打造城市文化名片为中心的城市发展模式，同时也是品牌突出的文化旅游商业模式。城市主题化通过会展和综合娱乐来吸引游客，同时带来持续化的品牌效应，促进各种项目及资源的进入和活动的丰富化，如设计之都、音乐之都、文学之都、会展之都等，都是城市主题化的发展模式。再如上海新天地作为上海的一张城市名片，它既体现上海中西融合的基调，又把传统的石库门里弄与充满现代感的新建筑融为一体，特别是上海时装周期间，新天地连续举办十几场汇集中外设计师品牌的时装秀，成为上海时装周发布最新潮流趋势的时尚舞台。

城市旅游的策划和规划并不仅仅是对城市特性的提炼、挖掘。例如，如果把一个西部城市定位为休闲城市，可如果没有独特的会展或旅游项目，谁会千里迢迢去这个城市休闲呢？这与一些地方举办各种活动，却只能"吸引"当地百姓去消费是一个道理。因此，城市旅游的策划和规划必须保障所规划的资源能够具有一定的容量和吸引力，旅游者能够因活动内容或体验的吸引而停留相对较长的时间，采购更多的商品。城市或区域需要拓展甚至创造性地规划一些可以带动规模消费的项目，在宣传上也可以以项目取胜。

城市举办会展活动还应考虑尽量使城市的硬件建设与会展规模和持续性相对应，避免经营不善的危机。即使要新建会展的配套设施，也一定要考虑这些场馆的后续利用。另外，场馆的档次要合理定位，否则对资金的消耗就会是个"无底洞"。例如，许多地方办展览时，只盖最高级的宾馆，而实际上很多参展的人都没有入住那样高级宾馆的消费能力，这实际上是一种浪费。如果没有做认真的考虑，会展活动也会使一些考虑不周的企业充满危机。

第六种商业模式：以艺术小镇为代表的文化地产

发展文化产业是盘活中国房地产的一大机会，大多数具有比较大空间的和一部分别墅式住房可以用来做文化产业。房地产公司可以利用现有房产转型做文化产业，可以在地产里面举办音乐节形成艺术小镇，艺术小镇里销售的全是文化产业的植入产品，里面的餐饮、纪念品都属于文化产业，这叫作文化产业衍生品。文化地产作为一种商业模式能够使房地产持续发挥价值，而不仅仅是地产商赚到了钱。

目前中国已有的文化地产的一种模式——文化地产与文化旅游相结合，具体有以下几种类型:第一种是本质型项目,如建设主题公园或高尔夫球场,直接吸引人们前来文化消费;第二种是组合型项目,比如万达广场,这是一种地产规模开发的模式,其中融入了一些文化消费,不是一种纯粹的文化产业模式;第三种是环境型项目,主要指把地产建在公园、景区等环境优美的文化场所附近;第四种是商业包容型项目,比如博鳌论坛、商业会展拉动了当地的文化消费。文化地产一定要以文化产业的发展为主要思考对象,不能再束缚于原有的房地产思维,而要考虑各种文化要素的市场价值,特别是不要以文化产业的名号来搞房地产圈地。现在很多地方的文化产业园看起来很火,但实际上都是在圈地,因为这些园区里的文化企业根本没有竞争力,也缺乏有价值的文化主题或文化资源。

文化地产一定要把文化放在第一位,企业必须首先考虑今后是否拥有优质的文化资源、是否具有完善的文化产业规划、是否具有广阔的文化消费市场,房地产建设只是文化地产的基础,绝不是文化地产的核心。

第七种商业模式:健康旅游的新思路

人们的生活方式在不断变化,新的需求也在不断增加,因此企业可以采取满足新需求的商业模式。比如现代人常常处于亚健康状态,精神压力越来越大,而进行一次增进身心健康的旅游活动是人们想要的需求。健康旅游是一种以身体疗养、健康休闲为主要目的的旅游形式,主要针对人们的慢性疾病,让人们恢复到一定的健康状态。健康旅游既要有健康产品,又要有好的旅游活动,健康旅游途中的所有环节、经历和居住地点都要有利于保持或者改善人们的身心健康状态。通过音乐治疗、宗教治疗、禅修体验治疗等方法,使人们达到舒缓身心的效果。

值得注意的是,健康旅游作为一种特殊服务的商业模式,针对消费者特殊需求指向而进行产品和服务开发和销售,因此相关文化产品和服务是特定的,特定地指向于消费者的特殊需求,企业需要针对特定会员制定系列性服务。这是一种既可以针对大众也可以针对高端客户的商业模式(如移动医疗网站及其系列健康养生乃至健康旅游的服务、旅游网站及其系列化的服务、在线教育及系列化的服务)。事实上国内很多房地产商推出了海边房、景观房,目的在于老年人养老,问题是这不是一种健康旅游。虽然打着健康旅游等口号,但离健康旅游的要求还差很远,实质上仍然是一种房地产买卖和投资,或者吸引老年人到环境好一些的小城镇居住而已,纯粹的养老是不行的。

发展健康旅游,从长远来看,是一个非常好的行业,不过仍然需要注意很多具体的要求。比如,健康旅游地要求很好的环境,在中国很难找到这样的地方,即使存在相应的地方,也因为配套设施不足而缺乏吸引力,这也是为什么健康旅游一般是国际性的。健康旅游需要充足的配套措施,比如疗养设备,同时服务态度和意识要强烈,因此,发展健康旅游需要旅游地服务体系跟上。

第八种商业模式:艺术家、收藏人、投资者三合一的艺术组合

当前艺术品交易存在两个很大的问题。一方面是缺乏企业化运作,整体的发展结构不稳定,交易模式落后。以我国 7 000 万左右各类收藏人群的产品交易为例,如果按照每人每年平均 10 万元左右的交易额统计,估计每年拥有 7 万亿元的艺术品和收藏品的交易额。但这些交易者很少正常纳税,主要原因还是缺乏艺术投资的企业化经营模式。此外,画廊的经营也以赚取差价的交易服务为主,缺乏内在性的经纪服务与价值提升的经营成份。另一方面,传统的工艺美术产业也需要转型升级,包括将传统工艺、现代企业运作、品牌塑造和大师设计等结合起来,进行产业提升与完善发展模式。

此外,当前艺术品收藏也面临着一些问题,如赝品充斥市场,还有收藏者对艺术品迷恋,不舍得进行交易,影响艺术品市场的流通。艺术品收藏也是一种投资方式,并非仅仅是纯粹的艺术收藏。艺术品收藏投资的真正投资价值在于其长线的投资效应,其价值增长空间也远高于其他品种的投资回报。艺术品展览活动的影响力也十分有限,很难真正地提升艺术家的市场价值,很多时候都局限在艺术圈范围内,难以形成公众影响力。

面对上述这些问题,我们可以尝试艺术家、收藏者、投资者三合一的艺术品组合营销模式。把艺术品的创造与销售纳入专业的艺术品企业的发展战略中,以企业化的产业运作方式统筹艺术品的创造、估价、宣传、销售等环节,着眼于提升艺术家的市场价值,利用互联网等大众媒介扩大艺术品的市场影响范围,为艺术家及其产品打造有针对性的营销策略,扩展艺术家的生存空间。同时要用收藏家的眼光和投资者的角度去做组合投资,增加艺术品市场的透明度与流动性,打造专业的艺术品交易平台,完善艺术品交易的行业规范与市场秩序,从而推动艺术市场的整体价值。

第九种商业模式:以足球产业为代表的全产业链发展

在体育产业发达的北美、西欧和日本,体育产业的年产值已经进入了各国十大支柱产业之列,产业产值占各国 GDP 的比例不小,但在中国,体育产业规模虽达 2 000 亿元,但其中 1 000 亿元为彩票,800 亿元为体育相关鞋服,在运动、活动、比赛方面的消费微乎其微。因此,为了促进体育产业的可持续发展,我们需要挖掘我国体育产业在比赛、活动、培训等衍生产业中的潜力,增加体育产业的产业链和盈利空间,特别是要研究开发体育文化中的商业价值,或者以新的创意文化概念包装体育产业,通过各种方式扩大体育市场与体育产业的盈利率。

当下,足球产业正成为中国文化体育产业的新宠,中央全面深化改革领导小组第十次会议通过了《中国足球改革总体方案》(简称《方案》),《方案》提出要克服阻碍足球发展振兴的体制机制弊端,为发展足球事业与足球产业创造良好的环境,因此可以说中国的足球产业迎来了一个发展机遇期,商界大佬已经意识到中国足球市场的发展机遇,马云入股了广州恒大足球俱乐部,绿地接盘了上海申花,王健林也入股了西班牙马德里竞技队,并计划借助马竞的体系来帮助培养中国青少年球员。

但值得注意的是,对于一般文化体育产业的从业者而言,参与足球产业并不等同于购买足球俱乐部。足球产业是一个包括教育、管理、传媒、衍生品等诸多环节的全产业链,其中蕴含了多样的市场机会与广阔的市场空间,因此我们必须以全产业链的思维理解足球产业。在足球产业链中,产业收入主要包括赛事门票销售、转播权销售、俱乐部衍生品销售、俱乐部商业赞助和足球博彩等几个方面,几乎在每个环节都有文化产业的发展空间,特别在足球衍生品、广告赞助、电视转播等方面文化企业大有可为。

第十种商业模式:创业、创业投资和创业辅导相结合的新型三创基地

这里所讲的三创基地不是传统的孵化基地,也不是简单的双创空间。现在大学生不知道如何创业或创业成功率低主要因为没有人给他们做指导。创业需要很多资源和条件,比如需要找到合适的商业模式,需要具有商业知识,需要有社会资源和合作团队。所以,笔者建议创业服务基地要具有创业、创业投资和创业辅导这三方面的服务,即三创基地。模式的核心是投资+服务,具体包含多个环节的创业投资与企业成长的服务,即"9+1"模式。

其中,"9"个方面的常规服务是:① 提供创业孵化的物理空间;② 提供股权投资的投资资金（含再投资）；③ 协助融资，包括不同层次的贷款、融资和风险投资等；④ 提供商业模式的引导和辅导；⑤ 提供企业发展所需要的资质获取和资源整合；⑥ 指导经营团队建设；⑦ 帮助实现企业开展并购；⑧ 提供平台（如大型设备）支持服务；⑨ 协助争取各级政府的补助、奖励和各类荣誉。"1"指的是企业发展所需要的其他个案咨询服务。创业基地不仅仅对创业企业有帮助，同时基地自身也能够实现自我盈利，最终建成具有较强资源整合能力的投资基地。创业基地的收益主要包括两个方面：一是园区日常管理费用，包括地租、房租、物业费等；二是创业基地对创业企业的投资收益，包括股权投资、业绩分红等，这方面的收益是最主要的。

第三节 文化创意产业的典型商业模式

典型的商业模式有两类：IP模式和平台模式。

一、IP模式

（一）IP模式的概念

IP模式以打造IP为核心，将具有潜力的内容进行加工，最终形成独特且生命力持久的优质内容。这一类型是以内容为主，意在打造一个独特的富有吸引力的IP。围绕该IP进行商业活动，打通众多领域之间的壁垒，实现不断跨界交融、衍生IP相关产品的模式。IP作为泛娱乐生态链的串联者，促进各参与产业的融合共生。通过改编衍生，泛娱乐IP能够产生持续性价值。

（二）IP模式的核心

1. 客户价值主张

客户价值主张的基本内涵是：为谁，即业务的目标客户，包括消费者、组织客户以及参与该业务价值创造的合作者；客户需要解决的某个重要问题或者某项重要需求是什么，以及问题情境和客户解决该问题后希望达到的状态；企业的提供物，即它创造了何种具有强大吸引力的利益，使目标客户愿意购买。

在IP模式下，目标客户就是粉丝，该商业模式依托的就是粉丝经济，因为IP造就了一大批粉丝，粉丝通过IP获得了情感的共鸣，从而形成共振化的粉丝社区，而内容提供商通过为社区提供品牌化的服务，打造独创化的形象或者情节，吸引粉丝使其最终为IP衍生品埋单。

2. 盈利模式

内容付费、电商、打赏、广告、金融这五种盈利方式IP模式都有所涉及。由于IP模式是对优质内容进行发掘，围绕该IP进行商业活动，打通众多领域之间的壁垒，实现不断跨界交融、衍生IP相关产品的模式，而且IP在不同阶段、不同领域都可能产生不同的变现模式，所以IP模式下的变现方式的组合多种多样。任何一个优质IP都对应着若干种不同的变现方式，而不同IP根据其自身特点对应的变现方式也有所不同。例如，知名主持人马东通过喜马拉雅付费节目探索内容付费方式，在爱奇艺《奇葩说》上则采用广告付费盈利。又如，王思聪在分答上进行知识分享,32个问题赚了超过20万元。版权保护是IP得以持续盈利的基础,所以内容付费正在成为最主要的盈利方式。

3. 关键资源

IP模式下的核心资源就是一个可持续开发的好的IP,因为好的IP既拥有影响力又具有消费力。通过与粉丝接触,IP及其衍生产品影响用户群体从而扩大影响力;通过粉丝效应,用户为IP及其衍生品贡献的付费值创造付费力。IP价值一旦受到大众认可,其游戏、影视等中下游产品的数量和市场规模会持续增加,而周边衍生品市场就会成为新蓝海,从而能够提供充足的IP内容供给。IP作为最核心、最关键的资源,其内涵价值需要经过长时间的考验:优质IP能持续变现,历久弥新;顶级IP处于价值链顶端;潜力IP的价值需被进一步发掘,市场化的加工、营销使其达到持续盈利的目的;劣质内容最终一定会被淘汰。

4. 关键流程

在大创意时代,一个好的IP固然重要,但是也需要对各种媒体进行接口,满足各种类型的媒体和人群的需要,其中包括平面、电视等传统媒体,微博、微信等社会媒体,以及自媒体等方面的需求。而且,所有创意都需要进行整合式营销,将活动、广告、公关等连接在一起,并且吸引用户积极地分享、转发和参与进来。这样的IP创意才是这个市场真正需要的。因此,IP模式的关键流程有三个步骤:第一,上游以内容作为支撑,利用优质内容源,吸引原始核心粉丝,所以需具备低成本、多样化的内容生成能力,与核心粉丝加强互动,参与企业主要是文学、动漫、影视开发类;第二,中游具有放大作用,使IP的影响力倍增,吸引新的粉丝人群,强化对核心粉丝的影响,所以需要拥有低成本、大覆盖的传播能力,并具备一定的变现能力,主要参与企业是影视、动漫、游戏等企业;第三,下游具有变现作用,下游企业可实现IP价值多渠道再变现,且变现能力强,可快速在标准化产品上代入IP概念,此时参与企业主要是游戏、主题公园、玩具、图书、其他衍生品等类的企业。

(三) IP模式的发展与演变

无论网络文学、影视作品、音乐、游戏还是动漫IP,以及在此基础上的跨界,最终都会形成生态产业链。美国、日本等成熟娱乐市场都为我们提供了一些成功的范例。例如,以IP授权为连接点、开拓泛娱乐疆土的迪士尼模式,由IP"价值运作"替代IP"挖掘变现"的漫威模式,以及以漫画为起点而发散到影视、游戏、玩具等领域的日漫产业模式,都是可供参考的模型。对于泛娱乐公司而言,与收购优质IP、多元化推广IP和制定IP授权开放策略同样重要的是进行IP的底层设计,顺应泛娱乐的生命周期,从起点接入产业链,布局整个IP闭环生态系统,以价值观和哲学观塑造IP,以慢动作培育IP,而不是采用完全的"拿来主义"。只有这样,才能在泛娱乐退潮后依然屹立不倒。近年来我国文创产业打造IP产业链受到广泛关注,通俗类文学作品是最大的IP源泉。目前泛娱乐IP产业有六大热点:一是网络文学IP改编热度不减,文漫影游联动频繁,如游戏《我欲封天》《遮天3D》,动漫《女娲成长日记》《从前有座灵剑山》《择天记》,电视剧《微微一笑很倾城》《亲爱的翻译官》;二是超级文学IP吸睛,如《鬼吹灯》《三体》《幻城》等优秀小说改编成电影、电视剧后受到广泛好评;三是IP网络剧盛行,如《老九门》;四是经典日漫改编手游成常态,如《火影忍者》;五是游戏改编大电影引领新的IP潮流,如《愤怒的小鸟》;六是粉丝经济发力周边衍生品,如阿里鱼开拓IP周边衍生品市场、上海迪士尼开馆以来全方位开发IP经济。

(四) 典型领域的特征

（1）在影视领域，文化创意公司可以将粉丝经济与O2O商业模式融合起来，变现为"互联网IP＋粉丝经济＋影院社交＋O2O营销"这一营销模式，而共振化的粉丝社群则是决定一个作品成败的关键。此外，借助于弹幕、短信平台等形式，粉丝可以与社区内的其他粉丝一起发表观点，实现线上线下的互动。

（2）在音乐行业，粉丝社群的共振效应也使其发展产生了变革。演唱会可以采用"现场演出＋付费直播"这种O2O演唱会模式，在线售出电子门票，在极大地拓展了观众数量的同时也满足处于低端消费水平的粉丝的追星愿望。

（3）在其他文化创意领域，也需要与粉丝形成稳定的连接结构，以保持其持续的情感忠诚度。以粉丝的情绪资本为核心，影响用户情绪，实现用户主动参与，最终使其主动营销，从而使得企业盈利。

优质的IP是吸引用户的前提条件，而粉丝经济、社群模式等运作方式的使用是流量变现的重要手段，所以说"内容为王、渠道为后"，只有两者有机地结合、高效地运作，才能实现创意元素或者创意作品的商业价值。

【案例4－1】

奔跑吧，兄弟！

《奔跑吧兄弟》是浙江卫视引进韩国SBS电视台综艺节目Running Man而推出的大型户外竞技真人秀节目，第一季由浙江卫视和韩国SBS联合制作，第二季、第三季、第四季、第五季由浙江卫视节目中心制作。该节目于2014年8月28日正式开机，第一季于10月10日登陆浙江卫视周五21:10黄金档时间段。该档节目一经推出，便俘获了大批粉丝，可以说是好评如潮，同时也引发了中国影视娱乐行业真人秀的黄金时代。目前，《奔跑吧兄弟》(正式更名为《奔跑吧》)第五季正在拍摄之中，粉丝们的关注热度始终未减，足见明星IP创造的"综艺IP"的空前成功。

首先，浙江卫视作为内容提供商，得到了大家的认可，使得《奔跑吧兄弟》一经播出就大受关注；其次，节目组在经过磨合和探索之后，分工有序，指挥得当，使得《奔跑吧兄弟》拍摄十分精良；最后，在演员方面，制片方选择的是明星IP，使得《奔跑吧兄弟》更具吸引力，等等。这些因素共同作用，产生了令人意想不到的化学反应：《奔跑吧兄弟》广受追捧且一直热度不减，使得《奔跑吧兄弟》成为一个"超级IP"！

如何让这个"超级IP"持续盈利，并让粉丝为其埋单呢？浙江卫视奉行"用户体验至上"原则，以节目内容为依托，联合蓝巨星国际传媒、大业传媒、360手游共同开发出同名手游，让用户参与到节目品牌的传播之中。

从节目的第一个游戏环节开始，用户就可以参与到朋友圈的直播竞猜中，还可以拿起手机使用微信"摇一摇"，票选出心中的"奔跑之星"，并有机会获得手机大奖。此外，用户还可以参与新浪微博的实时话题讨论，也可以登录百度搜索，为心中的人气队伍投票，还可以登录"奔跑吧兄弟"微社区，参与到话题抢答活动中，有机会获得竞猜奖品。《奔跑吧兄弟》以4亿元的广告招商价与电商品牌苏宁易购进行合作，推出了节目游戏同款装备售卖服务，实现了项目盈利。

由《奔跑吧兄弟》可见,打造一款精良的IP十分重要;而采用正确的商业模式和合适的渠道推广IP,让粉丝为IP的衍生品埋单同样重要,这就是《奔跑吧兄弟》经久不衰、屹立不倒的原因!

(**资料来源**:韩布伟:《泛娱乐战略》,北京:北方妇女儿童出版社,2016)

二、平台模式

新媒体时代是一个信息大爆炸的时代,不可避免地会出现信息量过载。如果不能让自己的内容做到绝对的吸睛和可持续开发,则不可采取IP主导的"内容为王"的策略,而应该采用平台化策略。

(一) 平台模式的概念

平台模式主要是为内容产出者提供服务,为内容提供优质的传播途径及渠道,达到共赢的效果。平台是指将内容提供商和消费者大众联系起来,成为连接供给和需求的市场。平台模式的最核心的功能就是作为内容传播的中介,将市场中的各方资源整合起来,吸附大量的优质内容,快速高效地沟通内容提供商与消费者的关系,从而促进交易的达成。也就是说,平台模式就是将众多经典IP、流行IP收于一处,使之成为中心化的内容聚集平台,为这些创意达人、内容制造商提供一个优质的面向大众的渠道,提高文化创意作品的曝光率。

(二) 平台模式的核心

1. 客户价值主张

平台模式的目标客户包括供给方(内容提供者、广告商)和需求方(消费者)。消费者和内容提供者一起构成平台的主要利润来源:平台向广告商或者内容提供者收取费用,包括广告费、服务技术费、交易抽佣、资源收费、数据方面的客户管理费和促销管理费等,还可以通过巨额的流动资金进行金融变现。在平台上,内容提供者提供优质作品,通过打赏、广告、内容付费等方式实现盈利,而消费者是产品和服务的最终埋单者。因此,只有迎合了消费者喜好的平台商业模式才能留住用户,实现平台的持续发展。

2. 盈利模式

平台模式的盈利方式主要是广告、会员费和单品内容付费。广告是视频、游戏、文学等平台网站的主要收入来源,用户的点击量是广告商投放广告的最主要的标准,平台的用户容量大、吸引的点击率高,广告费就相应地提高。最著名的选秀节目之一《中国好声音》,第四季的巅峰之夜创造了史上最贵广告费纪录:优信二手车以3 000万元天价拿下直播中的1分钟硬广。

会员费也是平台的收入来源之一。通过支付会员费,用户可以享受到独家内容、抢先看、下载等优惠活动,同时可以免看片头、片中等各种形式的广告。另外,有些用户会为了追求极致体验而支付会员费,因为只有成为会员才能享受超清、超音质等服务。

内容付费正逐渐被大众所接受,也是目前各平台努力的方向,尤其是知识分享平台。在互联网发展初期,知识共享时代催生出了知乎Live、分答等共享知识平台。

海量信息虽然解决了原有信息不对称的问题,但也导致了信息泛滥现象。内容付费作为知识价值的体现形式,为全民提供甄别信息真伪的平台和专业信息指导,可以加快互联网知识经济的发展。知识付费作为新型消费升级模式,在用户兴趣捕捉、内容消费观洞察能力上已经完成了一定的经验积累。信息从"收费—免费—收费"循环过程中走向价值化。在互联网各大垂直领域中,专业知识将是内容付费的主要动力之一。

3. 关键资源

关键资源指让商业模式运转所需要的相对重要的资源和能力。

企业内的各种资源的地位并不是均等的,不同商业模式能够顺利运行所需要的资源也各不相同。在新媒体时代,平台模式最重要的资源就是传播渠道以及整合内容的能力。媒体的传播不再仅仅是承载内容的一段话,而是全方位、多介质的整合传播,最终需要达到一个综合性的传播效果。因此,优质内容必须依靠优秀的平台和渠道进行传播运营,否则,优质资源能够发挥的价值就相当有限,而要获得影响力和知名度也相当困难,其商业价值也不会太高。

4. 关键流程

平台模式的发展流程包括两个阶段:计划阶段、衍生阶段。在计划阶段,平台需要吸引并积累用户。也就是说,选择平台战略的企业首先需要有能力积累巨大规模的用户。其次,需要提供给用户具有黏性的服务,形成行业壁垒。平台模式最大的缺点就是容易复制,只有形成自己企业的核心价值,才能避免用户大量流失到竞争对手那里去。当有了一定数量的稳定用户并形成行业壁垒后,围绕这个产品进行平台演化:从寄生到共生,再到衍生,就会形成一个庞大而稳定的生态系统。平台发展到衍生阶段,产品更为多元化和多样化,对消费者的吸引力更大,消费者活跃度也会提升,不仅可以提高各商家的收益,包括平台提供商、广告商和内容提供商,还能吸引更多的创意达人入驻,进而丰富平台上的内容或作品。

(三)平台模式的发展与演变

平台模式的发展演变体现在自媒体时代的兴起。平台模式初期是以平台为基础,宣传平台上的内容为核心,用户及流量成为盈利点。当各平台层出不穷,导致内容重复度大、版权问题频发时,平台的重心从内容输送者转移到内容创作者,从而让用户关注平台自身。美国是最先进入自媒体时代的,平台捧红的不是明星,而是闯入美国电视圈的三家视频网站(Netflix、AmazonPrimeVideo 和 Hulu)用原创自制内容吸引用户、形成更清晰的品牌形象,这个方法已经让平台尝到了甜头。人们因为《纸牌屋》记住了 Netflix,通过《透明家庭》知晓了 AmazonPrimeVideo。如今,差点从人们视线中消失的 Hulu 也在用《随性所欲》这部自制剧证明了自身的改变。2015 年是美国视频网站自制剧生产和推广最为凶猛的一年。在这个"自制剧为王"的探索之路上,三视频网站完成的转变和经验积累暗藏着新内容消费习惯和商业模式的建立。我国自 2015 年进入自媒体时代,其中直播视频领域发展蓬勃,该类平台迅速崛起。流量是自媒体商业变现的基础,大部分自媒体依旧会高度依赖流量较高的平台。拿到融资的自媒体商业模式更加清晰,且以垂直细分领域的优质内容为主。这部分自媒体正在逐渐形成不依赖于广告的非媒体特征的商业模式,如开发内容 IP、内容付费、内容电商、精准化社群运营甚至生态平台化发展。除此之外,自媒体对平台流量管理的要求更高,而且希望平台可以提供更详细的关注者数据。相比单纯的流量信息,关注者或者粉丝的忠诚度对于自媒体而言可控性更高。

(四)典型领域的特征

(1)在视频领域,视频付费成为常态。根据安培分析(Ampere Analysis)的最新报告,

2019年年底,中国视频点播(SVOD)用户数量将达到3.05亿,这一数字是美国的近两倍,但与之形成反差的是,中国SVOD的订阅收入将不及美国的一半。这其实反映出了国内视频平台享有较大溢价空间,单用户ARPU值偏低的现状。2019年年初,美国流媒体平台Netflix上调了其在美国本土和一些拉美市场的流媒体服务价格,这是Netflix在美国的服务第四次提价,也是成立以来幅度最大的一次提价,尽管涨幅高达13%~18%,公司股价当天上涨6.5%。一直以来,Netflix通过巨额投入成功打造了《纸牌屋》《女子监狱》《马可波罗》等内容,在内容和营销上的高支出一直颇受投资者关注。

海外流媒体行业高速增长的背景下,全球流媒体另一大市场的中国市场,以爱奇艺、腾讯视频为主的公司也正处在持续的高内容投入中,并生产出了《延禧攻略》《破冰行动》《陈情令》等众多优质原创内容。截至2019年11月30日,爱奇艺、腾讯视频会员规模分别达到了1.058亿和1.002亿。

(2) 在音乐行业,音乐付费习惯渐成。2016年,中国手机音乐客户端用户规模达到4.72亿人,近六成用户愿意在网络音乐服务上消费,月平均消费金额主要在10~30元,比10元以下区间高出不小比例。用户对于网络音乐消费的金额比以往稍微提高,是用户付费听音乐习惯养成的良好表现,也是国家政策有效以及公民版权观念加强的体现。

(3) 在知识分享领域,知识付费成新风尚。近年来,移动互联网的快速发展让垂直化服务和个性化需求成为可能,知识付费在知识共享、网生内容、社群电商以及移动音频、移动直播等风口产业交织的环境下应运而生。在此背景下,喜马拉雅FM、得到、知乎、分答纷纷涉足知识付费领域。它们在短时间内聚拢了大量用户,并且实现了知识的变现。

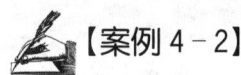【案例4-2】

从爱奇艺5 080万的付费会员,看国内视频付费市场的前景

《2017中国网络视听发展研究报告》显示,2017年网络视频用户规模达到5.65亿人,看视频已经成为人们日常生活娱乐的一部分,在"想看的内容需要付费"的心理驱使下,用户的付费意识也逐渐形成,2010年前后平台开始尝试的视频付费服务发展至今已经相当成熟,几大视频网站付费会员数的猛增,平台多年经营之后,会员付费模式成绩开始凸显。

《中国在线视频用户付费市场研究报告2015》梳理了付费市场是如何发展起来的,2010—2011年在线视频网站用户付费从电影付费点播开始起步,到2012—2013年逐渐推出付费会员,为付费会员提供增值服务,包括会员免广告以及其他特权,如观看热门海外剧等,积累了在线视频付费用户。2014年起,在线视频用户付费进入快速增长和爆发期,付费内容向多样化发展。

付费会员战场逐渐硝烟弥漫,爱奇艺、优酷、腾讯视频三足鼎立,公布自家的会员成绩单。根据爱奇艺最新递交的招股书,爱奇艺的付费会员已经达到5 080万,会员收入也在2017年达到了65.36亿元,占总体营收的37.6%。数据显示,腾讯视频会员已经达到4 300万,而优酷于2016年年底披露其付费会员超过3 000万。

会员付费成绩凸显

毋庸置疑,视频行业烧钱,无论是自制内容还是买版权,都需要充沛的资金作为后盾,而

优质或者独家内容也是吸引用户付费最主要的一件武器。在探索付费会员的发展模式上，爱奇艺、腾讯视频、优酷都各有优势，尤其是背后 BAT 的支持也能助力吸引更多的付费会员。

视频行业中，爱奇艺在付费会员领域的探索起步较早。2011 年起，爱奇艺开始探索视频会员服务的广大市场空间。2016 年 2 月 24 日，爱奇艺视频同步独播了热剧《太阳的后裔》，热播不到两个月时间，会员人数增加近 500 万，为爱奇艺带来至少 1.9 亿元的收入，也让行业人士看到了付费会员的广阔市场。

当然，视频行业的胶着竞争决定了优酷、腾讯视频等必然也会在会员上发力，一个个"破千万"的捷报频传。2016 年 6 月，爱奇艺宣布有效 VIP 会员数突破 2 000 万，百度 2017 年第二季度财报中披露爱奇艺会员数超过 3 000 万。从最新公布的 5 080 万付费会员数来看，爱奇艺在已经披露的几大视频网站中处于领先，不过值得注意的是，腾讯视频和优酷在付费会员上亦是紧追不舍。

付费会员的增长对应的是会员收入在营收占比上的提升，根据招股书，爱奇艺 2017 年会员服务营收为 65.36 亿元（约合 10.046 亿美元），较 2016 年的 37.62 亿元增长 73.7%，2015 年会员收入为 9.967 亿元。硬币的另一面则是会员服务营收所占总营收的比例的逐年增长，从 2015 年的 18.7% 升至 2016 年的 33.5%，并进一步升至 2017 年的 37.6%。可以看出，会员收入正在成为爱奇艺营收的支柱，和传统的广告相比并不逊色。

一直以来，各个主要的视频网站都试图利用优质的内容培养消费者的付费习惯，这也被认为是更为健康和可持续的商业模式。在美国，Nefflix 的成功也同样基于优质内容和会员业务的良性互助，Netflix 最新的一季度的财报，显示付费用户和营收增速强劲，4Q17 付费用户达到 1.18 亿人，同比增长 25%，环比增长 7.6%，主要得益于美国和海外市场付费用户的高速增长。

爱奇艺创始人、CEO 龚宇曾在接受媒体采访时表示，从长线总体角度，付费模式更公平。公平的商业模式或者交易模式更有利于高质量的作品获得更多的回报，所以这种商业模式也有利于内容质量的提高。

根据介绍，为了满足特别是用户对长尾内容的兴趣，爱奇艺向数千家专业内容提供商授权引进内容，并建立了庞大且多元化的专业制作内容库。截至 2017 年 12 月 31 日，爱奇艺的内容库共拥有 70 000 多部网络剧集、综艺节目、电影、儿童节目、纪录片、动画片、体育赛事和其他各种类型的节目，涵盖 30 多个内容类别。

营收结构趋向多元

爱奇艺并非视频行业第一个上市的玩家，7 年以前，优酷就已经走上了上市的资本之路。如今视频网站的格局已经是翻天覆地，最直接的体现就是商业模式更明朗，以往视听行业最重要的收入来源是广告，但是随着自制内容的崛起以及平台在泛娱乐领域的布局，广告以外的业务，包括会员、游戏、电商等业务均有发展。

虽然此前被称作"中国版 Nefflix"，但是爱奇艺的野心显然不止于此，除了视频，在泛娱乐的多个领域爱奇艺均有所布局，除了会员收入保持高速增长，游戏、电商也是爱奇艺一直在培养的业务。

从爱奇艺的财务数据来看，其营收处于增长状态。根据招股书，爱奇艺 2017 年的营收规模为 173.8 亿元，较 2016 年的 112.374 亿元增长 54.6%。爱奇艺 2015 年的营收为 53.186

亿元。爱奇艺在线广告收入从2015年的33.999亿元增长至2016年的56.504亿元,同比增长66.2%,2017年为81.589亿元(12.540亿美元),同比增长44.4%。

值得注意的是,爱奇艺披露的数据显示其会员业务规模增长幅度接近Netflix 2017年全年2 400万的新增会员数量。会员付费改变了在线视频行业的商业模式,结合爱奇艺会员付费的收入占比提升以及其他泛娱乐的收入来源,说明爱奇艺的收入结构已经发生了质的变化。以往严重依赖网络广告收入的在线视频产业,正在向一个更均衡的多元化创收模式转变。

由于行业烧钱的属性,即便是视频行业巨头也难免亏损。爱奇艺最新招股书披露爱奇艺在2015年、2016年、2017年的净亏损分别为25.75亿元、30.74亿元和37.369亿元(5.744亿美元),然而值得注意的是,这三年的净亏损率在逐年收窄,分别为－48%、－27%、－22%。

(资料来源:每日经济新闻,https://baijiahao.baidu.com/s? id=1593651758833322785&wfr=spider&for=pc)

拓展阅读

泛娱乐进入"下半场",走向文娱产业融合

前不久,胡润研究院发布了《2018第一季度胡润大中华区独角兽指数》。短短3个月,大中华区新发现独角兽企业33家,平均每3天新增一家独角兽企业,在这些独角兽公司中,文化娱乐相关的有5家。目前文娱类独角兽企业共20家。

据不完全统计,红杉资本捕获上榜独角兽企业40家,腾讯和IDG分别捕获27家和22家分列二、三;排名前十的投资机构都捕获超过10家上榜独角兽企业,机构投资组合较为集中在互联网服务、电子商务和文化娱乐等行业。

	投资机构	独角兽捕获数量(数量变化)
1—	红杉	40(+13)
2—	腾讯	27(+6)
3↑	IDG	22(+10)
4—	启明创设	17(+4)
5↓	经纬中国	16(+1)
6↑	晨兴资本	14(+4)
6↑	顺为资本	14(+5)
8↓	高瓴资本	13(0)
8↓	阿里系	13(+2)
10↓	真格基金	12(+3)

数据来源:胡润研究院及公开信息。

＊表示排名与上一期没有变化;↑表示排名比上一期上升;↓表示排名比上一期下降。

"为什么我的创业公司做得好,但是投资人总是不理不睬?而同行那家公司一直在亏损,每次融资却都很顺利?"这是很多文娱创业者在这行业求生中经常敢怒不敢言的问题。但这个问题其实很好解释。

创业者往往忽略这些成功的因素。文化层面,你不占领就有人占领,但在这个高度同质化的商业赛道中,创业者应尽可能探索新的行业,或者把新的行业与旧的行业相结合。尤其是在文娱内容产业即将迎来"寒冬"之前,创业者只有勇闯新路、探索蓝海,才有可能获取红利和溢价,否则就只能赚个辛苦钱,冷暖自知。

有人说文娱产业投资,2015年是春天,2016年是夏天,2017年是秋天,2018年如果不是冬天就会迎来新一轮的爆发。是冬天就会有"寒冬",是爆发就会有灭绝和新物种。文娱产业是真的要凉,还是会有"新物种"迸发出来?

其实从2017年左右,泛娱乐产业生态化发展模式已经开始走向成熟,IP开发形成全产业运作模式。但对文娱行业进行估值是比较难的一件事,本质上是没有统一标准的无形资产这这些IP的认定。使得大批在文娱创投两端的人很难对事情做到准确判断。

往往,投资人通常在投C轮的时候,希望最少有3倍回报;在投B轮的时候,希望至少有6倍回报;在投A轮的时候,希望至少有20倍回报。

这并不是投资人贪婪,而是风险投资的模式本身就是这样,是要和失败率对冲的。投资人的诉求是:既然没有爆款,你怎么证明自己会成功呢?而创始人的诉求则是:你都不给我钱,我怎么能做出爆款呢?所以,B轮往往最难融到资,同时也最难估值。

对于综合性内容平台,投资人的回报期许上限往往较高,未来的成品期望在至少20亿美元。这些平台最大的好处是资产稳定。

例如,快手就是一个高速增长的有极高自发流量的平台载体,它为处于话语权弱势的全体提供了一个温暖的文化港湾,而这个用户群足够大。所以用直播的收入去对标陌陌的估值,是完全合理的。

对于垂直文化平台,成品的估值期望往往在10亿美元。B站是个另类,它早期也是一个垂直文化平台,针对的是二次元群体,但管理层的成功运营使得B站越来越综合,它突破了次元壁,估值也顺利突破了10亿美元。

对于走自媒体和MCN的路线,这些团队的估值期望往往会设定在8亿人民币。但也有少数公司能够突破这个估值上限,比如十点读书这种开拓了网络教育新战场的公司。当你的某个产品模式有了突破,VC会给你一个新的估值,让你突破基本盘的上限。

对于CP(内容制造商),估值上下波动很大,但基本是10%的头部内容公司吃掉了市场90%的估值。头部内容公司本身具有强溢价能力,自己可以无缝对接成熟的广告市场,因此会产生较好的利润,成为人民币资产的优质选择。在入场文娱领域时应遵循以下四条变现逻辑:

变现之本:新渠道+新内容

创业者要对产品设计具有一种想象力,将用户的痛点和商业的逻辑用想象力构建出来。而产品核心围绕着圈子,不同文化属性的人群有不同的圈子。比如知乎是属于中国知识人群、精英人群的平台,精英的特点是喜欢研究万物的规律和道理,与人思辨。因此,你的产品形态要符合某一个圈层人群的核心需要。

用户首次使用产品靠的是视觉冲击力和使用场景,之后持续性靠的则是在具体场景下的最优解。

两个建议：

(1) 做新一代或者抄后路(在已有产品的基础上做二次加工)的产品。快看漫画为什么在资本市场获得巨大成功？因为它做的是动漫市场抄后路的产品。有妖气固然很好，但是在手机上看漫画着实不方便。

诸多的国漫平台，出于种种原因并不适合移动场景阅读。因此快看漫画抓住了这一用户痛点，选择在校园里面相对特别的题材吸引种子用户群，把用户做起来后，再去一轮一轮融资。

(2) 服务被忽略的群体。首先，我们想想哪些产品的用户最多，一个是微信，一个是淘宝。我们不妨用微信用户减去淘宝用户，看看还剩下什么样的群体。

再想想你要为这些人提供什么服务。微信有9亿多活跃用户，淘宝有2亿多活跃用户，那剩下的7亿人群是什么样的人？这个问题在当前是特别值得思考的有价值的事。

最后，怎样让用户一"痒"就想到你的产品？答案是：在用户大脑中构建一种联结，让他们对产品形成依赖，养成使用习惯。人性洞察，无疑是其中之秘诀。

变现之源：主流人群的审美和兴趣的迁移

60后：物质匮乏，提高生产力和发展经济是第一要务；接受的文化娱乐内容非常有限，且主题单一；骨子里还是属于传统的一代。

70后：伴随着中国社会体制转型而成长起来的一代人；对财富的安全感较低；港澳流行文化开始进入70后的娱乐生活。

80后：独生子女一代，从计划经济转型市场经济；80后的物质生活与精神生活相对上一代人来说更加富足；日韩流行文化开始入侵。

90后：中国财富安全感最好的一个群体；重视精神层面的满足感；互联网和移动互联网的原住民；接受外来文化的同时热爱国产文娱内容。

当下会更聚焦新生代。宁可有1万个死忠粉，也不要有100万人觉得产品还OK。死忠粉意味着产品黏性，意味着占领市场的成效性。价值标准是一个平台能否收获死忠粉的前提。拉新不困难，难的是留住用户，而且用户能有自发的口碑传播。

资本市场有个反身性原理，即一个故事刚开始人们不相信它的价值，但随着人们不断地加入进来，故事描述的对象也开始改变了，最终故事变成了一种极端的"真实"，就是因为参与者的增多改变了故事本身。这些不同年代的用户在培养上也需要花费一定的经历和打法。

在2018年罗振宇的跨年演讲中，多次提到了"超级用户思维"。因为新物种越来越多，商业打法出现了一种从流量思维到超级用户思维的转变。"超级用户"时代，创业者必须服务好城邦内的用户。

变现之术：精神内核升级和生产流程升级的双重机会

品牌即人。精神与质、意义与功能、定义域定位就如同生命基因的双螺旋，它们交织呈现，既对立斗争，又相互依存，互为其根。

关于精神内核升级：

这里面涉及文化，你的产品满足了高端文化还是低端文化？高端文化不是单纯的精英文化，它指的是产品呈现这个人群相对正向的精神气质。

比如快手展现的是一个广大的人群自得其乐、其乐融融的生活状态，展现的是一种正向情感。我们绝对不能看表面说它是非高端文化。大家可以听一首集中反映快手核心精神内核的歌《我们不一样》。

以 B 站为例的国内最大的二次元人群聚集地，不断拓展商业化模式。在内容付费、直播、游戏、电竞等业务上进行多元布局，并逐渐形成了一条以游戏与用户生态变现为主导的路径。这是一条已被坦平或充满经济的道路。从 ACG 核心的亚文化圈子中向主流文化问路。

这两个项目都有个共通之处，就是用更深层次的东西激励用户。当用户受到激励后，就会觉得你是我唯一的心灵港湾，港湾就是用户每天要去停靠的地方。

随着娱乐营销的狂轰乱炸，用户的免疫力也在不断提升，常规的营销方式和精神架构不过只是隔靴搔痒，要想真正触动受众的心，必须另辟蹊径，唯有如此才能从众多的娱乐营销事件中脱颖而出，真正让用户产生强烈的记忆，甚至达到心理上的共鸣。这就需要一套完整的流程体系不断刺激用户的阈值和 SAN 值。

关于生产流程升级：

近期工信部发布的《中国泛娱乐产业白皮书》中认为，中国泛娱乐产业生态日趋成熟，已由单体竞争转向了生态性竞争，进入"下半场"，涌现出了以腾讯、阿里巴巴、百度、网易、三七互娱等为代表的泛娱乐产业生态化运营龙头企业。

IP 开发已经形成全产业运作模式，高层次协同培育旗舰 IP 逐渐成为行业主流趋势。文学、动漫、影视、游戏、音乐、综艺节目等业态已不是孤立发展，而是在 IP 孵化期就开始协同培育、共同打造精品 IP，在早期就实现了资金、内容制作、演艺明星、宣传推广、发行销售、衍生产品等各个环节的贯通。

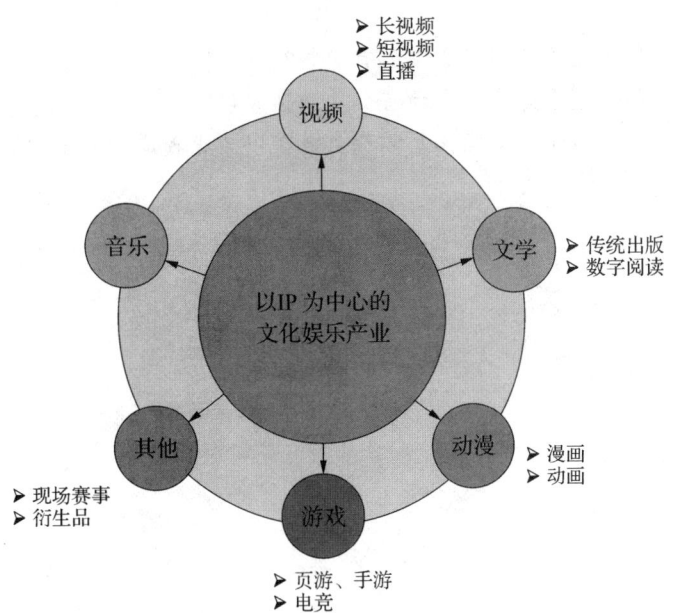

在这个行业的创业者可能会知道，文娱产业过去的生产模式比较陈旧，经纪公司采取的是分成模式，结果旗下的明星总觉得"你分给我的钱少了，我不干了"。这种现象在文化娱乐项目中司空见惯，所以 VC 不愿意投这类经纪公司，他们的想法是：只要人走了，核心资产就没有了。

变现之力:从产业到团队,从内容到产品,一网打尽

中国式创业喜欢模仿,产生了大量"杀肉鸡"事件——内容就像一只肉鸡,而高流量的大号则是猎人,猎人将肉鸡捕获,卖个好价钱——大号将内容 copy,经过改头换面后发出去获得高流量。这样的做法对于原创者是非常痛心的事。

文娱行业有个特点,即做这个产业的人不但要跟海量的人做斗争,还要跟昨天的自己做斗争。因为用户对内容和产品的理解阈值是不断进化的。

2018年将是文化内容行业里的聚变之年。生态化平台的整体协同能力和商业价值正在逐步凸显,生态化运营的龙头企业将以制作方、投资方、运营方三种或以上的多重形态、角色深度介入 IP 经营的"全产业运作",努力打造作家品牌和超级 IP,形成一条"文—艺—娱"一体化的全媒体经营产业链。

这种泛文化产业平台的搭建,使得各产业门类不再孤立存在,而是全面跨界连接、融通共生。

因此,未来的泛娱乐产业会形成综合型的文娱集团,以集团式作战的方式将产业上下游全链路打通,升级成新兴的大文娱产业生态,生态中的各方都将收获更多回报,不断创新产业业态、更新商业模式,推动我国泛娱乐产业实现进一步的高质量发展。

在此之前,变现之路,道阻且长。创业邦星际营 BangCamp 大文娱加速之变现计呼之欲出,特聘文娱实力导师和"十大 VC 名捕"将文娱创业秘事和诸多疑问一网打尽。同时与携程 OasisLab 战略合作的实战靶场,以及精选合作平台将共同助您透解变现的秘密和实现路径。

(**资料来源:**今日头条,http://b9q.net/bvhdp)

【思考题】
1. 文娱类独角兽企业快速崛起的原因有哪些?
2. 文娱类企业如何利用好资本市场有个反身性原理?
3. "文—艺—娱"一体化的全媒体经营产业链在中国比较成功的案例有哪些?

第五章
文化创意产业链

 **本章导读**

在文化创意产业领域，互联网不仅可以发挥文化、创意等要素的潜力，促进文化产业的跨界融合，丰富文化创意产业链，还能催生出新的文化产业模式和业态。

文化创意产业具有创新能力强、需求量大、产业融合性高等优势，在市场中发挥着重要作用。近几年来，人们对于文创产品的消费也日益增加，因而了解文化创意产业链构成及特性具有重要意义。

本章将介绍"互联网+"文化创意产业链以及基础活动，"互联网+"对文化创意产业的影响以及如何在文化创意产业中寻找创业机会。

 教学目标

1. 学习文化创意产业链的构成；
2. 掌握文化创意产业链的核心要素；
3. 了解文化创意产业链的基本活动；
4. 理解"互联网+"对文化创意产业的影响；
5. 从文化创意产业链中发现创业机会。

 **开篇案例**

生来优秀的音乐，将从"果酱"走向世界

"果酱音乐"源于一句美语口语，当你听到一段非常棒的音乐时，会情不自禁地喊出"That's my Jam"。Jam即果酱的意思，象征着新奇的好音乐。果酱音乐（南京果酱文化发展有限公司）创办于2015年12月，深耕音乐新媒体领域，经过近两年的发展，已成长为国内规模最大的音乐新媒体，依托于微信、微博、今日头条等各大媒体平台，构建了拥有千万级粉丝的媒体矩阵。

随着2003年苹果推出iTunes，音乐产业形态在服务提供商环节出现了重大变革。四大唱片公司对唱片产业链的把持被打破。随着移动互联网的发展，流媒体代到来，音乐产业三条子链中份额最大的唱片产业链的垂直整合形态解体，原来以CD为媒介的线下销售渠道逐渐式微，而以iTunes、流媒体为媒介的线上渠道逐渐成为主流。传统的线下音乐分发渠道被颠覆，以苹果、spotlfy、Pandora等为代表的IT公司、互联网公司正在崛起，成为服务提供商新贵。

2010年，邹扬就在一直找互联网音乐创业机会。到2013年，国内音乐节开始兴起，邹扬

在音乐产业的火热中敏锐地意识到整个音乐行业的宣发渠道和好的艺人之间有着严重的信息不对称,但当时并没有太好的机会来做这件事。直到 2015 年,邹扬发现,好多没有签唱片公司的独立音乐人只靠微博、微信的运营,就把自己变成了网红。邹扬认为,音乐的传播路径变了,但整个行业还是面临传播渠道和音乐人高度分散的问题。邹扬说:"当时想去做一件事情,想做音乐行业在新媒体上的音乐传媒。我要做的就是帮助那些没有上过《中国好声音》《中国好歌曲》的有才华的音乐人走出来。"于是,2015 年果酱音乐诞生了,定位为:以新媒体联通全产业链,打通音乐人和粉丝。

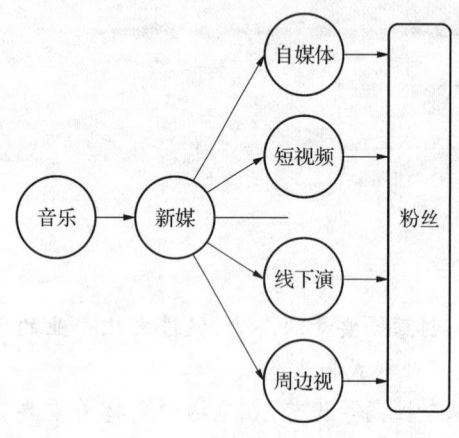

媒体平台"摇滚客"是果酱音乐最早的一块业务,主要为国内独立厂牌与独立音乐人提供曝光渠道。基于媒体属性,果酱音乐陆续搭建了自己的内容分发渠道。2016 年,果酱音乐在微博、微信、今日头条等平台共有 20 个自建账号,订阅量 80 万,日活跃用户数量 10 万左右。另外以内容换流量的方式与第三方渠道合作。渠道的影响力是依靠优质内容来扩大的。除图文形式以外,果酱音乐在内容上还拥有一档音频节目"海盗电台"(半年播放量 1 000 万+),以及一部脱口秀"头文字 B",用泛娱乐的态度来讲音乐圈,首期全网播放量 25 万。

从 2016 年 2 月开始,果酱音乐正式把业务内容铺开来,不再局限于独立音乐,而是面向整个音乐行业。转变方向之后,原来的用户并没有因为这种转变而表达不满。邹扬评价说:"我发现中国的粉丝其实并没有那么小众,并没有画地为牢,因为整个音乐行业的痛点都是一样的。"这次转变是果酱音乐的一个重要节点。

2017 年 5 月,果酱音乐完成了由汪峰领投、梅花天使创投与娱乐工场跟投的 1 500 万元人民币 A 轮融资。果酱音乐对于未来的着力点主要在两个方面:视频内容+全网发行。简单地说,果酱音乐的全网发行业务也可以理解为音乐新媒体的 MCN 业务。

果酱音乐的 MCN 业务并不局限于仅为自身孵化的音乐人提供服务,而是以一种更开放的姿态利用自己线上的巨大流量与线下的资源帮助经纪公司、唱片公司、音乐人、音乐节目等合作伙伴做好宣发。目前,果酱音乐有音乐自媒体、音乐短视频、线下演出、艺人经纪四大业务板块。通过上述业务,可以为中国的年轻音乐人提供全方位的综合服务,从宣传曝光、作品发行、演出落地到直接投资、创办工作室。果酱音乐志在成为中国原创音乐通往大众市场的另一座桥梁,为年轻音乐人乃至唱片公司提供全行业最优质的服务。果酱音乐的终盘目标是成为音乐人生态服务入口,构建果酱音乐的内容和服务矩阵,从而构建出获取早期优秀音乐人的核心竞争壁垒。

截至 2020 年 9 月,南京果酱文化发展有限公司已整合 200 多个音娱新媒体渠道、覆盖 1 亿精准 Z 世代粉丝,服务的客户不仅包含 TME、爱奇艺、阿里文娱等产业巨头,更包括百事、宝马、百龄坛、王者荣耀等各领域头部品牌。

邹扬表示,2020 年这个广告创意品牌将会以独立子公司的姿态呈现,会将团队前五年积累的资源、能力、服务完全整合,完成果酱文化在商业模式上的全新升级。

下一步,果酱文化将以数字化为驱动,秉承"内容+产品+数据"的新型营销理念,逐步在音娱产业进行客户管理、媒介管理、管理数据、舆情管理等创新性布局,整合媒介采买、流量变现、艺人联名、粉丝裂变等各种能力与资源,通过一站式营销解决方案,助力客户实现品牌商业价值的更大化。

【思考题】
1. 互联网对音乐产业链产生哪些影响?
2. 音乐产业链中有哪些发展机会?判断依据是什么?
3. 果酱音乐的创业路径是什么?业务之间的逻辑是什么?
4. 果酱音乐在未来发展中可能面临哪些挑战?应如何应对?

第一节 概念与内涵

产业链的本质是用于描述一个具有某种内在联系的企业群结构。产业链中大量存在着上下游关系和相互价值的交换,上游环节向下游环节输送产品或服务,下游环节向上游环节反馈信息。

文化创意产业链是以创意为灵魂,以文化为基础,通过经济链条中各个环节的分工协作、整合运用,将文化产品从创意开发、生产制作到营销分发开发成一系列的经济模式。构建完整的文化创意产业链,能够使文化创意产业更加具有创新性、规模性和连贯性,从而产生更大的经济效应。

文化创意产业链的构建大体可分为三个环节:产业链上游、产业链中游和产业链下游。产业链上游是内容创意开发环节,它是文化创意产业的概念设计环节。产业链中游是生产设计制作环节,完成文化创意产品的生成。而位于产业链下游的则是营销推广管理环节。三个环节环环相扣,共同构建了文化创意产业链,如图5-1所示。

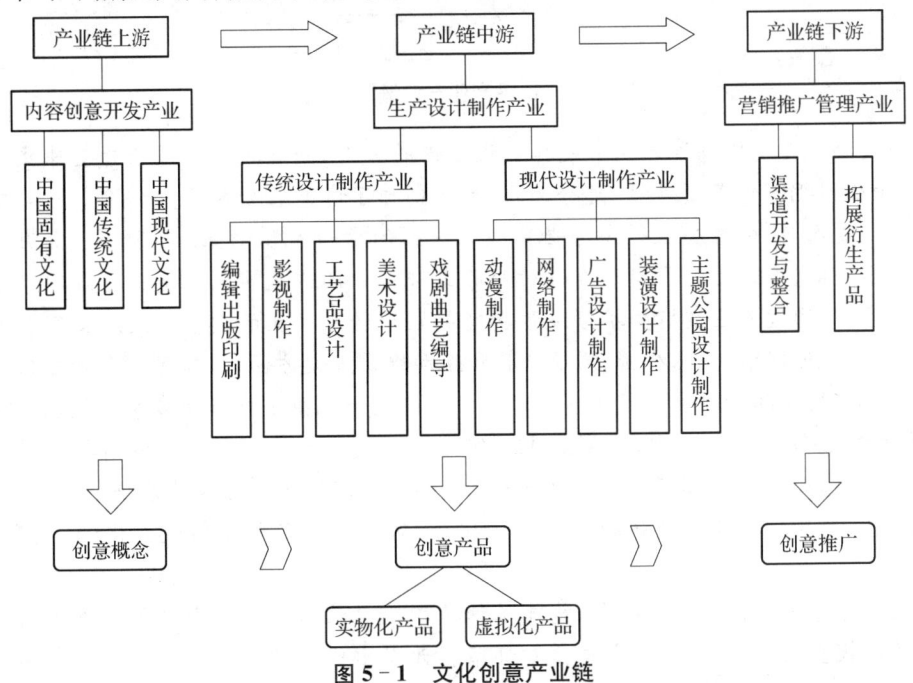

图5-1 文化创意产业链

例如,电竞产业的产业链上游主要是游戏厂商,包括CP和发行商,提供各种类型的电竞产品。中游是生产制作环节,以赛事运营和媒体渠道为代表,是整个电竞产业链的核心。下游是营销推广环节,包括直播、电商、游戏周边等,是电竞得以生存和发展的重要环节。

【案例5-1】

迪士尼价值王国

动漫产业,是指以"创意"为核心,以动画、漫画为表现形式,包含动漫图书、报刊、电影、电视、音像制品、舞台剧和基于现代信息传播技术手段的动漫新品种等动漫直接产品的开发、生产、出版、播出、演出和销售,以及与动漫形象有关的服装、玩具、电子游戏等衍生产品的生产和经营的产业。因为有着广泛的发展前景,动漫产业被称为"新兴的朝阳产业"。动漫产业链上游是最核心的环节,主要包括文学和漫画创作两个方面;产业链中游包括电影、电视剧、动画等作品;产业链下游主要是游戏制作、周边、衍生品等方面。

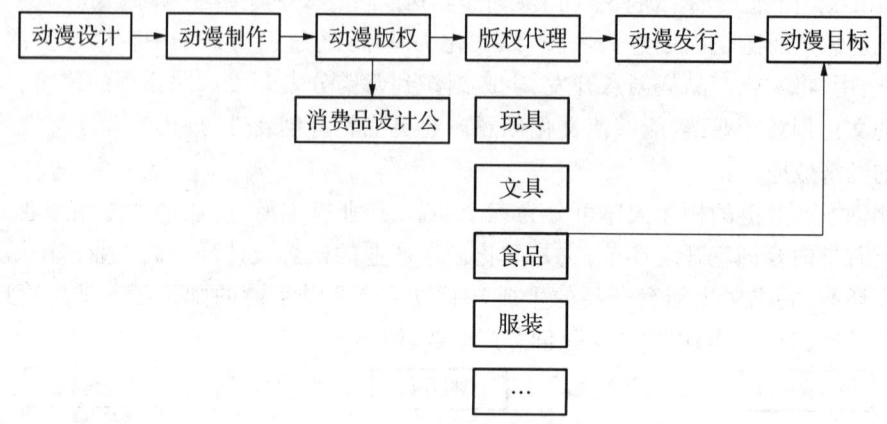

动漫产业产业链

迪士尼公司是美国动漫产业中最具有代表性的公司,而其之所以成长为全球文化娱乐巨鳄,源于公司拥有世界顶级IP;迄今为止,已经创作了诸如米奇老鼠、维尼熊、花木兰、灰姑娘、睡美人、美人鱼、白雪公主等令全世界印象深刻的卡通人物形象。2016年,上海迪士尼乐园的开园,标志着迪士尼乐园和度假村业务式进军中国内地市场。迪士尼是以动漫品牌为核心竞争力,通过产业链衍生扩张逐步构建起娱乐传媒巨头的典型代表。其经营业务包括电影制作、媒体网络、主题公园、消费产品和互动媒体五大方面,覆盖了动漫产业链中的动画制作、传播、衍生品授权和开发等各个环节。目前迪士尼旗下拥有十多家影视制作发行公司、五个大型主题公园,以及包括ABC、ESPN在内的庞大媒体网络。围绕着核心动画形象进行品牌价值的多轮次开发和利用,迪士尼逐渐形成了以迪士尼品牌为基础,通过多种方式的品牌经营、创新和扩张对利润的累次迭代相乘,从而实现品牌价值最大化的"利润乘数"模式。

迪士尼基于其全产业链的布局,构建了独特的轮次收入盈利模式。影视作品的制作是迪士尼轮次模型的第一个环节,也是核心环节。开发出优秀的动画产品并将其中的动画主角品牌化,塑造出一批"动画好莱坞明星",这是随后衍生产业开发的基础。迪士尼已经成功塑造了包括"米老鼠"系列、"睡美人"系列在内的一大批成功的动画形象。第二轮,在影视作品广受欢迎的基础上,迪士尼通过光盘、图书等出版物的发行进一步扩大了品牌影响,并延长了影视作品的生命周期。第三轮,通过主题公园对动画明星进行体验式推广,将动画中的浪漫神奇世界成功搬到现实生活中来,不仅为公司提供了稳定的收益,也进一步增强了动画品牌的影响力。第四轮是利润率最高的一个环节,即通过形象授权和衍生品开发,充分发掘动画明星们的品牌价值。

第二节　文化创意产业链的基础活动

文化创意产业链的基础活动主要有产业链上游的策划创作、产业链中游的产品生产,以及产业链下游的分发销售、衍生品开发和消费者体验。

一、策划创作

要想吸引消费者的眼球,让消费者为文化创意产业的产品买单,最重要的就是要有创意性的内容。借助于文化创意人才的智慧、能力和知识,运用创意方法和技术,对历史素材以及社会现实进行挖掘和创新,构成了文化创意产业的策划创作活动。策划创作环节位于产业链的顶端,控制着整条产业链的高效运作,是文化创意产业的基础。

文化创意产业链的有效发展要以内容为本,如果没有优秀的内容,设计生产链下游的衍生品更无从谈起。例如,故宫淘宝店设计师们设计的各种脑洞大开的产品,比如金榜题名笔、康熙赐福笔筒、官银存钱罐、明清帝后金属书签等,这些产品之所以深受消费者的青睐和好评,收获了众多粉丝,主要在于其创意新颖。可见,策划创作环节是基础环节,也是最难的环节,创意在这个环节显得尤为重要。

【案例5-2】

宫崎骏79岁了,新作三年半只成15%:仍在继续创作,本身就是奇迹

1月5日,宫崎骏79岁了。

半个月前,在NHK播出的纪录片中,演员佐藤健去吉卜力采访了宫崎骏和铃木敏夫。

铃木敏夫表示宫崎骏新作已制作了三年半,完成15%左右,平均一个月完成1分钟的长度,全部完成还需要不少时间。

当问到宫崎骏为什么又复出时,当时78岁的宫崎骏表示:

"没什么原因,就是又想做了而已。其实真的想过隐退了,这么多年早就想试试了,这也没办法,只能一遍遍地像'狼来了'一样。

每次都想着差不多该下决心了吧,身体大不如前,身心都变得疲惫,然后有时间就到处转转。"

虽然身体大不如前,宫崎骏的日常,依然是和从前一样,戴着老花镜,长时间地伏案工作。

只是他总是会在片刻的失神中，自言自语地说："啊，时间不多了。"

事实上，早在创作《起风了》时，宫崎骏就不止一次因为心脏病复发而不得不中断工作。

长时间握着画笔，身体也变得僵直和疼痛。"到了这个体力渐失的年纪，连希望重返年轻的错觉都没有了。"

因为身体状况每况愈下，2013年他在《起风了》之后宣布了退隐。

2015年，NHK拍摄了《不了之人宫崎骏》，记录宫崎骏的隐居生活。

"在长达两年的拍摄过程中，几乎没有人来拜访过宫崎骏。因为他的老朋友们，已经一个接一个地去世了。"

镜头里的宫崎骏，总是一个人坐在空荡荡的房间里。

中午喝咖啡，下午喝茶，晚上喝啤酒。

每天的工作，就是埋首准备吉卜力艺术展要用的画稿。

闲下来的时候，宫崎骏会跟窗边的鸟儿说话。

他甚至给它起了名字"小灰灰"，问它要不要吃点巧克力。

一年中偶尔几次出门，就是去参加好朋友的葬礼。

在纪录片里，宫崎骏就接了几通朋友去世的电话。

而对他打击最大的，是《千与千寻》色彩师保田道世的突然去世。得知消息后的宫崎骏沉默了很久，用手捂住脸说："怎么会这样呢？看上去绝对比我长寿的家伙，先走了……"

后来，NHK在拍摄中，意外发现宫崎骏有再次开始制作动画长片的愿望。

宫崎骏说，只是想着如果有"我不能死啊，活还没做完"这样的信念，大概会坚持得更久一些吧。

即使宫崎骏知道，"制作动画长片可不是一件容易的事啊！估计做完这部我都80岁了啊！"

他甚至已经考虑到做到一半自己就死了的可能，"做好了这样的思想准备。"

如果说，从前小PIN一直觉得，宫崎骏是一个温暖了我们的童年并将一直陪在我们身边的"动画之神"。

那么，在看完这部纪录片后，小PIN看着他孩子一样的笑容，却觉得特别心疼。

因为这么多年来，他都在透支自己，用温暖和孤独对抗。

一直在咬牙坚持着，用手中的画笔，守护我们心中的童话和梦想。

好多年前，宫崎骏就说："这个世界上有很多美好的事情，生存在这个世界是值得的。"

然而宫崎骏本人的人生，却经历了许多漫长的孤独。

1941年1月5日，宫崎骏出生在日本东京都文京区。因为珍珠港战争爆发，宫崎骏家族不得不迁往宇都宫市和鹿沼市。

在战争的童年阴影下长大的宫崎骏，几乎没有享受过父母的关切。

他的父亲一直都忙于工作，而在宫崎骏6岁的时候，妈妈就因为患了结核，每天都只能虚弱地躺在病床上，连一个小小的拥抱都给不了他。

所以在《悬崖上的金鱼姬》里，原本坐在轮椅上的老婆婆，因为担心宗介，奇迹般地站了起来，紧紧地拥抱了宗介。

宫崎骏只能用这样的方式，得到了当年母亲不能给自己的拥抱。

在成名之前,宫崎骏曾苦苦熬过十几年寂寂无名的时光,好不容易到38岁有了自己的处女作,但却又遭遇票房惨败。

2002年,铃木敏夫曾在演讲中说起宫崎骏的日常生活和工作:"知道宫崎骏每天吃些什么吗?当大家在讨论美食,说这家店好吃那家店如何时,他可是一次都没有尝试过。"

"他每天吃的,从我认识他到现在25年多,每天都是一个塞得满满的铝饭盒。为什么会塞得满满的?因为那是他的两餐饭:用筷子一分为二,中午吃一半,晚上吃一半。5分钟吃完,午饭后休息15分钟,然后从上午9点一直工作到凌晨2点。年年如此,日日如此。"

吃什么穿什么,都可以不用在乎,唯有对动画不会敷衍。

《起风了》中,一个长度仅四秒的镜头,据说制作长达一年以上。

动画里的美食也是永远都色香味美俱全,绝对不会像宫崎骏打发自己的胃一样随便。

并且,无论在生活中经历过什么样的艰难曲折,无论制作有多么劳神费心,宫崎骏一直坚持做温暖的,有人性支撑的动画。

有一次,有个动画团队给宫崎骏看了一些断手断脚的僵尸动画样片。

宫崎骏立马就发飙了:"我有个身体残疾的朋友,一想到他,我就看不下去你们做的这些东西。这种动画要是他看到了会有多难受?我绝不会让它和我的作品发生半点关系,那是对生命的侮辱。"

正是因为宫崎骏对生命的尊重,和近乎固执的坚持,才有了那么多美好的动画。

"生活坏到一定程度就会好起来,因为它无法更坏。努力过后,才知道许多事情,坚持坚持,就过来了。"

一直以来,宫崎骏就像在雨天陪着迷路的小姑娘等车的龙猫,温柔地守护着我们。

即使经历过生活的残酷与孤独,他却依然执着于发现不被世人察觉的美。

这也是为什么,即使拖着带病的身体,宫崎骏依然带着"创作至死"的念头,选择了回归。

2017年,宫崎骏说自己正在制作新作《你想活出怎样的人生》。

此名称取自儿童文学小说家吉野源三郎于1937年出版的同名书籍。因为这本书带给他的启示是"无论处在多么艰困或残酷的时代,都要活得像个人"。

消息发布后,大家都在欢呼,因为我们已经习惯了他一次次看似孩子气的退隐和复出,我们也已经习惯了他的陪伴和守护。

即使制作人说,"他身体不好,这一次他的长篇动画究竟能不能完成,没有人知道。"

然而,就像《千与千寻》里说的,"不管前方的路有多苦,只要走的方向正确,不管多么崎岖不平,都比站在原地更接近幸福。"

所以,宫崎骏先生,加油。"我还不能死啊,活还没做完"——请一直带着这样的念头好好活下去吧!

(**资料来源:**今日头条,http://b9q.net/bvher)

二、产品生产

文创产品的生产不但是对上游立意新颖的原创内容的承接,同时也是将创意转化为文化创意产品或服务,并最终创造价值的中间纽带。创意内容只有生产出来,才能为企业带来经济效益,并为下游的分发营销做好准备。产品生产环节在文化创意产业链中起到了承上启下的关键作用。

创意产品可以分为虚拟化产品和实物化产品两大类。实物化产品指实物形式的创意产品(如玩具、文具和时装等)和服务形式的创意产品(如广告、设计服务、休闲娱乐、艺术品交易等)。虚拟化产品主要包括传统形式的创意产品(如广播影视及文化艺术等)和数字形式的创意产品(如网络游戏及手机增值服务等)。创意内容可以通过图书、电影、DVD光盘和MP4等不同载体表达。

【案例5-3】

火到一塌糊涂,故宫文创怎么做到的?

故宫文创始于2008年故宫文化创意中心的成立,而从严肃的紫禁城到萌萌哒故宫淘宝,转变源自2013年。当时,台北故宫推出了大受欢迎的"朕知道了"纸胶带,这让北京故宫博物院院长单霁翔认识到文创产品的庞大市场。

故宫在传统文化从简单商品到创意的过程中,搭建起了自己的文创商业版图和一个坚守IP价值与开放互动的产业链。2013年8月,北京故宫第一次面向公众征集文化产品创意,举办以"把故宫文化带回家"为主题的文创设计大赛。此后,"奉旨旅行"行李牌、"朕就是这样汉子"折扇等各路萌系路线产品使600岁的故宫以一种前所未有的姿态变得年轻。

近几年,故宫不断推陈出新,潮品爆款层出不穷,不断尝试花式营销玩法,600岁的故宫终于活成了网红。

故宫的网红之路

除了实体的文创产品,故宫在网络上也陆续"打"开了宫门,2013—2014年,故宫官方推出了三款App:胤禛美人图、紫禁城祥瑞、皇帝的一天。这三款App极具趣味,吸引了众多用户的关注。还有其他各类App,如每日故宫、故宫展览、清代皇帝服饰、韩熙载夜宴图……这些App都蝉联App Store的精选榜单。

2014年,一篇《雍正:感觉自己萌萌哒》的文章,让平均阅读量四位数的故宫有了第一次的10W+。推送中,比着剪刀手的雍正、挤眉弄眼的康熙等表情包,一炮而红,萌化众人。

2015年8月,正值故宫博物院院庆90周年,故宫魔性周边走红。"如朕亲临"的旅行箱吊牌,朝珠形状的耳机,各式各样的带有皇宫色彩的生活用品及工艺品萌翻当下的年轻人。

卖萌的雍正

2016年,故宫IP推出"穿越故宫来看你"H5火爆朋友圈,获得347万点击量……

故宫真正成为超级网红,还归功于2016年的爆款纪录片"我在故宫修文物",该纪录片播出后大热,豆瓣评分达9.4分,超过了热播剧"琅琊榜",还超过了纪录片"舌尖上的中国",成为国内纪录片第一。随后的"国家宝藏""上新了·故宫"等节目的播出,让这座有着将近600年历史、看上去庄重高冷的故宫,开始接地气了。

"我在故宫修文物"

2016年,故宫文创产品销售额已经达到10亿元。

2017年,故宫文创产品突破10 000种,产品收益达15亿元。

2018年,故宫相继推出6款国宝色口红,以及"故宫美人"面膜,引发市场一片哄抢。

故宫"国宝色"口红

2019年,从"故宫里过大年"到"故宫下雪",这个农历年,故宫可没闲着,赚足了流量。作为一个大IP,故宫赚足了热度,那么故宫文创到底为啥这么火呢?

1. IP衍生创意

故宫本身就是大IP,这一点想必大家已经达成共识。故宫刷屏的案例,都是基于故宫IP进行的衍生,自带的大IP属性,赋予原本冰冷的历史故事鲜活的形象。

2. 文物丰富,取材容易

故宫有1 807 558件(套)文物藏品,包涵着大量的历史信息,故宫的建筑、文物、历史故事等都成了研发团队取材的宝库。无论是故宫的大门还是房顶的脊兽,皇帝御批抑或是某块牌匾,深度发掘这其中的特色并将其应用于受市场欢迎的载体,是故宫文创成功的关键。

3. 创意融合,更具趣味

故宫文创兼具故宫文化底蕴和流行时尚元素,将这些融合性的创意元素与箱包、服饰、首饰、手机壳等相结合。摘取有潜力成为爆款的御用名句,添加到帽子、眼罩、钥匙扣、折扇等上面,赋予这些产品新的创造力。很多如"朝珠耳机""朕就是这样汉子"折扇、超酷的御批文字系列万能刺绣布贴等本身形象就足够创意,很吸引眼球。而《点染紫禁城》图书、《故宫日历》等特色产品的打造,就显得很有文化品位,从中能够涨知识,自然也就受到追捧。

"朕就是这么汉子"折扇

手机壳

研发人员查阅大量史书资料,以确保所用词汇不与史料背离的同时,还能突显"朕"这一皇帝自称在表达感情时的可爱亲切之感,从而拉近"御用产品"和平民百姓的距离,刺激购买欲。

4. 给力的营销团队

除了做好产品本身的研发,另一个能让北京故宫文创短时间内超过台北故宫的原因就是"故宫淘宝"这个账号"洗脑式"的宣传方式。

故宫淘宝停不下来的"卖萌"宣传模式拉近了与受众的距离,也增加了互动感,既向各年龄层受众科普了小众的历史故事,又将自己的新产品宣传出去,一举两得。

后来,故宫淘宝的微博账号以及微信账号又陆续发布多篇名为《朕生平不负人》《够了!朕想静静》《朕有大招赐予你》《你们竟敢黑朕?》《朕是如何把天聊死的》这样以讲历史

鳌拜=all buy,十分调皮的文案

史实之名,行宣传售卖之实的广告贴,文内多配上颠覆形象的君王的新形象。

5. 注重研发质量

故宫文创向来不关注研发数量,而是更加注重研发质量。他们认为,产品代表的就是故宫博物院的品牌形象。故而,产品质量是其研发的前提。所以故宫周边不仅进入了寻常百姓家,也进入了收藏领域,有的参加大会比赛获奖,有的甚至经常作为国礼送予外国的领导人。

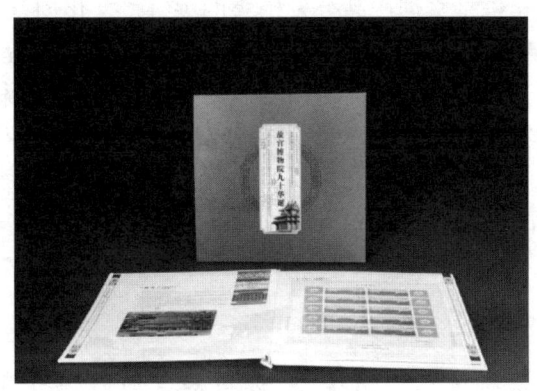

故宫邮票成为"国礼"

6. 多元的合作方式

2016年,故宫先后与阿里巴巴、腾讯两大互联网巨头达成合作。阿里方面搭建了文创产品销售平台。而和腾讯的合作,故宫则看重QQ与微信庞大的用户量,已经尝试推出故宫定制版游戏,未来的QQ表情中将出现故宫的元素,将原创IP通过社交软件传播。

2016年9月,故宫博物院还和凤凰领客文化达成战略合作,签约之后双方将充分应用故宫具有丰富历史背景、文化故事的馆藏进行创意合作,以增强现实技术(AR)、互动沉浸技术(MR)、3D等科技手段,提升其文化价值,传播故宫文化内涵,满足公众对故宫文化认知的需求。

7. 品类丰富,满足大众

故宫的文创产品能够在设计风格、产品种类、质材物料等方面及时吸纳社会研发力量的精华,能够应时应景推出呼应于市场的新产品,"卖萌"的、文人雅士手办礼类的、高大上的、限量版奢侈品等应有尽有,在风格、题材、价位方面能满足社会不同层次的购买需求。

故宫文创的红火,充分借助互联网起到了关键作用。故宫淘宝、故宫天猫旗舰店让故宫文创的销量大增,这让不去故宫的人也能够享受故宫文化的创意。而且,为了更好

故宫猫系列产品

地开拓市场,故宫还与互联网企业合作,一起推动其文创产品开发和营销。

故宫博物院近年的变化也改变了人们印象中高高在上的紫禁城的形象,更为贴近大众。让优秀传统文化与时代审美相结合,实实在在实现了让"文物"活起来。

(**资料来源**:《火到一塌糊涂,故宫文创怎么做到的?》,2019-05-25,乡村振兴与规划设计)

三、分发销售

畅通的渠道链和资金链是文创产品分发销售的关键。文化创意产品只有推广出去,才能赢得消费者的关注,从而达到盈利的目的。渠道是产业链发展过程中的关键,文创产品的脱颖而出和渠道密不可分。在文创产品传播推广的过程中,传统的渠道推广方式已远远不能满足互联网文创产品推广的需求,新兴的渠道分发方式已成为主流,整合渠道和建立新渠道的能力越来越重要。在分发销售中首要要明确营销目标,选择合适的推广渠道并维护渠道运营,制定合理的营销策略来进行推广营销。

【案例5-4】

王者荣耀居然悄悄跨界,你所知道的品牌有哪些?

在短短五年的时间里,王者荣耀已经进行了全方面的发展,在跨界联动上也动作品牌,与许多的国际知名品牌都合作过。

Burberry算得上是风衣系列中的顶尖品牌了,有很多明星都以为Burberry代言为荣,就在2020年的11月2日,王者荣耀与Burberry联动,双方都在官网上宣布了要深度合作的消息,这也让网友产生了遐想,Burberry和王者荣耀的合作究竟是会在Burberry上面推出王者元素还是将会在王者荣耀中推出Burberry元素的皮肤呢?不管是哪一种相信在知名设计师的手下效果都会相当的惊艳。

纪梵希是时尚大国法国的一个知名品牌,曾经有无数网友为纪梵希系列的产品疯狂,而这样一个大牌子在选择代言时并没有选择真实的大明星,而是选择了王者荣耀推出的虚拟男团"无限时尚团"联动合作。王者荣耀在商业领域的影响力有多高从这件事就能看出来。

除了这些以外,还有很多知名大厂都和王者荣耀合作过,像是宝马、M.A.C等品牌绝对都是超一线品牌,看来王者荣耀的商业影响力也确实不小。现在小编很期待更多的一线品牌和王者荣耀合作,看看它们之间究竟会碰撞出什么样的火花。

(**资料来源**:今日头条,http://b9q.net/bvh8e)

四、衍生品开发

文化创意产业链的最大特点是具有衍生性,通过文化创意产业链的延伸,衍生出新的产品市场。衍生品开发已成大势,衍生品要符合消费者的消费追求和个性需要,将不同领域的内容联系在一起实现衍生品生产甚至多次衍生品生产,让文化创意产业在行业间全方位发展,使衍生品的种类越来越多样化。

【案例5-5】

电影衍生品销售火爆 文创"富矿"如何挖掘

今年暑期档《哪吒》火了,在票房最终斩获49.72亿元的同时,《哪吒》电影衍生品也火了。目前,四家官方授权衍生品众筹项目销售额已经超过1 800万元,刷新中国电影衍生品众筹数额纪录。

《哪吒》《流浪地球》等电影衍生品销售火爆,显示出国产电影衍生品市场的巨大潜力。然而,盗版多、官方出品慢、产业链不完善以及少有具有持续影响力的系列品牌等问题,成为限制国内电影衍生品产业发展的重要因素。如何深挖电影衍生品这座文创"富矿",满足巨大的市场缺口?中国电影衍生品产业的发展道路仍然值得深思。

1. 从玩具到主题公园,电影衍生品市场潜力大

【案例】在刚刚过去的国庆档,电影《我和我的祖国》《攀登者》《中国机长》备受关注。除了斩获高票房,三部影片在衍生品开发上也不断发力。《我和我的祖国》选择与国产品牌合作,与ABC KIDS推出"国潮"联名款服装,与联想电脑合作推出定制款笔记本和主题门店,还与中国银联达成线下支付合作。《中国机长》衍生品主打白领消费人群,推出赛嘉电动牙刷、毕加索钢笔等品牌合作定制款产品。而在电影《攀登者》上映前,其官方独家授权衍生品"攀登者·冰镐项链"就率先与公众见面,成为电影衍生品市场的新尝试。

近年来,国内电影衍生品市场逐渐展现出巨大潜力。动画电影《西游记之大圣归来》推出衍生品首日,销售收入就突破了1 180万元;《流浪地球》曾创下国产电影衍生品众筹最高纪录,其预售总额达到了1 452万元。动画电影《哪吒之魔童降世》在七夕当天上线的官方授权手办众筹项目,仅3小时销售额就突破百万。

北京电影学院副校长尼跃红认为,随着《大圣归来》《大鱼海棠》《熊出没》等影视作品和动漫作品在衍生品开发以及模式创新方面取得佳绩,中国影视衍生品产业迎来了快速发展。

什么是电影衍生品?近年来,电影衍生品的概念逐渐进入大众视野。电影衍生品源自电影中的角色、场景、道具、标识等,涵盖了线下增加电影产业下游产值的产品,包括各类玩具、音像制品、图书、电子游戏、纪念品、邮票、服饰、海报甚至主题公园等。

从各大影片推出的衍生品可见,《哪吒》推出的衍生品涉及以电影人物为设计原型的毛绒玩具、零钱包以及海报等产品。《流浪地球》的衍生品则有电影复刻版肩甲头盔、双轴航空模型、MOSS雕像、胸包等产品。除了大众经常接触的玩具、服饰、美妆等产品外,作为《流浪地球》的拍摄地,青岛东方影都成为影迷们的热门打卡地。作为大量中国影视作品

的拍摄地,横店影视城的游客量则更为可观。据官方统计,2018年,横店影视城接待游客量达1 608万人次,显示出影视IP在主题公园衍生品市场上的号召力。

有分析人士指出,一个普通的商品因为有了电影IP的赋值,不仅涨了身价,还有了相对集中的消费群体。从品牌角度来说,电影IP增加了常规产品的人气;从粉丝角度来看,知名品牌推出电影限量版产品,无疑比毫无附加值的产品更有吸引力。在电影下映后相当长的一段时间里,电影衍生品将继续为电影公司、生产商带来源源不断的收益。我国多个地区都把景区建设、全域旅游及电影衍生品紧密结合,如江西定南县依托视觉工业(赣南)创意基地建设,把传统的电影画面运用科学影像体验、奇观影像体验、多元交互体验等技术平台进行情景再造,赋予电影主角和情节全新的视觉、听觉、感官享受,全面提升景区的凝聚力和影响力。

电影衍生品的市场潜力究竟有多大?从国外电影市场来看,衍生品是一座值得深挖的"富矿",为电影产业带来的销售额相当可观。以拥有完整衍生品产业链的美国和日本为例,相关数据显示,在美国,票房收入占电影总收入近三分之一,电影产业总收入的70%来自电影衍生品授权和主题公园等版权运营,是电影票房的2倍多;在日本,衍生品收入约占电影产业总收入的40%。

目前,我国已经成为全球第二大电影市场。2018年,中国电影年度票房突破600亿元,同比增长9.06%。然而,与国外的成熟发展模式相比,我国电影衍生品市场的发展还处在起步阶段,发展空间巨大。据统计,目前国内电影市场收入90%以上来自票房和植入式广告,影视衍生品收入占比不到10%,在衍生品行业还有广阔的市场亟待开发。据中投顾问产业研究中心预测,随着国内电影衍生品市场规模的不断提升,2020年其市场规模有望超过100亿元。

2. 从IP授权到线下销售,构建完善的产业链

【案例】在《哪吒之魔童降世》屡屡创造票房奇迹时,大量未经官方授权的海报、服装、玩具等电影衍生品就已经在网络电商上架。记者在某电商平台发现,一款以哪吒为造型的手工胸针月销售量超过了8 500个;在另一家店铺,一款哪吒造型的钥匙挂件也卖出了5 500多件。官方授权衍生品投入市场前,未经授权的山寨衍生品已经迅速抢占市场,成为当前国内电影衍生品市场上不可忽视的乱象。

《捉妖记》与《大圣归来》热映时,遭遇了同样的尴尬局面。据《大圣归来》官方衍生品开发商、娱猫创始人陶亚冬透露,由于预期不足,《大圣归来》官方衍生品在影片上映后第二天就被"秒爆",因此山寨产品的销量远远超过了官方正品的销量。而《捉妖记》片方由于在前期忽视了对衍生品的开发,在电影上映后,大量未经授权的胡巴毛绒玩具、海报等商品销售火爆。

由于没有成熟的产业链,国内电影衍生品开发反应速度慢,许多片方还停留在"影片火了,再去授权厂家生产"的模式里,单一的授权模式使衍生品在上市时,已经丧失了电影热度优势。同时,粗制滥造的盗版衍生品早已占领市场,不仅使电影官方错失了商机,丢失了大量后续市场收益,也损害了影迷对电影人物形象的好感。

"目前不少国内电影的出品方、制片方缺乏将衍生品产业纳入整体运营框架中的意识,缺乏授权概念,但在美日等影视产业发达的国家,衍生品的开发伴随着整个影视作品的创作和制作过程,甚至在剧本阶段就已经介入其中。"中国电影股份有限公司营销公司副总经理

朱海荣说。

以国外电影衍生品开发程序为例,电影上映前十个月甚至一年,衍生品设计和开发就已经启动,电影上映前两到三个月开始在市场全面铺货。衍生品品牌52TOYS创始人兼CEO陈威指出:"这样才能让衍生品和电影的宣发互相推动,甚至让电影成为衍生品的最大广告。"

衍生品营销环境不充分也是亟待解决的问题。目前,国内电影衍生品售卖的主要渠道包括院线柜台、直销店和电商平台。尼跃红认为,这三类渠道都缺少体验电影的环境,降低了消费者对电影品牌价值和意义的感知力。

尼跃红举例称,迪士尼的衍生品大部分是通过遍布全球的迪士尼主题乐园销售出去的。国内的横店、象山等有一定规模的影视城同样具备得天独厚的销售环境。作为大量影视剧的拍摄地,国内的影视城吸引到的游客络绎不绝,但是却少有影视衍生品售卖。对于影视衍生品的营销而言,可谓是消费资源的巨大浪费。

从当前国内衍生品市场发展状况来看,衍生品行业还需逐渐细分,建立起涵盖授权管理、人才培养、产品设计、生产、线下销售等环节的完备产业链。

"当下比任何一个时期都更加需要建立一个产业联盟。"尼跃红建议,建立一个能够把影视原创资源、创意设计资源、生产销售资源整合在一起的合作平台,能把零散的、分散的信息整合在一起,开展公平有序的竞争,畅通合作渠道,降低投资风险。

"目前大的产业和市场格局已初步形成。"尼跃红认为,从总体上来看,不仅越来越多的影视企业开始重视衍生产品的开发运营,不少互联网企业和品牌商也进军影视衍生品产业的授权、设计、研发、生产、销售等各个环节。此外,一批金融企业开始涉足影视衍生品的投融资,并搭建了具有行业特色的服务平台和运营管理体系,为更广泛的影视产品IP深度开发提供助力。

3. 从单一产品到系列品牌,形成持续影响力

【案例】在今年的国庆档,电影《攀登者》热映的同时,电影官方与泰迪熊展开合作,推出《攀登者》六大角色联名泰迪熊盲盒,登上网络热搜;《捉妖记2》上映期间,积极推进电影衍生品开发和品牌联合营销,从胡巴"幸胡堡"到全国各地的清水镇主题餐厅,片方与麦当劳的大规模合作刷爆了朋友圈;《唐人街探案2》也从"吃"入手,联合必胜客推出衍生品,并结合春节档期主打"家宴"概念,电影的热度从线上延续到线下。近年来,国内电影与衍生品开发商、国内知名品牌跨界合作,配合影片推出定制产品、限量物品、限时消费等衍生品,制造了诸多风靡一时的网络"爆款"。

《大圣归来》衍生品首日销售额超千万元;《大鱼海棠》众筹衍生品两周销售额超过5 000万元;《捉妖记2》仅正版授权的胡巴公仔销售就接近20万件,销售收入超过400万元。在电影衍生品开发上,国内市场不乏大圣手办、联名盲盒、电影"家宴"等具有短时热度的"爆款"。而对标国外电影衍生品市场,我国却少有像星战系列、漫威系列等具备持续影响力和市场号召力的成熟的品牌文化。随着电影下映,许多风靡一时的衍生品在维持了短期销售热度后逐渐退出市场,难以形成品牌的持续输出和收益。

尼跃红指出,中国电影衍生产业目前存在的问题主要有电影IP的影响力不充分,难以在消费者心目中留下震撼的、持久的印象,同时适合开发衍生品的电影不足等。

电影IP的持久性、延展性以及能够跨区域运营,正是许多国外开发运营商打造出成功

的系列衍生品品牌的主要原因。米奇是迪士尼最具代表性的人物形象,也是长盛不衰的系列品牌之一。从1928年的《疯狂的飞机》《威利号汽船》到2017年推出动画片《米奇与赛车手》,在米奇形象创造90多年来,迪士尼对米奇形象进行了持续经营和不断创新。除了不断推出米奇系列影视作品,米奇形象也被开发成众多衍生品,在上海迪士尼乐园,米奇服饰、背包、各类日用品一应俱全,销量可观。通过动画电影不断打开品牌影响力后,迪士尼推出的一系列电影衍生品依次实现了图书等出版物、主题公园、IP授权商品销售等多轮包装和变现。

"影响力是开发衍生品的前提和基础,长线IP往往会集聚数量庞大的受众,其社会影响力也会越来越大。"朱海荣说,对于国内电影而言,最适于做衍生品开发的其实是长线的电影IP,比如已做到第三部的《西游记》系列电影及《捉妖记》等。

在国内衍生品开发行业,"罗小黑"就是获得成功的长线电影IP的代表之一。与推出"爆款"衍生品后就销声匿迹的众多国产电影不同,"罗小黑"系列衍生品稳扎稳打,走出了打造系列品牌的经营路线。2011年《罗小黑战记》动画上线,其衍生品开发商梦之城在表情包、衍生品等领域进行了一系列的IP开发,覆盖了包括漫画、服饰、日常用品、盲盒等多种产品类型。

日前,随着《罗小黑战记》电影版上映,"罗小黑"品牌影响力进一步扩大,并且推动电影衍生品及此前出品的众多系列衍生品热卖。不断打造和推出衍生品的过程,使"罗小黑"IP具有持续的生命力,"罗小黑"也为国产电影打造有影响力的系列品牌做出了有益探索。

中国电影家协会秘书长饶曙光表示:"衍生品的开发,有赖于品牌的影响力,中国电影的规模不断扩大,也在逐渐形成品牌,这个对于衍生品的发展有推动作用。但中国电影的总体规模、公司规模和项目规模都在发展期,在这个方面,我们不能揠苗助长,应该随着产业发展而不断推进。"

(**资料来源**:今日头条,http://b9q.net/bvh8n)

五、消费者体验

在"体验消费"中,消费是一个过程,消费者是这一过程的"产品",当消费结束的时候,留下来的将是对过程的体验——体验另一种身份、体验异域生活,以及体验自身的创造力等。消费者愿意为这类体验付费,因为它美好、非我莫属、不可转让、转瞬即逝。体验消费的方式有多种多样,比较成功的主要有三种,包括直接送用、免费使用、展示试用等。不过,"体验消费"的基础与载体仍是传统的商品与服务,不同的是,这些商品与服务中凝聚了"体验价值",如娱乐因素、文化因素等。

随着居民生活水平不断提高,居民消费从物质型消费走向服务型消费的趋势日益明显。越来越多的人会倾向新的消费方式、购买新的消费商品、尝试新的消费体验,采用新的支付方式。以90后、00后为主的年轻人追求自我价值、标新立异、重视参与和体验的乐趣、敢于接受新鲜事物等特征明显。消费的个性化和多样化催生了诸如电影周边、网红直播、电子竞技等高速增长的细分市场。这些细分市场的市场份额正逐步加大。

【案例 5-6】

消费者体验的四则成功案例

01 台湾古坑蜜蜂故事馆

茂盛蜂业历经三代养蜂事业传承，为了提供令消费者更安心、更优质的蜂产品，于我国台湾省云林县古坑乡成立了"蜜蜂故事馆"。

场馆内结合丰富的蜂产业知识，让大家轻松学会如何分辨真假蜜。

场馆外借由蜂箱体验，带大家了解蜜蜂生态，体认蜜蜂对人类社会之启示，以及蜂产品对健康的益处。

蜜蜂故事馆期许在销售蜂产品之余，也可以让消费者近距离接触蜜蜂，了解蜂农、蜂产业之于生态环境，以及蜜蜂启发人类社会的甜蜜故事。

02 浙江歌斐颂巧克力小镇

歌斐颂巧克力小镇坐落于浙江嘉善大云旅游度假区内，于 2014 年正式对外开放。项目总投资 9 亿元，规划用地 710 亩，建成集巧克力生产销售、文化创意体验和旅游度假休闲于一体的特色小镇，年接待游客 160 万人次。

在小镇内，游客可以透过全透明观光玻璃，观看整个巧克力的生产过程和包装过程，认识可可原豆文化与发展历史、制作过程、巧克力鉴赏等知识。

有多种互动项目，欣赏国外大师精湛手工巧克力工艺和手工糖果表演，还有私人定制、巧克力厨房、小小甜品师等多元化的巧克力 DIY 体验项目。

03 台湾四方鲜乳故事馆

四方鲜乳经营多年，在 2014 年成立四方鲜乳酪故事馆，以一滴牛乳的旅行为主题，打造有关我国台湾酪农产业、鲜乳制程及奶酪相关知识的产业文化馆。

四方鲜乳酪故事馆厂馆内两只大型的乳牛是镇馆之宝，奶酪剧场则公开鲜乳酪神秘制程，传达出我国台湾第一座量产奶酪工厂的质量坚持。

四方鲜乳酪故事馆结合四方牧场的一日游，兼具休闲娱乐与学习体验机能，亦能享用新鲜天然的鲜乳制品与牧场特色风味料理。

04 无锡田园东方

田园东方位于中国水蜜桃之乡——无锡阳山，是集现代农业、休闲旅游、田园小区等产业为一体的田园综合体,关注自然生态和谐,完整呈现田园人居生活。

整体规划分为田园乡村体验为主的文旅群(兼华德福教育基地)、健康养生建筑(居住)群、农业产业项目群等板块。

在项目中包含田园体验旅游业态,以亲子互动体验为主的绿乐园、体现阳山蜜桃农业文化的蜜桃故事馆。

(**资料来源**:搜狐网,https://www.sohu.com/a/336591911_423673)

第三节 互联网对文化创意产业的影响

一、大数据时代下互联网对文化创意产业的影响

(一) 背景

所谓大数据时代,简单的说,就是一个大规模生产、分享和应用数据的时代。它的兴起有着深刻的现实基础。以中国为例,截至 2020 年 12 月,我国网民规模达 9.89 亿,互联网普及率为 70.4%。每天数以千亿计的数据在生成。这些网络数据经历了从记录、分析到利用的衍变过程,成为一种新的经济资产。

所谓文化创意产业,从字面意思看是文化产业和创意产业的结合。它被定义为在工业时代后期,在经济、科技、文化三者相互紧密融合的条件下,以文化、创意、技术为资源和支撑,以人为重要投入要素,以满足人们高层次需求为目的,而形成的产业形式。

在大数据时代下的互联网模式中,事物彼此联系的程度进一步加强。互联网不仅记录着用户的足迹,分析着用户的文化创意产品消费偏好,而且还进一步预测着用户短期内的消费行为。这会对文化创意产业发生深刻的影响。

(二) 大数据时代下互联网在推动文化创意产业发展方面的作用

1. 刺激文化创意产品消费

大数据时代下互联网通过整合创意、技术、人、资本等要素形成了兼容性很强的文化创意产业平台,从而拉近了文化创意企业和文化消费者之间的距离。近年来互联网已经成为文化创意产品消费的重要途径。《2019 年度中国网络文学发展报告》显示,中国网络文学产业自 2013 年市场规模在持续平稳上升,2015 年市场营收规模增长率最高;2019 年,我国网络文学市场营收规模达到 201.7 亿元,同去年相比增长了 26.6%。2019 年,线上网络文学作品累计达到 2 590.1 万部,较 2018 年新增 148 万部,新增签约作品 94.9 万部。

《2021 中国网络视听发展研究报告》(简称《报告》)显示,截至 2020 年 12 月,我国网络视听用户规模达 9.44 亿人,较 2020 年 6 月增长 4 321 万人,网民使用率为 95.4%。在各细分领域中,短视频的用户使用率最高,为 88.3%,用户规模达 8.73 亿人;综合视频的用户使用率为 71.1%,用户规模为 7.04 亿人;网络直播的使用率为 62.4%,用户规模为 6.17 亿人。可以说,文化创意产品的消费规模已十分庞大。并且由于更多的人入网,更多的数据被获取,对网络用户的短期消费行为进行预测分析也变得更加容易。这不仅使不同个体的个性化需求更容易得到满足,而且将进一步增加人们的文化创意产品消费意愿。

2. 重组文化创意产业的运营模式

近年来,网络巨头们开始大举进军文化创意产业领域。比如,阿里巴巴完成了对文化中国的股份收购,更名为阿里巴巴影业;百度旗下爱奇艺成立爱奇艺影业公司;京东金融推出众筹业务"凑份子"。主要面向 3C、IT 及热衷于流行文化的消费用户;腾讯文学在与盛大文学合作之后,2015 年 3 月又与美国数字发行公司 Trajectory 签署合作协议,等等。据不完全统计,2014 年在互联网企业对文化企业并购中至少有 1 600 亿元资金涌向了文化创意产业。这些数据使我们有理由相信:未来的文化创意产业将以互联网为主体平台,其运营模式将发生很大的改变。对于互联网用户而言,影视、戏剧、文学、动漫、游戏等不同领域跨界衍生的现象已成为常态。通过各领之间相互融合,"互联网+传统文化创意产业"将成为一种新的运营模式,这种模式将在不断的创新融合中实现产业价值的最大化。

3. 改变文化创意产业的营销方式

互联网企业对文化产业的渗透来势汹汹,大数据时代下"互联网+文化创意产业"的模式也必将改变产品的营销模式。在大数据时代下,一方面,企业应积极使用互联网技术开展与电商的广泛合作,通过建立健全网络平台,对接线下营销的方式进行线上线下的双向合作;另一方面,企业要与时俱进,加快营销方式多样化的步伐,对游戏营销、精准营销、SNS 营销等新型的营销策略善加利用,健全企业营销网络。以游戏营销为例,游戏营销是指将游戏化思维模式运用到企业的营销过程中去,通过游戏化的方式吸引消费者的眼球。这种营销方式有利于增强文化创意产品营销的效果,进而成功实现营销。

4. 开创文化金融融资新模式

融资问题是各行各业都存在的重要问题,如何拓宽融资渠道是文化创意产业持续发展的关键,在互联网平台上,众筹、股权投资等新的文化金融模式正在出现。

根据《中国众筹行业发展报告 2018(上)》,截至 2018 年 6 月底,全国共上线过众筹平台 854 家,其中正常运营的 251 家,下线或转型的 603 家;运营中平台的类型分布为:股权型平台 80 家,权益型平台 75 家,物权型平台 48 家,综合型平台 34 家,公益型平台 14 家;2018 年上半年共有 48 935 个众筹项目,其中已成功项目有 40 274 个,占比 82.30%;2018 年上半年成功项目的实际融资额达 137.11 亿元,与 2017 年同期相比增长了 24.46%;2018 年上半年,成功项目中融资额排名前十的股权型项目及权益型项目的融资额均超过 2 000 万元,最受投资者欢迎的十个项目的支持人次均超过 5 万人次。

(三) 大数据时代下互联网对文化创意产业的不利影响

大数据时代下的互联网用户信息透明,用户隐私遭到侵犯的现象时有发生。目前公众对将用户互联网浏览足迹、购物记录等数据进行销售或利用这些数据与企业进行有针对性的合作这种行为持有很矛盾的看法。一方面,有针对性的销售,使得消费者可以更加便利地获取想要的信息,从而缩短浏览搜索的时间;但另一方面,消费者则认为:将其行为、爱好在不经过他们允许的情况下透露给企业,侵犯了他们的隐私权。文化创意产业在利用大数据背景发展的过程中,也难免会遇到这种问题,而这无疑会对企业发展产生某些负面影响。

大数据时代下知识产权保护问题形势严峻。在大数据时代下,音乐、文学、影视等文化创意产品的版权保护不到位、抄袭盗版等现象时有发生。知识产权保护是文化创意产业持续发展的灵魂,文化原创者的知识产权得不到保护,会打击文化创意企业的发展积极性。大数据时代,互联网企业既要不断创新商业模式,实现基于正版内容的合法盈利,也要发挥企业责任积极打击盗版。

二、技术与艺术融合加速

社会发展水平越高,艺术与科技的联系就越紧密。利用技术可以大大提升文化元素与艺术的表现力,也可以提升和放大对文化艺术感受的丰富性、体验性、深刻性与敏锐性。技术与艺术的融合极大地满足了人们内在艺术审美的多样性。越来越多的不同领域的企业已经关注二者的融合应用。比如,在电影的创作中,技术与艺术的融合,让观众更加"直观"于现象,缩小了电影与现实的距离感,无限接近地利用人的感知去体悟人眼前的诸多"现象"。

从文化与科技融合的数字文化产业角度来看待文化产业的发展模式,无疑需要注重转型与创新。跨界化的转型是文化与科技融合成果及其将文化产业成果应用到制造业的一个重要领域。文化产业增长出现了许多新领域,比如说会展、创意设计和农业文化产业等。在这些领域里可以以文化产业带动传统产业,如制造业等,也可以用动漫、影视的数字化和技术创新等来反向带动传统的旅游产业。在未来的发展中,文化跨界将成为重要的发展趋势,影响制造业升级和文化产业领域中的方方面面,并催生出新的商业模式。

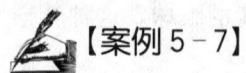
【案例5-7】

让VR创客教育走进高校

在传统的高校教学中存在以下几个问题:第一,教师是课堂的中心,学生是聆听者,被动式接受知识的灌输;第二,学习的载体是书本,学生通过看书、背书、做练习题来学习,有部分学科会通过做实验来掌握知识,但并不是主要方式,这样学习的知识不能灵活运用于实践;第三,教学的目的重在学习的成果,检验成果的唯一标准是考试成绩。学生的能力考核方式单一,提升学生最重要的动手制作能力受限。

针对传统教育面临的以上问题,锐扬科技提出了VR创客教育的解决方案:

(1)自主研发VR核心技术。目前市场上的大部分VR内容制作都是基于UE4、Unity3d等游戏引擎,制作成本与学习成本过高造成了目前整个教育行业VR内容的匮乏。锐扬自主开发的引擎是围绕设计行业需求而设计的,因此让用户能更加快速高效地设计出自己想要的VR作品。VR空间设计软件,锐扬针对室内设计、建筑设计等空间设计类专业开发了款VR设计软件,其最大的特点就是可以快速地把学生的3D作品转化为VR作品,并可在自己创作的虚拟空间中进行漫游交互,摆脱了传统教学中学生创作过程的枯燥性与单一性,提高了学生的学习兴趣与创作能力。

(2)VR教学硬件。锐扬科技自主研发了易秀互动平台,该平台可应用于室内场景漫游、设计作品沉浸式展示、建筑外观多维度表现、师生教学互动等。既实时与虚拟场景进行交互,又解决了实际教学中虚拟数据难于交互、难于理解、难于修改的问题,能更好地满足实际教学需求。

(3)VR创客教室是以VR教学互动硬件为载体,以VR空间设计软件为支撑,集合VR

一体机硬件、VR教育操作系统、VR教学课程以及创客服务平台。按知识为主的教育环境与依提设取实际经验和能力为主的生产现场环境有机结合起来,从而实现快出人才、出好人才,实现产学共同发展的目标。

三、产品消费增速

随着互联网的发展和人们生活水平的提高,人们的消费也日益增加。越来越多的人们走进电影院看电影,在线付费观看视频等,人们愿意为文创产品埋单。互联网提供了文化创意产业的平台,通过整合企业、创意、技术、人等要素,拉近了消费者与文创产业之间的距离。文化创意产品的消费规模越来越庞大,对消费者的消费行为进行预测分析不仅可以使消费者的个性化需求得到满足,而且还会进一步增加人们对文化创意产品的消费意愿。

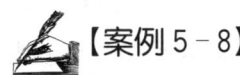【案例5-8】

口碑铸就票房　继续扛鼎市场

2019年岁末,中国电影评论学会组织学界专家评选出了"2019年十大国产影片"。在这十部影片中,既有《流浪地球》《我和我的祖国》《中国机长》《攀登者》《哪吒之魔童降世》等由主旋律电影升级而成的"新主流大片",也有《少年的你》《地久天长》《撞死了一只羊》《红花绿叶》等具有较高艺术价值和观众认可度的中低成本影片。专家们对2019年的中国电影做了深入分析与多方位的回顾,认为新主流大片已经成功晋级,良好的口碑铸就了票房效益。未来,新主流大片还将继续扛鼎市场。

1. 主流价值观与类型美学的深度融合

2019年,中国式大片领跑影坛,满足了观众对中国式大片的期待。在片单中,"新主流大片"数量几乎占据了一半,可以看到学者们对该类影片的创新有着一致的共识。

"新主流大片"是将主流价值观与类型美学进行对接而成的主旋律大片,在主题层面将中国主流价值观进行了多元化与深度化的表现,在形式层面进行了类型化的书写表达,在制作层面实行了重工业模式。其中,类型美学的引入和对主流价值观的新诠释,既增加了电影的观赏性,又增强了主题内涵的思辨性。

"新主流大片"经过前几年的发展,美学特色日臻成熟,再加上在新中国成立70周年的特殊历史节点上,2019年中国的"新主流大片"数量上呈现出了较大的增幅,影像风格显现出了美学创新。首先,2019年的"新主流大片"不止以宏大叙事来进行国家叙事,而是集中于以普通人的情感体验与当下的观众建立情感上的共鸣,用小切口来表达国家话语。例如,《我和我的祖国》采用情感化和伦理化的表达,以集锦形式从不同角度展现了中国人对共和国的深厚情怀,满足了不同观众的情感需求。电影《中国机长》亦没有采用宏大叙事和刻意的情感渲染、灾难营造,而是使用普通人的情感体验来完成故事讲述。观众在这部电影中,看到的更多是整个民航业平凡人做的平凡事,用微小的工作细节体现出保障每架飞机安全起落的专业素养。而电影《攀登者》则以情感注入历史资源中,使得国家话语从概念性的宏大叙事升级为可感的、温暖的共享价值。剧作中的爱情线完成度虽然不够完美,但却以这种普通人的情感体验方式,完成了家国情怀的书写。

2. "新主流大片"成为提升艺术品质的主体力量

电影观众的整体审美水平不断提升,主流观众在换代,欣赏趣味已经产生了明显差异,但共同的是他们对优秀作品的期望值更高了。2019年的"新主流大片"可以说满足了各年龄层观众的期待,让主流电影类型更加丰富,题材更加多元。例如,《流浪地球》选择了科幻类型,而"带着地球去流浪"的创意,全然不同于西方科幻电影叙事的文本逻辑,凸显出了中国科幻电影的独特性。《哪吒之魔童降世》的动画类型,则具备了动画电影所应有的超强想象力。《中国机长》以灾难作为主类型进行创作,《攀登者》塑造出了较为少见的登山类型。这些多样化的类型营造,表明"新主流大片"不止于战争、动作类型,而是适合于各种电影类型。

2019中国电影"新主流大片"交了一份很好的答卷,它用市场的方式,大众喜闻乐见的情感方式,满足了观众的情感需要,在创作力和想象力方面有了新的提高。不过,与"新主流大片"艺术质量上升的趋势相反,2019年的主流商业大片却不尽如人意,总体上呈现出类型元素营造力的枯竭,动作、喜剧等类型元素显得陈旧,叙事缺乏新意。

无疑,"新主流大片"已经成为国产电影提升艺术质量的主体力量,在2020年也将被十分期待。与此同时,一般商业类型大片亦不能继续沉寂,作为国产电影的另一主体,这类影片在类型元素的创新、叙事能力的创新等方面应做出更多的努力。

3. 中小成本影片用温暖现实主义装点着多样化市场

2019年国产电影中的中小成本方阵,规模有了扩大,艺术质量也都有了不同程度的提升。2019年,主旋律电影与市场电影的对立被打破了,艺术电影主流化,主流电影艺术化。这一年,中小成本电影继续延续现实主义精神,选择和观众距离最近的朴素情感沟通方式,讲述当下中国发生的"本土故事"。这与"新主流大片"以普通人的情感体验与当下的观众建立情感上的共鸣、将个体人物命运和国家命运结合起来的特色具有相通性。

与此同时,青春题材电影的创作不再停留在对青春的回忆和纯粹的理想化表达上,而是在传递主流价值观的基础上,真实反映年轻人的青春生活、反思社会问题。例如,《少年的你》探讨了原生家庭和社会现实问题,这样的"全民议题"使得观众在观影的同时完成了和作者共通的情感体验。其他写实题材的文艺片,也具有这样的情感体验性和共通性。《地久天长》通过刻画普通人,对中国社会变迁进行了深邃而细致的表达,为现实题材影片注入深切的人文关怀。《红花绿叶》《过春天》《过昭关》等现实题材影片,既有生活的质感,又有对基层民众情感的真挚表达,在平凡中蕴含着动人力量,凸显了人性的温暖与善良,书写着爱的主题,装点着多样化的市场。

2019年,中小成本的国产文艺片实现了创新,得到观众的进一步响应,也反映出了当代观众的审美取向。这样一种趋势,既增强了电影创作者对文艺片创作的自信,也增强了中国电影的艺术自信和创新动力。以写实精神表达体验,成为2019年度中低成本电影的显著特点,但全年没有出现类似《我不是药神》的现实主义力作,因此还存在着较大的提升空间。

与此同时,2019年中低成本国产类型片如悬疑和喜剧类型的创新性稍显缺失。这些影片或故事过于陈旧,或主题过于教化,或形式过于刻意而缺失内容品质,最终失之观众。因此,在未来中国的类型片创作层面,应当在叙事和类型元素的营造上打破以往常规,实现创新。

(作者:赵卫防,系中国艺术研究院影视所副所长、研究员,中国电影评论学会秘书长)

四、运营模式重组

网络巨头们开始大举进军文化创意产业领域,比如,阿里巴巴完成了对文化中国的股份收购,更名为阿里巴巴影业。百度旗下爱奇艺成立了爱奇艺影业公司,京东金融推出了众筹业务"凑份子"。腾讯文学在与盛大文学合作之后,又与美国数字发行公司 Trajectory 签署合作协议等。未来的文化创意产业将以互联网为主体平台,其运营模式将发生很大的改变。对于互联网用户而言,影视、戏剧、文学、动漫、游戏等不同领域跨界衍生的现象已成为常态。

【案例 5-9】

阿里巴巴文化娱乐集团

互联网平台充分参与到了文娱内容的生态链上游,互联网的特性打通了单屏到多屏、全屏乃至无屏的展现方式。在大数据的广泛应用下,娱乐内容颠覆了人们的付费习惯和交互方式。在此背景下,2016 年 10 月 31 日,阿里巴巴文化娱乐集团正式启动筹建,俞永福出任阿里巴巴文化娱乐集团董事长兼 CEO。

2016 年 9 月,阿里大文娱宣布阿里音乐原董事长高晓松已出任阿里娱乐战略委员会主席,宋柯就任阿里音乐董事长,杨伟东兼任阿里音乐 CEO,这也标志着历经三个月的"经脉打通"之后,阿里将音乐作为大文娱板块的核心业务。2017 年 3 月,合一影业并入阿里影业,双方成立艺人经纪公司,为影视及相关内容合作提供人才。并且还将联合优酷、阿里文学共同出资开发网络大电影。同月,阿里游戏召开战略发布会,正式宣布将全面进入游戏发行领域,并上线发行业务。拿出 10 亿元资金助力游戏 IP 生态发展,并与阿里文学、阿里影业、优酷联手推出"IP 裂变计划"。

目前,大文娱板块包括优酷土豆、UC、阿里影业、阿里音乐、阿里体育、阿里游戏、阿里文学、阿里数字娱乐事业部。几次调整下来,俞永福的大文娱思路已经非常明确了,即一方面不断地调整业务结构,使其更条理化、效率更高;另一方面不断地布局,将业务辐射到上下游,从而形成一个健康的生态系统。

2017 财年阿里季度财报显示,由 UCWeb、阿里音乐、优酷土豆等组成的阿里巴巴大娱乐板块,正在成为继电商业务、云计算之后的新主营业务和核心收入来源。截至 2016 年 12 月 31 日,数娱业务收入达到 40.63 亿元人民币,同比增长 273%。中国文化娱乐产业正处于发展的黄金时代,互联网平台充分参与到了文娱内容。

五、营销方式升级

在互联网时代下,文创产业的营销模式要进行升级才能不被淘汰。文创产业公司一方面要积极使用互联网技术,开展与第三方的广泛合作,实现线上和线下的双向配合;另一方面要不断更新营销方式,与时俱进,对新型的营销策略加以利用并试图建立新的营销策略,健全企业营销网络以持续保持竞争优势,立足于市场之中。

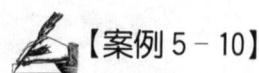

【案例 5-10】

视频网站精品化和年轻化启示录

作为全球第一的电视剧生产和播出大国,伴随着电视和网络媒体两股力量从竞争走向融合,中国电视剧产业正在进入一个前所未有的快速发展时期。其中,近几年才兴起的视频网站自制剧因屡屡出现热度爆棚的现象级作品(如《太子妃升职记》等),成为一颗冉冉升起的新星品类。近日,腾讯视频年度网剧《鬼吹灯之精绝古城》更以首日 1.7 亿次播放量和截止到今天(2016 年 1 月 22 日)28.3 亿次播放量的表现,引起了行业热议。

1. 《鬼吹灯之精绝古城》大火背后,自制剧成行业大势所趋

到目前为止,《精绝古城》在腾讯视频 TV 端 App"云视听极光"的表现也相当不俗。作为付费内容,《精绝古城》上线不到一个月的播放总量已远超《芈月传》《锦绣未央》等免费热门大剧的月播放量。而纵观整个网络自制剧品类,近年来都呈跳跃性发展态势。根据第三方机构新传智库发布的《2016 年网络自制剧行业白皮书》显示,2016 年前 8 个月上线的 23 部自制剧,已吸引了 238.67 亿次播放量,这意味着自制剧在全网剧集占比 28.71% 的情况下收割了 82.43% 的视频播放量,形成了惊人的引流效果。而另有数据显示,2015 年网络自制剧的数量由 205 部增加到 379 部,增幅达 85%,2016 年同比增幅仍有约 30%。可以说,自制剧正在成为电视剧与线上视频行业必须重视的一股不可压制的潮流。

2. 互联网营销,"精准+聚合"成自制剧进击的双引擎

不难发现,在自制剧所向披靡的背后,互联网营销传播的推动作用不可小觑,甚至可以说是互联网营销的威力加倍放大了自制剧的魅力。在我看来,自制剧通过互联网营销的过程中,主要需把握三个重要的节奏:用户发现、用户触达和内容传递。以上文提到的《鬼吹灯之精绝古城》为例,其出品方腾讯视频在这三个节奏的把握上做到了一流的水平。

3. 影视 IP,新时代的营销革命

(1)自制剧作为一种商品,首先要做的是定位目标消费人群。90 后、00 后年轻群体正在成为网剧的消费主力,腾讯视频通过与 360 搜索引擎掌握的海量用户行为数据相结合,就可以针对性地做出目标受众用户的画像,进而通过行为链大数据分析实现高效转化,在知己知彼的基础上成为满足这一群体喜好的好网剧。

(2)看得见的营销,触达你想要的观众。定位目标用户群体之后,如何做好流量获取,更精准、全面地覆盖目标人群则成为网剧能否火爆的关键。《鬼吹灯之精绝古城》的营销就通过与用户渗透率 96.6% 的互联网公司 360 合作完成的,360 利用送下的搜索、导航和影视三大入口在 PC 端和移动端占领了优质流量入口。

(3)营销传递的内容是第一生产力。作为连续剧,必须持续不断地拉升热度才能避免收视率陷入高开低走的局面。通过创意内容持续调动观众注意力和热情就是最佳方案之一。同样以《鬼吹灯之精绝古城》为例,作为周播剧,其播放间隙意味着热度间隙,而腾讯视频此次选用了 360 品牌直达专区进行内容的推广,创新性地用大视觉广告素材配合大展示资源的方式,通过与剧集情节、明星相关的大视觉素材,利用观众对剧情及明星的高度关注,

定制吸睛的广告内容,提升广告观感,吸引观众持续追剧,帮助补充流量,让播放间隙的热度保持居高不下。

4. 围绕影视IP,互联网营销的关键作用

事实上,自制剧之所以受到各方热捧,一个内在的原因是其天然具备的IP潜力。正如上文所说,视频网站就是通过自制剧打通产业链条,打造垂直一体化的泛娱战略格局的。而围绕影视IP打造这一核心,互联网营销可以通过以下两个方面大展拳脚:

(1) 精准定位目标受众。推送广告给IP易感人群这一优质用户群体。仍然以《鬼吹灯之精绝古城》为例,作为国内最大的影视流量枢纽,360影视就借助大数据和云计算技术,将《鬼吹灯之精绝古城》宣发精准触达粉丝群体,如内圈喜欢盗墓探险题材的观众、剧中演员的粉丝和外圈爱好新奇刺激的观众。

(2) 影视IP的商业变现。互联网营销可以以用户为导向,针对用户个性化需求推送产品广告、会员服务等,实现IP的商业价值。值得一提的是,在打造IP商业模式的同时,互联网营销手段仍需要尊重用户的行为习惯,《鬼吹灯之精绝古城》的合作方360影视就覆盖了用户PC端及移动端的行为入口,契合了用户观看的行为习惯。

总的来说,拥有流量入口、先进技术和更接近用户群体这几个特点的互联网营销已经越来越重要。不局限于网络自制剧领域,包括游戏、文学、动漫等整个泛文娱领域的IP打造都离不开互联网营销在台前幕后的传播推广。互联网营销正在引领线上+线下产业的新一轮行业革新,谁能率先做好互联网营销,谁就能在日益激烈的行业竞争中笑到最后,让我们拭目以待。

(资料来源:《自制剧与影视IP新时代,不可或缺互联网营销的革新之力》,微信公众号科学的fan,2017-01-22)

 拓展阅读

网红指的是在社交平台上具有一定量的社交资产,并且有能力将这些社交资产变现(变现方式通常包括广告与网红电商)的人。作为一个还在试水阶段的新兴的产业,网红产业链可以从上游、中游、下游进行解构。

1. 产业链上游——自我孵化环节

(1) 小型垂直社交平台。在整个产业链中,小型垂直社交平台,如天涯社区、豆瓣、知乎等,往往是潜力网红们引起关注并自我推广、积累粉丝、自我孵化成小型网红的摇篮。

长期混迹于小型垂直社交平台的朋友们都有体会,由于某些人在某领域具有特殊才能或特殊气质,在发布信息或回帖互动的过程中逐渐受到信赖、赢得追捧,随着关注人数的逐渐增多,他们便会完成从量变到质变的飞跃,成长为小型网红。

(2) 大型综合社交平台。由于专业性或功能性的小型垂直社交平台的日常流量相对有限,初具雏形的小型网红为了持续提高自身知名度,必然会转战大型综合性社交平台奋力一搏,以期在更大的舞台以网红身份长期活跃。

2. 产业链中游——导流及变现环节

网红经纪公司与网红的合作,标志着网红正式进入变现阶段。网红经济公司的运营模式如下:

(1) 寻找签约现有的合适网红。

(2) 组织专业团队维护网红的社交账号。网红经纪公司需要定期更新吸引粉丝注意的内容以及保持与粉丝的互动以维持黏性,使网红能够吸引粉丝点击相关店铺链接或者关注网红推广的产品。

(3) 组织生产。利用其供应链组织生产能力为网红对接供应链渠道,将其在网上宣传的产品进行实体生产。

(4) 提供相关电商店铺的运营管理。网红经纪公司通过在网上店铺销售网红宣传产品的方式将网红社交资产进行变现。

网红经纪公司存在的意义在于最大化地挖掘网红的商业价值。一方面,充分利用网红平民化、廉价以及精准营销的特点,以网红宣传代替原有的中心平台广告进行产品宣传;另一方面,以团队运作的方式帮助网红持续培育海量粉丝,再向相应的电商平台以及网红店导流,完成社交资产的商业转化。网红经纪公司伸出橄榄枝固然是好事,意味着网红从此如虎添翼,走向PGC(Professionally-generated Content,专业生产内容),但如果运作不得当,也有可能对网红产生负面影响。比如,团队对网红形象把握不到位,从而削弱了网红个性的不可替代性,导致跑粉,或者团队过于以功利性为导向,偏重于导流和产品宣传,引起粉丝反感,等等。因此,在产业链这一环节,网红不能过于依赖经济公司的团队支持,自己在内容的产出和调性的把握上一定要保持主导作用,维护自身标签的独特性,维持人格魅力。

3. 产业链下游——销售及支持环节

随着电商平台、品牌商将交易转向网红,网红所依托的社交平台将产生更多的产品展示以吸引更多的顾客浏览。移动社交电商将通过无缝对接社交平台的方式导入越来越多的客流量,迎来越来越多的产品交易,从而实现传统电商平台网购的去中心化,缓解天猫平台抽成、平台引流广告费用与日俱增的压力。

然而,虽然网红经济因其时尚性、独特性和高效性提升了供应链的效率,缓解了品牌商库存高、资金周转慢的问题,但与此同时也对产品供应链提出了较高的要求,希望对接到能够灵活应对下游消费者的需求,随时生产、随时发货且能保证产品高品质的供应商。因此,许多品牌上市公司也想借助已有的成熟供应链体系参与到网红经济环节之中。在产业链下游,决定网红成败的已不是网红的人格魅力,而是代表着网红人格魅力的产品的质量是否对得起消费者的信任,以及产品供应的速度是否跟得上消费者的需求。

(**资料来源**:小储:《吃透产业链,成为网红不是梦》,天方燕谈,2016-04-01)

【思考题】

1. 网红经济为什么会出现?
2. 网红产业链有哪些主要环节?
3. 如何才能打造一个成功的网红?
4. 你了解网红产业链中的创业公司吗?请分析其在产业链中的位置及其价值。

第六章
内容创意和生产

 **本章导读**

随着软件和硬件的升级和整个生态的完备,追求随心所欲创作的人们有了更加强大而不可或缺的工作利器,终于迎来了创意设计的黄金时代。根据资料显示,全球有20亿的网站和超过30万亿的网页,安卓和App Store的应用数量超过900万个,共有3 000多万内容创造者。在中国,每分钟有1万多条视频上传,而总个数还在不断增长。那么,什么是所谓的内容呢?内容创业的难点是什么?内容创业将呈现哪些新业态与新趋势?内容创业者如何把握创业机会?本章将一一进行解答。

 教学目标

1. 了解文化创意产品及其特点;
2. 了解文化创意产品的生产方式;
3. 掌握内容创业的关键点;
4. 了解内容创业的新业态与新趋势;
5. 熟悉内容创业的几种类型;
6. 发现内容创业机会。

 **开篇案例**

学艺之路与你相伴

全国每年参加美术艺考的人数占高考总人数1/10,总人数将近一百万。相对于高考人数逐年减少,艺考生的比例却呈上升趋势,这与艺考对文化课分数要求低、录取比例高有很大的关系。每年每个艺考生在特长培训上支付的学费在30 000元人民币至180 000元人民币不等,平均为50 000元人民币。其中,学费占比为60%,约35 000元人民币;相关材料购买占比为8%,约4 000元人民币;艺考期间住宿、餐饮、娱乐、交通及其他方面的消费占比为12%,约7 000元人民币;其他交通娱乐占比为10%,约5 000元人民币。再加上艺考生在时尚领域的消费要求较高、审美品位要求较高,因此相关服务领域的市场份额也不容小觑。

2014年,全国美术艺考生人数超过90万,占高考总人数的1/10。艺考生必须在高三上学期进行至少6个月的集中培训,而且需要离开文化课学校外出寻找专业艺考美术培训的画室,其中60%以上的学生会离开原本所在城市进行集训学习。因此,选择省会或一线城市高质量、适合自己的美术培训机构对学生来说是至关重要的一件事。

考生高二下学期选择画室时会遇到如下问题：

（1）画室内幕不明。上千画室大量聚集在省会或一线城市，学生和家长面对海量宣传广告无法辨识画室教学水平、师资力量、组织管理和历史成绩的内幕，因此如何辨识出优质的画室是学生和家长面对的最大的问题。

（2）目标学校匹配的画室。每个画室由于师资的差别，对不同学校考试科目的培训擅长项有所区别，因此学生在选择画室时需要针对自己的目标学校进行选择。

（3）后期没有保障。当学生花高价到画室学习后，如果中途发现画室与自己的目标不匹配而想要退学费、画室教学管理疏忽导致学生联考未通过等问题出现时，个人相对于机构来说处于弱势，因此能否得到后期保障是家长和学生最需要关注的。

为了让美术艺考生在高二下学期进入艺考集训前选择画室时，能够选择从师资、教学到管理都优秀并且适合自己的画室，"艺伴"聚集了全国优秀画室的录播和直播教学资源，为广大美术艺考生提供高质量的线上学习资源，帮助艺考生更方便地获取艺考学习资源进而提高学习效率，全面了解画室教学和教研实力，从而选择更优质的画室。同时，艺伴与清华大学美术学院、中央美术学院等知名学府的教授、招生办公室一起为学生们提供学习和报考的指导。艺伴在官方认证的QQ空间为学生提供优质的教学视频，帮助学生快速方便地获取艺考美术教学资源；在艺伴美术学习QQ社群为学生们提供答疑、点评、直播课的服务，帮助学生顺利地度过考学过程中艰难的时段；线下组织学生励志游学，参观北京优秀画室、清华大学美术学院和中央美术学院教学实验室、国家博物馆、798艺术区等北京艺术氛围浓厚的励志游览胜地。

艺伴核心功能：名师直播授课、画室教研资料库、画室真实场景展示。名师直播授课：通过第三方付费，针对高一、高二美术艺考生的线上直播课堂。学生可以通过听不同画室主教、主管老师线上的公开课了解画室的教学水平；画室老师也通过讲课与学生互动来充分展示画室。画室教研资料库：公布各大画室内部教学视频资料、教研材料，在吸引高一、高二学习美术的艺考生进行免费学习的同时也将画室的教学实力展示给学生。画室真实场景展示：通过将画室环境和硬件基础设施进行分类规整，学生和家长可以直接根据自己的需求搜索和选择目标画室。

艺伴线上通过SNS社交网站推广开发微信公共平台，主要用于：一是销，即推送与艺考相关的信息资讯，积累第一批潜在用户；二是数据获取，即作为mvp（最小可用原型），通过推送符合项目核心价值——做艺考生贴心管家——的内容，验证用户对产品需求程度；三是分析用户，即对用户操作使用习惯数据进行分析，探索用户需求的信息内容。此外，在艺考生活跃度高的平台上对艺考生关注度较高的内容进行推送和传播。在花瓣网、站酷网、pinterest、LOFT等文艺类网站上投放艺考/艺术相关信息，在人人网、微信朋友圈、QQ空间、微博等可以即时通信交流的社交应用上投放艺考信息、特长教育等相关内容。

线下根据考生需求决定宣传方式：一是发放印有Logo和二维码的可塑橡皮、铅笔、扇子、画笔等物品；二是根据考生活跃地点决定宣传地点，例如，北京的798艺术区、望京、五道口、北京城市学院是艺考培训机构和艺考相关商家密集地段；三是推出艺考知识讲座，即与培训机构协商免费以讲座形式为考生普及考试相关知识，同时也展现出产品"做艺考生贴心管家"的核心价值；四是请经历过艺考的经验人士线下面对面地帮助考生定制合适的艺考生活和考试安排。

艺伴主要有两个盈利途径：一是广告品牌合作。与优秀的艺考培训机构、专业器材商家、针对性服务的酒店餐饮商家等进行品牌合作，在方便考生接收信息的同时为商家推广品牌，从而为产品的生存谋求生机。二是提供增值服务。培养用户使用习惯，提高用户的转移成本。用户下载后 7 天内可以免费获得高校考表、最适住宿、最适餐饮的信息，依此安排自己的考试日程；7 天之后用户依然可以自行安排日程，此时高校考表、最适住宿、最适餐饮的信息需要付费获取，因为高校的考试信息在艺考期间的更新频率为平均每天更新 3~6 个学校。

大学在校生席梦颖创办的北京圣显教育科技有限公司从 2015 年 4 月开始运营，截止到 2017 年 6 月已取得不斐的成绩：全国高中美术生社群人数超过 8 万人；线上公开课 340 余期，平均听课人数 10 000 人/次；教学短视频累计 86 节(430 分钟有余)，最高曝光量超过 1 400 万，最高点赞量超过 7 万；2017 年 4 月，超级会员武汉 2 家、河南 2 家、山西 2 家、广州 2 家。艺伴的目标是：伴随美术生成长，学艺之路少走弯路，将优秀画室的优质教学内容传播出去，让全国艺考美术生都能够免费在互联网上接触到行业内最优质的教学资源、通过互联网能够跨越地理因素的限制跟行业最优秀的名师学习。

【思考题】
1. 美术艺考生是一个有价值的细分市场吗？为什么？
2. 艺伴是如何为美术艺考生提供高质量服务的？
3. 艺伴为什么要做社区？社区运营的价值在哪里？社区运营的难点是什么？
4. 艺伴的变现途径是什么？有没有其他途径？
5. 艺伴的创业路径是什么？
6. 你能找到垂直市场的创业机会吗？

第一节　文化创意产品的特点

一、文创、产品及文创产品的含义

(一) 何为"文创"

狭义地讲，文化即指受到某群体广泛认知，并形成群体思想与行为系统的精神与物质内容。"创意"是创造意识或创新意识的简称，以创新的方式(主要以美术、文学、音乐等艺术方式)对原有内容进行再解读与创造"。文创的概念：为基于具备广泛受众并系统化的文化主题，通过创新的方式，进行再解读与创造(即创意转化)的行为过程与相关产物。

(二) 何为"产品"

产品的狭义概念，指一种具有特定的物质形状和用途的被生产出来的物体。产品的广义概念，则指一种能满足人类某种需求和利益的物质实体或非物质形态的服务。

(三) 何为文创产品

文创产品是源于文化主题经由创意转化，具备市场价值的产品。文创产品又有广义与狭义之分，狭义的文创产品是符合"文化主题＋创意转化＋市场价值"三个特点的物质化产品,而广义的文创产品同样符合"文创产品"定义三特点的任何能够满足人们需求的物质实体与非物质形态的服务。

二、文创产品的分类

根据上文归纳的"文创内容""产品载体""结合方式"三个基础作为分类的条件将文创产品分为两大类。

(一)"一体型"文创产品

"一体型"文创产品以"文创内容""产品载体""结合方式"的融合作为核心点。"一体型"文创产品指的是某种文创内容与其对应的产品载体及结合方式,以特定的关系结合为一体,同时,其中的文创内容脱离此种关系的产品载体后无法独立存在,或无法再次与其他广泛的产品载体进行结合,因此"内容、载体、方式"三种条件形成了特定"一体化"关系。

此类文创产品,多以产品载体特性出发,其中文创内容则需根据载体特性以特有方式融入载体,其所体现的文创内容与结合方式的创意,作为此类"文创"价值核心。而此类产品中的"文创内容"往往难以展现在其他领域进行拓展应用。

例如,杭州 G20 期间杭州文化主题文创餐具"西湖盛宴"。以杭州西湖文化为背景,创作出工笔兼写意的画面(文创内容),再以创意方式巧妙应用在餐具结构上,并将"三潭映月"中的石塔形象创意设计在半球形的尊顶盖结构上(文创内容与结合方式),通过中国独有的江南文化与瓷器产品进行创意的艺术结合,整体展现了中国江南的文化气韵。但是,"西湖盛宴"这套文创产品中的文创内容与结合方式很难以同样方式应用于其他产品载体上,因此归类于"一体型"文创产品类型。

图 6-1 一等奖的作品"徽派文化便签纸"

再如全国旅游纪念品设计大赛,将徽派建筑的元素与水墨艺术的风格进行融合作为文创内容,与便签纸这种载体进行结合(见图 6-1),以特殊工艺效果作为文创内容与产品载体的结合方式,因此亦归类于"一体型"文创产品。

(二)"IP 衍生型"文创产品

"IP 衍生型"文创产品以"文创内容"为核心,辅助"结合方式"作为核心特点。阐释"IP 衍生型"之前,需要对"文创 IP"加以定义。IP,即知识产权,指权利人对其所创作的智力劳动成果所享有的财产权利。

因此,本文中所提出的 IP 特指以文创的方式所创造的"文创 IP"。那么"IP 衍生型"即从"文创 IP"创作内容特色出发,衍生应用于市场现有产品载体上,结合方式基本以在产品载体原有形态上进行表面结合(如通过印刷、雕刻等工艺),应用方式不改变产品载体原有特定结构。

例如,清代皇家文化"故宫猫"主题品牌文创中以皇帝与猫的形象进行重构(见图 6-2),以国

图 6-2

际性流行的配色,设计成 IP 形象,进而以此 IP 形象作为"文创内容"的公仔、文具、手机壳等。

三、文创产品与创意产品的区别

顾名思义,前者被称为"文化创意产品",这比后者更为重要。参照"文化创意产品"的定义,我们可以区分二者。例如,"五神河亲"吉祥物形象荣获"昭苏县旅游商品创意设计大赛"金奖,世界流行的"机器人猫"动画形象也通过时尚的设计方法进行了创新性的改造(见图6-3)。前者来源于中国外交史和文化——"被某一群体广泛认同,形成了一套思想和行为体系"的文化,所以我们称前者为"文学创作"形象,后者为创造性形象。

同样经过时尚的设计方法进行创意转换,前者来源于中国外交历史文化——"受到某群体广泛认知,并形成思想与行为系统"的文化,所以我们称前者为"文创"形象,而后者为创意形象。

图6-3

四、文创产品与旅游纪念品的区别

在很大程度内,文创产品以旅游纪念品方式进入市场,由于本土文化往往以旅游业进行传播,所以当下多数情况源于"本土文化"的文创产品具备旅游纪念品属性,可理解为旅游纪念品的一种,也是近几年旅游纪念品行业的生力军。而旅游纪念品,还包含着传统的各类具有本土化特色的产品,如手工艺品、土特产礼品等(见图6-4、图6-5)。

图6-4

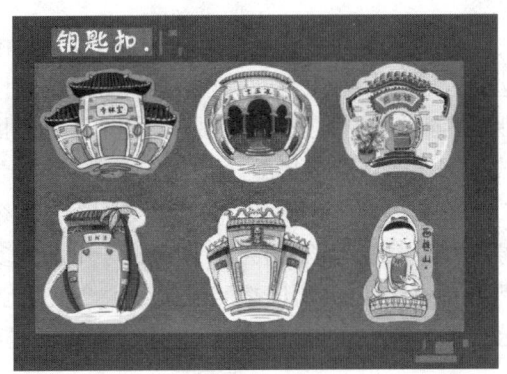

图6-5

五、文创产品与艺术衍生品的区别

下文将提出文学作品的分类,其中"IP衍生"文学作品可以理解为"文学内容"作为衍生作品的核心,部分艺术衍生作品相互交叉。我们可以简单地将艺术衍生分为"直接衍生"和"创造性衍生"。当艺术作品本身充满"文化"时,"创意衍生"产生的产品与"创意产品"相同。当"直接衍生"类型的艺术衍生品,或者当艺术本身在本文中没有"文化"的概念时,艺术衍生品就不能被定义为文创产品。

浙江云野有限公司旗下分公司——集闪设计创作事务所，目前已服务过上百家企业和景区，采用最简单的设计方式，最直观的设计理念，创造出独特的文创产品。

第二节 文化创意产品的生产方式

文化创意产品的生产方式是指生产文化创意产品的过程中具体使用的方法，具体有生产过程中的思维方式、生产材料、产品定位以及生产指向等方面表现出来的综合性特点。根据这些具体指标，文化创意产品的生产方式可以分为作者性生产方式、配方式生产方式和再生式生产方式三种。

一、作者性生产方式

作者性生产方式就是由文化创意产品的作者来进行生产的生产方式。这是一种个人化的文化生产组织。所谓个人化有两重含义：一是以某一个核心人物为中心和主导的文化创意产品生产单位；二是在其文化生产及产品中具有与众不同的个性化追求的组织。目前最典型的组织形态就是各种以导演为核心的摄制组、独立制片公司；以创作者为核心的图书、音乐、动漫工作室等。

作者性生产方式的主要特点是崇尚自我，追求个性与创新性。本质上可以说它是对文化创意产品的研发。在作者性生产中，创作者的作用尤为突出，他不一定是个创作者的个人意志发展，整个产品乃至整个团队的走向都会被这个创作者所掌控。

二、配方式生产方式

配方式生产方式主要是指大众文化产品的生产方式，顾名思义，就是按照一定的配方来进行文化产品的生产。与作者性生产方式相比，配方式生产方式生产的是模式型的、反复复制的、同类型的大众文化产品。这里的配方指的是产品在生产过程中对题材、立意、表达方式等因素的组合或搭配。

前文提到文化创意产品要有创新性，那么为什么又要按照配方来生产呢？这是不是相悖了呢？其实不然，因为这个配方是许许多多久经商场的生产者们总结出来并且得到了消费者有效认证的，所以按照配方来生产文化创意产品能够确保其在市场上畅销，是其商品性最好的保障。可以说文化产业的繁荣离不开配方式生产。

配方式生产方式主要有三个特点：一是不再以生产方面的创造性人才为核心，而是由市场型的经营者掌控整个团队的命脉。在目前的文化创意产业中，电影的制片人、歌手的经纪人地位不断上升就是这一点的体现，好的经营团队才能带出优秀的作品。二是整个组织有齐全的生产销售部门和细分的生产销售环节，因为整个生产过程都相对程序化，所以产品的销售就显得格外重要，也因此销售环节的配重会比别的部门大很多。三是这种类型的组织多具有一定的垄断性，因为在这种情况下，往往公司越大，越容易形成规模经济。比如，美国好莱坞的大制片厂在电影行业中基本处于垄断的地位，而它出品的电影大多都是一样的配方生产出来的作品。整个组织的管理者，一定是整个组织精神和灵魂的象征。

【案例6-1】

好莱坞是怎么"套路"观众的?

《阿凡达》4K版重新回到了院线上映,这对于很多老影迷来说无疑是一个好消息,很多好莱坞经典影片确实是值得在大银幕上重温的,尤其是在设备和技术越来越好的情况下,往往能给我们带来新的体验。

但不知道你有没有发现,近几年的好莱坞类型片是越来越让人看不下去了,这其实是好莱坞在真诚地"套路"我们。这是怎么回事呢?我们来一起看看《贾行家·文化参考》的课程主理人贾行家老师是怎么说的吧。

电影是一门生意

对有理想的电影人来说,做艺术还是做生意这是个问题。而对大公司则不是问题——电影必须是生意,真正的问题是,如何提高确定性?那么多的投资砸下去,后果要是不确定就太可怕了。

60年前,20世纪福克斯为了追鸿篇巨制的风潮,不惜血本拍了一部效果极致的《埃及艳后》,结果是没算准票房,搞到几乎破产,从此元气大伤。

到了2019年,福克斯终于被迪士尼收购了,让这一年迪士尼的全球票房达到了131.5亿美元。

细看的话,这个空前的成绩未必代表全行业的繁荣,倒是显示了电影业的风险偏好度究竟有多低。

这131亿里有100亿来自7部片子,是从《复仇者联盟4》到《星球大战9》,没有一部原创,全都是热门续作或者漫威这样的成熟IP翻拍。

这在行业里叫"预售电影",就是事先锁定了一部分粉丝底仓,还可以发展周边的产品。

二三十年以来,原创剧本在好莱坞都不大好卖,福克斯当年下重注的《阿凡达》,因为导演是拍过《终结者》《泰坦尼克号》的卡梅隆,而且它虽然在类型片里属于情怀之作,也是符合好莱坞套路标准的,给了投资人一些确定的票房预期。

我们也不能过于指责好莱坞唯利是图。正常年份,如果电影上映的第一周票房收不回大部分成本,情况就会很危险,就算是"预售电影",赚钱的概率也只有五五开。

果然,2020年至今,所有的数据都是失灵的,就算是未来回暖了,电影公司还要学会和奈飞这些流媒体平台共处,这又是一个巨大的不确定性。好莱坞大片的套路越来越僵硬,不是因为缺少创意,是越来越犯不起错误了。

我不喜欢那些套路,但是我非常希望国内的电影业能在变化到来之前,赶紧把这些手段学会学全。

我的想法其实不矛盾:艺术家鄙视商业化的腐蚀,影迷们渴望看到真诚之作,然而艺术想活下去,得先有繁荣的商业作基础。

电影人想找到投资,先得让投资人看到拍电影这件事是能赚钱的,先得让大家有走进影院的习惯。

我说个怪论:中国的好电影不够多,除了导演们嘀嘀咕咕的那些因素,也是因为中国电影还不算真正的商业化。

好莱坞有哪些套路？

我们不妨来看一看,好莱坞几十年发展出来的工业规则具体是怎么"套路"我们的。

从创作流程上,或者更准确地说,从生产流程上来看,好莱坞的体系相当完整。所有和电影有关的元素都有模型和分类,一切东西都在尽可能地标准化,这样才能建立预估体系。

首先,我们这些观众就是被划分好了的,不是按那个分级指导制度,而是按照花钱买票的能力。

最常见的方式是以25岁的年龄和性别为界,划成四个群体,也就是四个象限。

其中最重要的是25岁以下的男性观众,这部分人群是最愿意花钱进影院的,他们还会拉着别人一起去,他们是预测票房的主要指标。

像我这种中年男观众,如果不是孩子非要看,一般都是懒得到影院里去挤的。

我觉得好莱坞的电影不够好看,因为那根本就不是给我这个年龄的人拍的。我这种懒人恐怕是流媒体平台的目标用户。

好莱坞编剧写剧本有一个原则,如果主角是中年人,那就尽可能把年龄改到二十多岁,观众想看的是和自己同年龄段的角色。

讲这些好莱坞套路的书里,有一个很有名的系列叫《救猫咪》,前后出过3本。作者斯奈德不算是什么大牌,他只卖出过一些剧本。真大牌更爱写回忆录,不愿意像他这样一五一十地讲套路细节。

他说:谁要能写出四个象限的观众全都喜欢的电影,那就中了大奖了。而且这类合家欢题材的电影成本一般也不会高,取景可能都不出一个街区,今年的大热门《你好,李焕英》就是这类四象限电影的典范。

但是正常情况下,编剧还是要在细分市场里选择类型的。

我们对类型片的概念,是科幻片、喜剧片这样的分类。而编剧们的分类方法不一样,他们有个很难定义的词叫"高概念",它的意思很模糊,是一种观众共鸣的强度。

比如从项目一开始,编剧就得问自己:"我这个故事够不够原始?"

原始是什么?就是人最基本的那些需求和渴望,像生存、饥饿、爱情、安全感,反正是以马斯洛模型最下面那两级为主。

今天一提恐怖片,影迷们喜欢说克苏鲁神话里的那句"人类最古老、最强烈的情感是恐惧;而最古老、最强烈的恐惧,是对未知的恐惧",觉得这样的电影才够高级,可是为什么这类题材的电影不多呢?

别忘了电影公司的老板是有多讨厌未知。那些大卖的恐怖片、灾难片的"高概念"体现得比未知要简单得多,就是一句话:别被吃掉。

这才是人最原始的本能,你害怕未知还不是因为怕它能灭掉你吗?从《大白鲨》到僵尸类的电影,都从这句话里来。

别把大众想复杂了,剧情要建立在所有人都能理解的基础上。

无论电影里用多复杂的素材,是核物理还是高等数学,角色的动机和欲望都要足够原始,拍一部电影讲华尔街的经纪人如何操控国际证券市场,他的动力不是金融博弈,而是人要努力生存下去。

一些经典的编剧书,像坎贝尔的名作《千面英雄》,都有各自的故事类型划分,大部分是按人物动机、冲突和结构来分的。

而斯奈德的分法很直接,就是故事里打动观众的那个点到底是什么?

所以很多我们想不到的电影都被他分到了一类,比如布鲁斯·威利斯主演的动作片《虎胆龙威》、"二战"历史片《辛德勒的名单》、爱情灾难片《泰坦尼克号》居然被他算成了一类。

因为那个点都是"陷入困境",也就是设定一个关乎生死的难题,把主角放进去,让他战胜自我。

刚才说的《大白鲨》的类型叫"屋里有怪物",还包括一些动作片、科幻片、战争片——他的意思是,怪物来了,别被吃了,这就是这个类型打动人的地方。

《指环王》的类型叫"金羊毛",顾名思义,大家保护或者争夺一样重要的东西,就像是在看一场足球赛,总得看个输赢胜负。

至于推理悬疑类型,他有一个很不错的洞察:其实没有人在意凶手是谁,大家真正关心的是,凶手为什么要作案?——这还真是一些电影容易犯的错误。

符合了类型之后,还有一些需要满足的要件要求。比如,这本书为什么叫《救猫咪》?

它是一个编剧案例:当一个人物出场的时候,你必须要让他先做点儿什么,让观众对他产生感情,比如人物从树上救下来一只猫咪,观众就会立即建立对他的好感。

斯奈德写书的时候,安吉丽娜·朱莉主演的《古墓丽影2》票房惨败。他有一个专业的意见:在朱莉出场的时候给她设计个救猫咪的情节,远远比让朱莉隆胸丰唇,砸几百万美元设计新紧身衣好。

一句话说清一个故事

在创作环节,这些简单明确的方法有一个初步的形态:整个故事要能用一句话清楚地说出来。

"一句话故事"是好莱坞的硬通货,制片人每天要听上百个提案,给到编剧经纪人的时间可能就是在电梯里的几十秒,在这一句话里你要说清楚:主角是谁,要对抗什么,面临什么危机。能让投资人感觉到故事的高概念和市场靶向,生意就成交了。

这也值得我们学一学,不管你的提案多复杂,都可以试一试能不能用最简单的话概括它的核心特征,像一个钩子一样勾住对方,对方有兴趣,你再把它向下拆解和细化。

比如《虎胆龙威》的一句话故事就是:"一个警察来洛杉矶探望与他两地分居的老婆,结果老婆上班的办公大楼被恐怖分子给占领了。"

这句话里既包含着悬念、困境,还有一种反讽,这个警察自己的日子都一团糟,却不得不面对最危险的敌人。

当这句话出口的时候,听的人停下脚步,转头问你:"后来呢?"那可就成功一半了。

为什么有些电影叫好却不叫座?因为它既不是高概念,也很难划入类型。

我很喜欢诺兰早期的电影《记忆碎片》,它的叙事结构很特别,而斯奈德说:这种片子是绝对要赔钱的,没几个人愿意大礼拜六晚上还去电影院里看一个存在主义的个人困境。

不过,我还是喜欢这种无法定义的电影,它们虽然让我空虚,却没有让我虚度岁月。

如果你想在周末反对一下好莱坞的套路,那我推荐一部科恩兄弟编导的《巴顿·芬克》,他讲的就是一个编剧如何被好莱坞的老板们折磨的故事,相当费解,但是也相当高级。

它还和美国文学界有瓜葛,片子里有个到好莱坞淘金的老作家,是一个酒鬼,他自己写不出剧本,是让情人代笔的。

我第一次看的时候吓了一跳,这个老作家的造型活脱脱是1949年诺贝尔文学奖得主福克纳——虽然科恩兄弟始终不承认。

当年好莱坞的报价,是菲茨杰拉德、福克纳这样的顶级作家没法抗拒的,和今天中国的情况有点儿像,只是小说家不掌握这套工业化规则,合作结果不尽如人意。

不过,只要是可以选择拒绝的时候就没有必要仇视,烂俗的市场手段并没有禁止卓越,它可能倒是艺术的土壤。

我更喜欢怪杰导演大卫·林奇的态度:假如电影人既不忠实于电影,又没有卖出个好价钱,那不就是失败了两次吗?

(**资料来源**:搜狐网,https://www.sohu.com/a/459923474_158423)

三、再生式生产方式

再生式生产方式就是指文化产业中对人类历史上已有的文化资源进行再利用而生成新的文化产品的生产方式。其最主要的特点就是将文化资源产品化。

世界上每一个国家和地区都有自己的文化资源,但是能将自己的文化资源转化为市场上的文化产品并用商业运作来赚钱的国家和地区并不多。一些发达国家就十分重视本国乃至他国的文化资源的再利用,以此来开发新的文化产品,扩展文化市场。比如,芬兰将圣诞老人的发源地作为本国文化产品之一发展旅游业的行为就属于再生式生产。

再生式生产方式主要在于挖掘已有文化资源的新价值,但是一般挖掘文化资源的价值仅仅只是一个起点,随后怎么将其包装创新才是重点所在。目前市场上主要有两种做法:一是以现代创意整合文化资源;二是用现代商业机制支撑文化资源的产品化。

以现代创意整合文化资源就是给传统的文化资源赋予全新的理念或者当代精神,主要方式有三种:一是在一个现代创意下将相关文化资源进行有机结合,形成新产品,这种方式在目前的旅游行业中很常见,比如桂林的《印象·刘三姐》,就是由张艺谋导演,在"中国第一部大型山水实景演出"的创意下,将刘三姐的文化资源进行有机结合而创作出来的;二是在新构故事中融入文化资源元素,使新产品更具文化底蕴和商业价值,比如前几年很火的《甄嬛传》就融入了清朝时期的服装文化、礼仪文化、餐饮文化、建筑文化和宫廷文化等,从艺术细节上完善整个新作品,受到观众的欢迎;三是对文化资源进行再创造,这种方式更为直接,在历史原型上进行适当的艺术加工即可,如《铁齿铜牙纪晓岚》。

而用现代商业机制支撑文化资源的产品化就更为直接了,主要是在产品的营销环节上按照现代商业运作的方式进行运作。事实上,文化资源的产品化的商业支撑也是多方面的,如国家的文化体制改革、文化资源知识产权属性的变更和公平竞争的市场环境等。只有多方面进行有效配合,才能共同烘托出一个良好的市场氛围,从而促进文化资源产品在市场上的繁荣。

第三节 内容创业的几种方向

2015年,自媒体迎来发展元年,内容创业风口大开,很多机构开始跟风甚至设立专项,直投"新媒体"。在新媒体的运作下,2016年资本市场开始逐渐关注内容创业,优质的内容能够让创业者获得投资人的赞赏与融资。那么优质的内容都分为哪些呢?

一、(商业)人物报道

之所以选择人物报道,尤其是商业人物报道,是因为一切商业都是围绕人转的,商业和人是分不开的,不管科技怎么进步、信息多么发达,终究是以人作为连接点的。需要注意的是,我们这里提到的人物报道是区别于现在的一些自媒体的,不是为了填充版面、扩充栏目、赚个软文的稿费,而是实实在在地做出一些内容,越垂直越好。

首先,这样的人物必须有一定的故事,能够代表某一部分群体,以及这个时代的某一部分特色。其次,最好的表现形式是"视频+文字"。最后,我们必须有自己的立场和价值观,比如想给读者传递什么、定位是什么等。

二、运营干货培训

这个方向很早就被证实过,如社群培训、网红培训、微商培训、文案培训、自媒体培训等,基本上已经有了非常成熟的体系,招几位讲师,搞几次策划,再联合一些媒体,做起来不是特别困难,干货的市场需求是最旺盛的,哪怕把百度文库翻新一遍,还是有市场的,实在不行还可以在群里卖PPT。很多做培训的粉丝都达到了几十万人,而且还有一些拿到了风投,这大概就是商业价值吧。

三、短视频、直播

这的确是一个很好的方向,每天发布一个3~5分钟的专业视频,只要你有强烈的表达欲、过人的表演天赋、超强的内容策划能力,最好还有才貌与智慧并存的气质,甭管什么papi酱、罗辑思维,用不了多久就会被超越。眼球经济追求的就是"新、奇、特",想想刷朋友圈为什么诱人,和这个道理是一样的,因为它每分每秒让你看到的都是不同的"风景"。越原生的内容就越吸引人,因为一个乐于展示自己的人是一个容易让人接近的人,如果他传递的是一种真诚友善的价值观,则无疑会让他的人格更富有魅力。

四、付费问答

本该是知乎做的事情,未来很可能会被微信抢滩,虽然微信上的UGC(用户生产内容)参差不齐,但相比于知乎要大得多,一旦微信开启付费阅读和竞价回答的知识共享,很多优质的作者一定会乐意参与,只是中间少了一个类似知乎这样的平台。如何将问题和专业的人员进行匹配?相信以后的专业知识只会越来越贵、越来越有趣。

这是一个非常大的创业空间。在今天这个"互联网+"时代,尽管机会、泡沫、焦虑与风险并存,但毕竟是个前所未有的美好时代,内容创业的启动键一旦开启,创业者就应该忘记这是条风雨兼程与荆棘满布的艰辛之路,而应该沉浸其中享受并参与时代赋予的美好征程。

内容创业者需要自问的三个问题是:是否有优质内容的制作能力;是否有精准用户的获取能力;是否有品鉴事物的审美能力。

跳出传统媒体的三界,其实还在内容产业的五行中。

第四节 "互联网＋"内容创业

一、内容创业

在互联网时代,文化创意产业的核心就是内容。内容就是在文字、图片、语音、视频,以及图文混合等原创内容的基础上,通过现有的平台(微信、微博以及各类媒体平台)进行传播,并拥有一定的受众。因此形成的商业行为,就被称为是内容创业。

现实生活中内容无处不在,互联网使得内容生产越来越独立,并且越来越市场化。这里的内容指的是所有自主知识产权的内容创作和知识生产,包括文化、艺术、科技、教育课程和游戏娱乐等。比如,知乎大V在知乎上写的专栏长文是内容,papi酱上传到网上的视频是内容,就连网易出品的手游《阴阳师》也是内容。这些内容的生产在互联网时代与载体脱离了直接的依附关系,变成了可以独立运行生产的部门。以视频制作为例,过去的制作团队必须完全服从电视台的需求,但因为互联网渠道的出现,视频制作团队可以成立自己的工作室,制作出影像作品,再进行多平台同步分发。当内容生产方拥有独立控制权之后,商业模式也可以自行探索,这就是互联网时代下的内容创业。

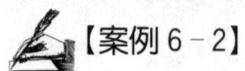
【案例6-2】

从夏天到冬天,"乐夏"IP为什么还在火?

今年夏天,《乐队的夏天》这档节目的成功出圈,让乐队文化走进了无数观众的视野,《乐队的夏天》也成了时下最热的音乐综艺大IP。并且《乐队的夏天》全国巡演,南京、成都、郑州、武汉、上海、深圳等站,预售票开票仅几分钟便售罄。这就不得不让人思考对其IP的长效运营和背后的价值挖掘。

综艺收官即结束?IP的长效运营值得关注

综艺领域从来都是热门IP的制造机。"超女""跑男""好声音"……这里每一个家喻户晓的IP背后,都是足以代表一个行业鼎盛时期的经典综艺。但当我们把它们拿来与《乐队的夏天》做对比时,我们也发现,他们在内容搭建的体系和延伸上有着非常大的区别。

对于这类传统季播综艺来说,节目模式就是一切。所以我们在"超女"身上记住了"PK",在"跑男"身上记住了"撕名牌",但是如果要问观众对具体哪一期节目中的哪一段节目内容印象最深,恐怕任何一个观众都很难快速给出答案。而这些爆款季播综艺总结出的成功经验,也导致了IP的打造和价值挖掘往往局限于每一季的节目内容本身,这就导致错过了很多在节目内容之外的机会,或者说忽略了对IP的长效运营所蕴含的价值。

因此,完全以节目模式为一切的传统季播综艺,往往收官即结束。而无法像《乐队的夏天》一样,在节目收官后还能够在节目之外的演唱会上收获持续的影响力和价值变现。

从夏天到冬天,IP长效运营的源头在哪里

传统季播综艺只看重节目模式的做法,忽略了IP的长效运营,错失了更长的生命周期所能带来的巨大价值。所以要想实现 IP 的长效运营,就需要在其他节目元素(或者叫内容元素)身上找到突破点。

《乐队的夏天》的节目模式是乐队竞演——模式类型上其实与选秀没有特别大的区别。但是《乐队的夏天》邀请来的各种不同风格、不同类别,以及知名和不具名的乐队,恰恰共同组成了最丰富、最戏剧性的节目元素。这也是节目能够顺利"出圈",甚至能够脱离节目模式实现 IP 独立的重要原因。

《乐队的夏天》邀请的新裤子、反光镜、刺猬、痛痒等一批中国青年乐队,自带观众和影响力。加之不同风格、不同类型的乐队聚集到一起,首先就为节目奠定了数量可观的观众基础。这些乐队作为节目内容的核心来源,也决定了每一部分的内容都能够准确击中至少一部分观众的内心,从而在"乐队的夏天"这个 IP 下频繁产生共鸣,塑造了 IP 多元的内容印象。

此外,IP 要想做到长效运营,"出圈"必不可少。不难想象,如果《乐队的夏天》没有"出圈",那么最终也只会沦为一场粉丝在线自嗨的音乐节。所以《乐队的夏天》在成功塑造 IP 的同时,还借助话题乐手等内容素材,在已有的受众之外形成话题传播、扩散影响范围。如此就使得 IP 的影响力脱离了节目本身,在节目收官之后仍然能够保持影响力。《乐队的夏天》巡回演唱会的票房表现,也证明了这一点,票房即市场认可。

IP 长效运营的价值对当下行业的特殊意义

对于节目观众们来说,爱奇艺平台的《乐队的夏天》能够入选 2019 百度沸点年度关键词、巡回演唱会门票场场出票即售罄,或许并没有什么值得意外的。但是,对于综艺领域甚至是内容领域来说,《乐队的夏天》在 IP 长效运营和价值挖掘上的实践却是非常值得研究的。

今年以来行业形势并不乐观。新增综艺节目的制作数量首次出现负增长,与此同时,广告主们也因为受经济大环境的影响,大幅削减了广告投放的预算。不论是 IP 塑造还是单纯的节目制作,没有内容变现保障一切都是空谈。所以,当前综艺制作行业所面临的关键问题是如何在内容价值和内容变现之间实现效果最大化。

这个问题如果按照以往季播综艺的成功经验,恐怕就只有通过在内容中不停地开放更多商务权益,以及制作综艺大电影来解决,但最终的结果是直接导致 IP 的价值和影响力被透支。

从广告主的实际需求来看,他们当下更乐于投放能够在当季形成话题并成为爆款的节目。此外,广告主对于综艺营销的需求也从节目内扩展到节目外,品牌的营销思维也已经从整合营销升级到全链路思维,除了在不同内容载体上实现品牌传播,更希望与真实受众进行沟通甚至转化。比如麦当劳与爱奇艺出品的《中国有嘻哈》深度合作,在内容投放之外,还改造了多家线下嘻哈主题店面。《奇葩说》中更开发了冠名客户及电商渠道带货新合作,带动了江小白、海澜之家等线上售卖。爱奇艺推出的《乐队的夏天》这一类能够"出圈"的综艺节目,无疑已经具备了在节目之外拓宽品牌传播和销售转化的能力。

从《乐队的夏天》的身上,我们看到了 IP 脱离节目模式后,仍然具备独立的影响力和内容价值。这一点对于当下的广告主来说,恰恰是最难得的。

(**资料来源**:http://news.tom.com/201912/4055212830.html)

二、内容创业的机会

(一) 网络视频、音乐正版化运营加速

作品的版权在文化创意产业中越来越受到重视,之前在互联网上广为流传的测试重点内容——视频和音乐也开始正版化运营。以网络视频为例,网络视频正版化运营加速主要在内容获取与内容运营两个方面。内容获取主要包括版权采购、内容自制与 UGC 内容。

视频采购,在优酷、乐视、爱奇艺、腾讯视频这些网站没有爆发之前,也就是五六年前,一集电视剧的价格是两万元,好的电视剧一集十万元以上。随着移动联网的发展,人们接触内容更加方便,随时随刻都能看到信息、接触内容,中国的内容产业也有着明显的进步,电视剧、电影的收入因为网络渠道的发展而迅猛增长。

互联网公司除采购版权外还在做内容自制。各大互联网公司组建视频制作团队自己生产内容,并放在自己的平台上用来增加自己平台的流量。

用户上传,这种模式通过点击量与网络平台分成,实际上带动了更多的内容制作和创作。

在内容运营上,广告投放、付费订阅等模式不断创新。运用传统渠道时,大家关注的是一部电影有多少票房、院线收入是多少,而运用网络渠道时,大家更关注会员包月、单片付费等,比如会员包月可以观看完整的高清视频,而单片付费的话,花几块钱即可以观看想看的内容。

音乐也是如此,为付费用户提供差异化服务的付费会员模式,单曲或者专辑数字销售的付费下载模式,以及通过直播间、秀场等方式将音乐变成娱乐的部分的音乐社交商业模式,这些实际上都会带来收入。

随着各家资产巨头之间的利益之争逐渐深入,视频、音乐网站不断加大版权投入,正版音乐曲库、正版视频库已经形成产业规模,既成了渠道方,也是版权方。

(二) 以 IP 为轴心的泛娱乐开发

从影视化到改编游戏,再到周边产品开发,IP 越来越受到影视行业和资本市场的追捧。诸多基于热门小说改编的影视项目,让 IP 市场愈发火爆。所谓的 IP 就是"一鸡多吃",即一个 IP 有各种炒法。IP 一般都是写出来或者画出来的,如小说和动漫等。相较于国内以 IP 为轴心的泛娱乐趋势,国外的泛娱乐可能发展得更加成熟,如众所周知的漫威超级英雄系列。现在,国内的 IP 改编者已经开始逐步进行融合,比如从动漫文学走向影视剧、电影甚至游戏和舞台剧等。

国内的 IP 案例最多的就是网络文学。经过近些年的整合,网络文学的 IP 形成了几个内容源中心,网络文学平台日益成为内容生产、分发和粉丝互动的核心。基于粉丝经济对于网络文学内容进行关注和跟进,再衍生到影视、动漫、游戏和线下产品,实际上从创作源头就已经对后续一系列的泛娱乐产业开发铺好了路。比如,国内最受好评的动漫巨作《秦时明月》已经从最开始的《秦时明月》动漫衍生出秦时明月手办、秦时明月手游、秦时明月大电影等 IP 改编作品。不过,目前国内很多厂商都盲目地抢 IP 与囤 IP,再利用 IP 不断圈钱,这些破坏性开发行为严重地损害了 IP 本身。成熟的 IP 运营创作的核心部分是创作中的世界观、价值观、文化和哲学方面的工作,创作者需要将整个工作的大部分时间和资源砸在这上

面。与国内强调故事人物的思考方向不同,国外的 IP 具有非常良好的延展性,只要它有价值,则完全可以在原 IP 人物的基础上进行延伸作品。

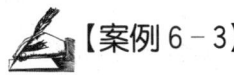【案例 6-3】

《庆余年》影视 IP 营销启示录

《庆余年》大火背后:对上了年轻人的胃口。

《庆余年》作为一个网剧,自然以年轻网友为主力受众,之所以能够大火,某种程度上也是因为抓住了年轻人的胃口。

1. 金句频出,玩梗无处不在

在关注上头的剧情的同时,剧中演员一本正经地搞笑,金句频出,加上出现的各种有趣搞笑的梗,无疑是锦上添花之举,正对上了广大年轻网友的胃口。

譬如众多的谐音梗,药丸、高达、肖恩,等等。

这些谐音梗不仅逗乐了网友,更进一步引发了网友对 IP 内容进行重新解构和探索的热情。

接地气的现代话术,加上各种人物的表情包创作,正契合了泛 95 后观众的审美情趣,进一步放大了 IP 相关的社交传播效应。

2. 传递的价值观符合当代青年诉求

作为一个穿越剧,《庆余年》讲述了"现代思想与古代制度的碰撞"的故事内容,其实本质是价值观的碰撞。

而主角范闲作为一个现代穿越到古代的人,人设始终秉持着"找到自己想做的事,为自己而活""人人平等"的自我意识和现代观念。

还有女主林婉儿,虽生在古代,却是妥妥一枚独立女性,择偶观巨正。

"要娶我,靠圣上下旨不行,借我夺皇室财权不行,我要嫁的人,只有一个条件,要我心里喜欢。"

这些令人称道的三观,正符合当下年轻人的价值观和审美诉求。

就像去年火爆的魏璎珞"天生脾气爆,不好惹"一样,观众已经厌恶了古装剧中卑微懦弱的玛丽苏情节,对这种不按套路、独立自主的角色更加能产生认同感。

《庆余年》正是用古代的视角烛照了现代的价值观。

3. 令人磕到上头的 CP

磕 CP 让人快乐,现代的年轻人喜欢磕 CP 几乎到了丧心病狂的地步。而《庆余年》的编剧及其营销显然深谙其道。

各种花式组 CP,令人磕到上头,甚至还产生了微博热搜话题#庆余年 CP 大赛#,譬如,范闲和滕梓荆的兄弟情谊就让很多人满足地表示嗑到了。

还有张若昀和郭麒麟,从戏中的角色 CP,到戏外的合体,让观众从戏中磕到戏外,每次都能引发讨论。

《陈情令》为什么能从国内火到国外,CP 营销的功劳功不可没。同样的,《庆余年》的 CP 营销也是长在了年轻人的审美上。

写在最后

总之,《庆余年》算是具备了爆款的各项条件,观众无论是简单的追剧、磕 CP,还是想从中获取情感共鸣、价值认同,它都呈现了一个良心剧的必备素质。

此外,《庆余年》从原著大 IP 出发,套用基本的爆款公式,进行了爆款预定,同时,用现代人喜闻乐见的表达方式去呈现。

最后,通过一步步建立口碑和好评,展开了全方位的 IP 营销和话题营销,剧方和 UGC 双向联动,带动了 IP 热度和关注度持续走高,同时,也给观众打造了一个沉浸式体验氛围。

可以说,《庆余年》的 IP 营销,为当下的影视寒冬提供了一个全新的启示录。

(资料来源:今日头条,http://b9q.net/bvhgy)

(三) 精准、协同生产和个性消费

典型的例子是新闻的获取,原来是报纸印什么就看什么,后来可以在网上搜索想看的内容,现在平台会通过大数据挖掘对用户关注的内容进行精准定位和推送。又如,Netflix 根据平台用户的兴趣偏好拍摄了《纸牌屋》,并在商业上大获成功。

这种模式在消费方面也是一样的,包括音乐、文学和视频平台,都可以做到精准的个性化的消费,通过使用大数据技术,及时抓住用户对一部剧或者其他内容的反应和喜好。比如,在腾讯的天天快报等一系列精准定位的新闻平台上,你看到的第一屏信息基本上都是你最需要、最习惯看的内容。

另外一个就是协同生产,比如创立于 2001 年的 Wikipedia,强调自由内容、协同编辑,仅仅用十几年时间就以超过 450 万篇条目位居百科全书之首,而且全部内容皆为网友志愿贡献的。其中的许多现象与问题是值得知识产权界的专家学者和企业界共同关注与研究的。

(四) 优质、专业的内容才能为王

只有优质的内容才能在未来的内容创业竞争中占据一席之地。根据近几年自媒体涌现的各种内容可以发现,平台缺的从来都不是内容,而是优质的原创内容,是有态度的精品。因此在未来的互联网内容创业中,只有优质的内容才能为王,而优质的内容一定是专业的团队来创造的。散兵游勇的自媒体饱和后,行业会面临大洗牌,自媒体集团或成趋势,类似于吴晓波频道和旗下各大账号。单线作战的影响力远远不及以点带面的产品矩阵搭建的品牌影响力。网红的孵化也是如此,经济公司在内容产业领域,精准的生产、协同的生产和个性化的消费已经成为现实。最会签下多个不同风格的网红打一套"组合拳"来增强影响力,如 SNH48。一个现象级网红的走红或许有运气的成分,但要红很长时间都不过气,则是背后的专业团队精心策划与包装的结果。因此,工业时代制造标准化产品、打造完整产业链的需求又会出现。将眼光缩放到文字工作者这样一个小众的专业领域来看,只有少部分人能靠个人力量经营好一个公众号,而且只有全能写手才能做到。但这种形式不会成为"内容创业"的主旋律。未来只有专业团队创造的优质内容才能真正为王。

第五节 文化创意内容创业的类型

一、小说文学类文化创意产品

小说文学类文化创意产品主要指的是网络文学,现在网络文学的传播比传统纸质媒体更为广泛与便捷,也更容易形成互联网内容创业的产业链。而所谓网络文学,就是以网络为载体而发表的文学作品,其本身并没有一个明确的界限,可以小到一条微博、一篇散文,也可以大到长篇小说或者连载文学。虽然本身没有明确的定义,但是应该注意的是网络文学所具有的特征并不是局限于所传播的一个媒介,更重要的是这样一个文学载体在网络传播之中形成的一种写作特征和行文方式,符合现今网络文学作品应当具有的商业化价值。

网络文学分为三类:一是通过电子扫描技术或人工输入等方式进入互联网的已经发表的文学作品;二是直接在互联网络上"发表"的文学作品;三是通过计算机创作或通过有关计算机软件生成的文学作品,如小说《背叛》。

目前比较有影响力的文学网站有"起点中文网""榕树下""中文网络文学精粹""黄金书屋""碧海银沙""莽昆仑"等。随着我国经济的发展,思想逐步解放,广大民众的文化消费诉求会越来越大,而网络小说文学将成为最快捷和廉价的文化消费品,并将形成越来越多的IP。未来很长一段时间内网络文学都依赖这种市场发展的模式。大资本与网络文学网站将形成一种既合作又竞争的关系,网络文学网站的创造力将成为核心竞争力,同时版权交易和开发服务也将产生不可忽视的社会效益和经济效益。

【案例6-4】

《哪吒》虽然火了,国漫 IP 崛起尚早! 持续生产爆款成最大挑战

上映首日破亿、5 天破 10 亿、9 天破 20 亿……作为一部国产动画电影,《哪吒》在今年暑期档的票房表现令不少人直呼"国漫崛起"。8 月 5 日晚间,该动画以超过 25 亿元的票房进入中国电影票房榜前十。目前,56 万人在豆瓣上打出了 8.5 的高分,社交平台上更是"自来水"效应发酵。

回顾近年来的国漫电影发展历程,2019 年内另一部靠口碑逆袭的国漫是《白蛇:缘起》,总票房 4.5 亿元,而票房成绩紧随《哪吒》之后的国漫还是 4 年前的《大圣归来》,最后票房逼近十亿。

纵观国外动画电影的票房成绩,2016 年上映的《疯狂动物城》曾以 15.3 亿的票房夺得国内动画电影票房冠军,而目前尚在档期内的《哪吒》早已超越前者,并被外界认为有望冲破 30

亿票房大关。

《哪吒》的成功在业内人士看来，可谓意料之外却又在情理之中，对内容严把关是产生"爆款"的先决条件。南都记者了解到，《哪吒》片尾列出的动画公司超过60家，参与制作人数达到1 600多人。导演饺子曾提到过，动画中申公豹变豹子头的特效硬是和特效人员磨了两个多月，最后直接把该特效人员逼的跳槽，却未料到后来新找的特效公司刚好是这名特效人员的新公司，最后还是把这个镜头死磕了出来。

分子互动CEO徐博告诉南都记者，《哪吒》无论是从故事结构还是制作基础上来看，本身就是一个好作品，这是它引爆暑期档最重要的原因。"行业里几十家公司参与不同部分的制作，光是调用这么多资源这个事情统筹好，也是这个行业整体工业化水平提升的表现"，徐博还表示，《哪吒》的故事背景源于中国神话，这对于大部分的中国观众来说，都有较高的文化认同感。

鉴于《哪吒》基于中国神话的故事框架，不少网友已经为导演饺子搭建好了类似漫威的"封神"宇宙，涉及人物包括杨戬、雷震子、土行孙、姜子牙等，甚至组建了"陈塘关护卫队""伐纣者联盟"。目前，微博上#封神宇宙#的话题阅读量已达到550万。

资本觉醒、社交平台助攻引爆国漫

南都记者梳理了近年来国漫电影的票房成绩，发现从2014年年底的《十万个冷笑话》开始出现亿元票房，而真正靠口碑逆袭的则是2015年的《大圣归来》，在那之后，2016年的《大鱼海棠》、2018年的《熊出没》系列、2019年的《白蛇·缘起》，都斩获了较为不错的票房。如此看来，国漫从2015年开始似乎进入了相对集中的爆发时期。

对此，作为行业从业人员的漫画家使徒子认为，以《大圣归来》作为节点，行业的人才储备和技术都更加成熟，资本因为《大圣归来》的成功开始敢于进入国漫市场。"像《哪吒》的发行光线传媒，此前也是《大圣归来》的团队，他们一直在吸纳相关人才，很多故事从打磨剧本到IP的执行差不多就是这个时间完成。"

徐博也表示，行业内一批人的坚持让国漫得以沉淀继而爆发。此外，他告诉南都记者："二次元或者泛二次元人群，或者喜欢动漫内容的人群，他们成长到这个阶段，会需要这样的内容。"

值得一提的是,无论是使徒子还是徐博都不约而同地提到,社交平台和融媒体的发展,使得类似《哪吒》这样内容过硬的国漫更容易通过口碑发酵获得传播。"以前我们的内容多以电视台播出为主,现在以网络为主要播出平台,有些甚至是网络是唯一的播出渠道。像《大圣》《哪吒》,它们的火爆与社交媒体上的口碑传播有很大的关系。观众虽然还是在大屏幕上看,但是影片相关信息传播的媒介环境发生了变化",徐博向南都记者强调。

这样的传播渠道变化,又反向推动了国漫市场扁平化,吸引更多资本入场,为动画制作公司分担风险。使徒子告诉南都记者:"行业内其实一直不缺专心的内容制作者,融媒体起来后他们更容易获得市场认同,市场的扁平化又让资本更易接触到这批作者。"他表示,之前大部分资源都掌握在大型动画公司手中,许多外行进入动画行业是为了"拿补贴",但却不愿意承担市场风险。"以前很多动画公司的创始人都是砸锅卖铁去做一部片子,现在资本入场来分担他们的风险。从《大圣归来》开始,投资方意识到动画也是可以赚钱的。"

徐博向南都记者表示,国漫热潮涌动,接下来受众、资本、市场及媒体的注意力可能都会向更优秀的头部内容集中,因而不再需要那么多"充数"的作品,这将促使市场形成良性发展趋势。

大IP缺失,稳定产出成关键

对于《哪吒》的火爆和外界铺天盖地的赞誉,医学专业出身的导演饺子却依然维持着理科生的冷静。饺子多次表示,《哪吒》的高评分包含了中国观众对国漫的鼓励分。

"我们太缺少一些优秀的作品了,而且唯一能够依靠的就是观众的口碑。如果观众喜欢了我们的作品,愿意接受我们的作品,我觉得中国动漫才有希望。而不能完全是靠观众的怜悯和施舍,这样下去是没有出路的。"他坦言,《大圣归来》之后的确出现了不少好的动漫作品,但从整个电影市场总量上看,占比依然很少。

诚然,近年来国漫的进步有目共睹。艺恩数据显示,2015年国产院线动画票房仅为5亿元,到今年前7个月国产动画电影票房突破27亿元。但艺恩解决方案副总经理付亚龙向南都记者表示,国漫的整体性爆发还需要行业演进的时间沉淀。

"《大圣归来》是2015年的院线动画电影,票房标杆,直到今年才被《哪吒》打破。事实上,动画电影的市场天花板一直未获重大突破。从2012年以来,市场票房规模起起落落,2016年达到顶峰时突破24亿元,但2017年落至14亿多,2018年回升至约17亿元。今年由于春节档的《熊出没》以及暑期档的《哪吒》大爆,才带动了动画电影市场票房。"他强调,每年新上三四十部动画院线电影,爆品其实寥寥无几,整体稳定的高质量产出能力还比较欠缺。这也是国漫产业至今尚未形成成熟产业链的重要原因之一。

徐博向南都记者表示:"优秀作品是不是可以比较稳定地产出,比如一年有一两个爆款;或者是不是可以产生有持续生命力的IP,量级增长稳定、观众喜爱,不断有热度可以去做深入开发。"而徐博所提到的IP开发,也是国漫产业链中较为薄弱的环节。

红小豆动画创始人芷仪告诉南都记者,国外的动漫产业由一开始的漫画、动画内容,到衍生品的孵化、产品的授权、商业化合作等都已形成了完整链条。"但国漫似乎是只能看到今天,无法预见明天的感觉。《大圣归来》当时红了,但是接下来的授权或是衍生品都没有跑起来,包括《哪吒》我也不知道以后能不能跑起来。"她表示,目前国漫普遍呈现的问题是,当下火爆,但之后如何去维持热度,如何让热度转化为更长远的商业利益都没有很好的解决方案。

这样的产业链断层,也使得国漫产业一直缺少大IP作品。付亚龙向南都记者表示,所谓国漫大 IP 的缺失，其实背后是相关市场主体和开发产出运营能力的缺失。"比如现在的爆品《哪吒》，是老 IP 源，类似的 IP 还有很多，但是都没有开发出来。当然，国漫产业链不断地在进步值得肯定，但是在如何结合国内二次元群体的消费水平、内容偏好及消费决策行为模式，在创意开发环节、制作产出水平、商业模式变现等领域还有很大的完善和挖掘空间。"

（资料来源：搜狐网，https://www.sohu.com/a/331931311_161795）

二、动漫娱乐类

动漫娱乐类的文化创意产业是以"创意"为核心，以动画、漫画为表现形式，包含动漫图书、报刊、电影、电视、音像制品、舞台剧等动漫直接产品的开发、生产、出版、播出、演出和销售的产业、动漫娱乐类的文化创意产业有着广泛的发展前景。我国动漫产业起步较早，开始于二十世纪五六十年代，产生于当年的水墨动画是当时一绝。不过近年来，国内动漫娱乐类的文化创意产品的生产不尽如人意，与日本、美国等动漫大国存在较大的差距。

动漫产品本身有巨大的市场空间，而其衍生产品的市场空间更大。食品、玩具、服装等行业今后的发展与行销都有赖于动漫这一新兴产业的带动。利用和开发好动漫产品塑造的动漫形象，做好动漫衍生品的开发，就能打开广阔的市场，也必成为我国第三产业的重要组成部分。

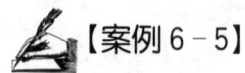【案例 6-5】

你心目中的国漫之光

腾讯 2020 年度 45 部作品：玄幻题材类较多，播放量破亿数超一半

腾讯 2020 年播出的作品有 45 部，其中玄幻类作品 26 部，科幻类作品 2 部，恋爱偶像类作品 3 部，搞笑治愈类作品 3 部，其他类型作品，如战斗、魔幻、武侠类共 11 部。其中玄幻类作品主要是索以文化、福煦影视、若鸿文化出品制作，视美本年度贡献 4 部作品，玄机科技贡献 3 部作品。

从播放量看，大于等于 1 亿播放量的作品有 37 部，其中《斗罗大陆》播放量 235.2 亿，《武庚纪》62 亿，《狐妖小红娘》52 亿，《万界仙踪》29.6 亿，《西行纪》28.7 亿，《万界神主》25.7 亿，《非人哉》21.2 亿，《墓王之王》19.9 亿，《星辰变》16.8 亿，《武神主宰》13.5 亿，《无上神帝》10.4 亿，《观海策》10.4 亿。破 10 亿作品达到 13 部。

从评分来看,都在 7 分以上,大部分是在 7.7~7.8 分,其中破 9 分的作品有 8 部,《穿书自救指南》9.7 分,2020 年度评分最高,《一人之下》第三季 9.6 分,《狐妖小红娘》9.5 分,《伍六七之最强发型师》9.4 分,《万圣街》《星辰变》《武庚纪》9.2 分,《西行纪》9 分。

哔哩哔哩 2020 年度 31 部作品:新番多,搞笑、玄幻题材为主

哔哩哔哩 2020 年度共有 31 部作品开播,其中 17 部是新开作品,相较于腾讯的玄幻题材为主,bilibili 的年度国漫题材较多,搞笑、日常、萌系、治愈的作品也多。绘梦贡献了最差的作品,好传动画则为 B 站带来了口碑作品,但相比较而言,扑街的作品也很多,打破了 B 站的烂剧数量。

《天官赐福》最短破千万播放记录,《元龙》3D 作品最快破亿记录,就连《仙王的日常生活》也成了 B 站日活最高作品。《大理寺日志》《雾山五行》则口碑出圈。

大家都知道 B 站上的国漫基本上都在 9 分以上,如果真的 9 分以下就说明这剧是烂透了。2020 年 B 站 9 分以上作品有 17 部,超过一半。其中最高分是 9.9 分,是《我的三体之章北海传》。最低分作品是 4.7 分,有两部,一个是《镇魂街》第二季,一个是《仙王的日常生活》。

播放量破亿的作品有 9 部,最高播放量的作品是 3.6 亿,作品是《仙王的日常生活》,其次是《灵笼》,播放量 2.9 亿。播放量最低的作品是《柳毅传奇》,播放量 1 278 万。

爱奇艺、优酷、芒果 TV、A 站 2020 年度作品:《有药》《秦时明月之沧海横流》突出,爱奇艺、优酷、芒果 TV 是动漫重灾区

整理了好久才找到这么几部作品,4 个平台的加在一起一共 21 部,其中有 3 部是在腾讯和 B 站上同时播出的。然后爱奇艺勉强有一部可以称得上是动漫的作品是《有药》,这个在国漫节上获得了动漫金龙奖的银奖。优酷今年是全靠《秦时明月之沧海横流》撑着了。其中《芯觉》《嗜谎之神》都是 B 战上评分低的作品。明年好像会有和绘梦、中影年年的合播作品,有《少年歌行》第二季,还有《秦时明月之亡秦必楚》,然后拿到了《伍六七之最强发型师》——玄武国篇的独播权。

至于芒果 TV 就只有一部《拾亿长安明月几时有》,也是 B 站上同时播出的作品。A 站除了一个《伍六七之最强发型师》之外,也没有啥亮点作品,关键这唯一一部还是付费。

(资料来源:漫客吧,《6 平台 2020 年度国漫大盘点:哪个是你心目中的国漫之光?》)

三、体育竞技类

体育市场不再仅是传统巨头企业的战场,以阿里巴巴、乐视等为代表的互联网企业参与其中,围绕体育产业不断进行新的互联网化融合发展布局,开启了各个环节"互联网+"的模式。未来,对体育用户价值的不断深挖,将促使"互联网+"体育市场不断迎来新的发展机遇。在传统体育跨领域联动程度不高的情况下,互联网的大数据运用将可构建全新的产业链运营、生态化的发展思路,也为行业发展带来巨大的想象空间。

未来互联网体育平台的发展趋势主要有以下三个方向:

(1) 产品智能化,构建更加全面的用户数据库体系,跨界融合。在智能化设备技术的发展驱动下,各种智能硬件的热度不断升温,涉及智能手环、运动鞋、智能跑步机和智能足球等,在满足用户新技术使用体验需求的同时,品牌商亦能开发及构建相应的消费者健康/运动数据模块,未来可凭此进行数据分析、优化建议设计,生产更加个性化的产品,也为产品与其他数字化服务的融合奠定基础,如智能产品与社交融合、智能产品与游戏等娱乐化服务融合等方向。

（2）服务O2O,优化服务链条,但垂直化发展环境尚未完善。文体服务市场包括票务、教育培训、体育场地租赁等。在文体服务的在线化迁移过程中,在线票务市场和体育场地租赁服务市场凭借在线支付、团购市场的火热已然实现了较为成熟的在线服务市场,而教育培训市场相对起步较晚,目前处于探索阶段。以名人黄健翔为代表推出的针对青少年足球培训垂直市场的O2O服务运营,开创了垂直化运营的先河。也有其他分析认为,虽然青少年足球市场本身受到各方的关注,但过于垂直化的运营难以实现可观的用户体系,对于早期业务的运营和推广存在非常大的挑战,商业模式方面亦尚存困难。

（3）体育赛事价值多元化,围绕赛事的构建可扩展性强。对于体育行业而言,赛事是可以真正实现全民参与、全民关注的唯一环节,而围绕赛事本身产生的在线体育服务市场将有更加直观且可预测的发展空间。基于此,赛事本身成为企业及平台争夺用户的核心竞争力,各大巨头也争先通过争夺赛事资源布局体育产业,发掘体育行业的巨大价值。比如,腾讯5年来斥资5亿美元取代新浪正式成为NBA中国数字媒体独家官方合作伙伴,并将建设互动营销社区、联合开发体育游戏等;乐视体育融资的目的也是围绕体育赛事展开体育生态布局,具体而言,乐视体育以"赛事运营＋内容平台＋智能化＋增值服务"的体育生态模式为支撑,将资金、体育IP、用户、产品等资源注入其中,对于体育价值的释放将起到强大的推动作用。另外,围绕赛事产生的用户消费刺激亦可成为打通多个体育环节的核心点,如对品牌商品、赛事相关IP改编、健身服务等多种环节进行扩展,从而完成泛体育市场生态的构建。

（一）社交媒体融合时代的智慧体育,传播速度与激情

1. 全渠道数字化传播

如今"在线"成为传播核心。随着社交商业的繁荣、人工智能的发展以及移动物联设备的普及,体育赛事再一次迎来了新的转型机遇——全渠道传播转型。所谓全渠道传播,即打破了传统的媒体向受众的单向信息传播方式,通过多种数字技术、网络技术与媒体渠道的无缝融合,形成网状化传播,可以任何时间、任何地点、任何方式无差别地满足受众对内容的消费体验。体育赛事全渠道媒体时代,媒体不分新旧,传播没有边界。

届时,"在线"将成为体育赛事传播的基础核心。海量赛场视频与图片的实时上传、比赛数据统计的毫秒级更新,将对转播和通信提出更为艰巨的挑战;互联网正在成为"数字原生"一代体育爱好者获取赛事信息的新来源。多平台、跨国家的数字频道将从赛事直播、深度新闻报道、幕后花絮,以及运动员场下生活等多个角度,充分满足年轻人的信息接收带宽与个性化需求。

2. 社交平台时代到来

社交媒体是连接人与信息的主要桥梁。微博、微信、Facebook、Twitter、Instagram等社交媒体将会成为粉丝互动、赛事新闻二次创作与分享的重要场所。同时,优酷土豆等短视频将极大丰富粉丝的娱乐与交互体验;每一个"体育网红"都将具备成为超级自媒体的潜力。像奥运游泳冠军孙杨、乒乓球冠军张继科一样动辄有几百万、上千万微博粉丝的"体育网红",在视频直播或是社交媒体上与粉丝的每一次互动、搞笑或卖萌都会瞬间引发海量的评论、转载、效仿,并衍生出热词、表情包等流行文化;赛事新闻的跨屏传播也将成为新常态。

所有的赛事信息与数据都可以在任何的屏幕上实时分享,无论是赛场上的大屏、电视机、手机、电脑平板,还是街边的电子广告牌。AR 眼镜会成为继手机之后最受年轻人喜欢的屏幕。

3. AI 个性化内容

基于用户画像与自然语言理解,网站有能力为体育迷们做更多有价值的、个性化的新闻推荐。

智能新闻视频剪辑技术在体育赛事期间也将大有可为,AI 视频编辑师可对所有的镜头,按照观众意愿的剧本,自动进行组织、剪辑。用户还可以根据不同标签,比如人物、地点,快速找到指定的内容。AI 写作机器人将以秒为单位源源不断地生产出高时效的赛事新闻。AI 设计师则可以轻松地创作数亿幅赏心悦目的海报与广告。

全渠道传播时代,传播将打破时间与空间的边界,万物皆媒体,一切皆平台。新闻将像空气一样无所不在,通过千变万化的呈现方式,将体育运动的"速度与激情"传递给每一个人。

(二) 数字化传播技术支持

1. 专业直播支持

作为亚洲最大的公共云服务商,阿里云 CDN 在全球拥有超过 1 500+个加速节点,120 T 带宽能力,是国内拥有最多节点的 CDN 服务商。

以俄罗斯世界杯为例,阿里云承接了全网 70%的直播流量,为包括优酷、CNTV、CCTV 5 等各大网络直播平台保驾护航。阿里云高可扩展性的云平台,以轻量级部署方式,轻松应对高并发和多来源融合,满足大型活动直播转播需求,并能快速应对变更和突发需求。

2. 新闻节目制作

阿里云按需部署新闻制作平台产品,能够对突发事件实现快速反应,灵活地适应新闻制作需求,轻松应对高并发和多来源融合,并支持跨平台互操作。

视频 AI 每届奥运赛事数千小时的转播图像信号需要耗费大量人力进行图像处理,阿里云视频 AI,通过先进的人工智能算法对视频进行多模态分析,自动输出视频多维度的内容标签。客户在 1 分钟之内就可以生成整场比赛的球星集锦和精彩集锦,节省大量的人工处理环节,把内容生产的效率提升 10 倍。

在这个不断刷新人类极限的舞台,每一次欢呼与感动因科技被传递得更远。在这个现代化、多元化、数字化的社会里,体育竞赛的传播需要也正在做出改变。作为奥运会的"云端服务"及"电子商务平台服务"唯一官方合作伙伴,阿里巴巴集团将继续借助数字技术的翅膀,为体育领域迎来蜕变。

四、电竞手游类

从数据结论上我们不难发现,2020 年是游戏直播行业硕果累累的一年。

受疫情影响,2020 年"宅经济"迅猛发展,观看游戏直播也成了越来越多足不出户的人进行娱乐消费的场景之一。

与 2019 年相比,2020 年游戏直播的开播场次增长了 9%,礼物数量增长了 14%,全年送礼人次增长了 13%,全年度的弹幕数量增长了 26%,全年的直播时长增长了 22%,数据增长十分显著。

2020 年,全平台游戏直播的总礼物收入高达 115.52 亿元,成功突破百亿关口,同比增长了 34%,发展势头强劲十足,如图 6-6 所示。

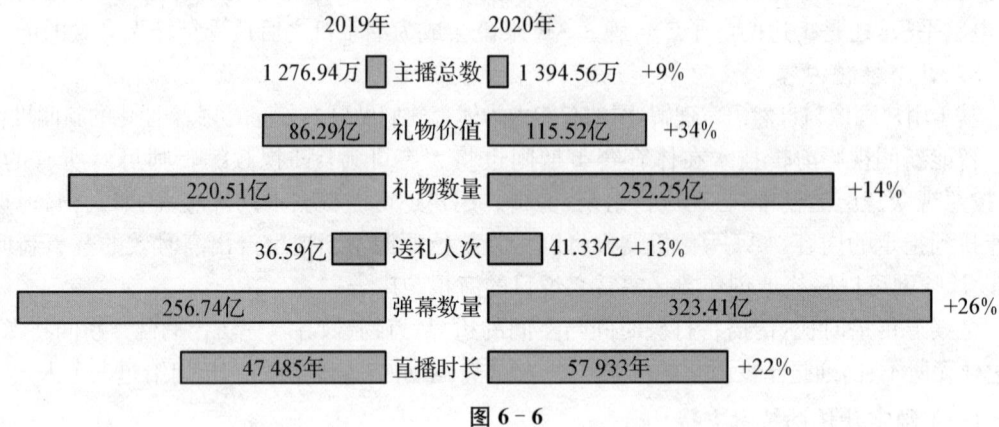

图 6-6

电竞手游市场未来的发展之路并不平坦。在游戏研发和发行领域,尤其是发行领域,腾讯、网易等巨头企业虽然布局很早,而且凭借自身强劲的研发和运营能力积累了不少优质游戏,但它们只能在品质上将手游提升到一个新的标准,不可能完全垄断内容和创意。因此,手游行业的中小企业只要在完成内容创意的同时加强品质塑造,精心打造"人无我有,人有我优"的产品,就能成功。同时,长线产品已经成为手游市场的主流,手游企业应采取"小步、迭代、快跑"的长线运营思路,保持每周细节优化、每月版本更新、每季度大版本更新的快速迭代节奏,从产品迭代和玩家运营两个方面持续进行精细化运营。

发展中国家和地区尤其是东南亚、南亚和南美洲的手游市场远未触及天花板,还有巨大的发展空间。未来随着这些地区智能手机的普及,人口红利将推动当地手游市场迅猛发展,而这正是我国手游企业的机会。中小游戏公司"走出去"有两个明显优势:一是海外多数地区的手游只需经过平台审核即可上线,无须等待资质审批,资金回笼速度快;二是海外娱乐环境更为优质,用户暂未养成吃"免费午餐"的不良习惯,甚至部分海外市场用户的消费能力更为强大。

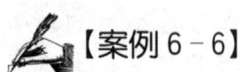【案例6-6】

《王者荣耀》直播数据走势

由于全国疫情原因,《王者荣耀》相关直播数据在3月份同样拥有突出表现。因为学生开学延期,职场人隔离在家未复工等因素,使得大家有更多的时间和精力关注游戏直播,约上好友开黑喜欢的游戏。同样因为直播平台策划的活动,在9月份,《王者荣耀》直播礼物收入也达到了全年的最高峰值。

在12月份,直播礼物收入环比前面的两个月又有了明显的增幅,是因为恰逢《王者荣耀》KPL秋季赛总决赛正在如火如荼的进行,吸引了更多的观众对于此游戏直播的关注,进而游戏主播们也收到了更多的礼物支持。

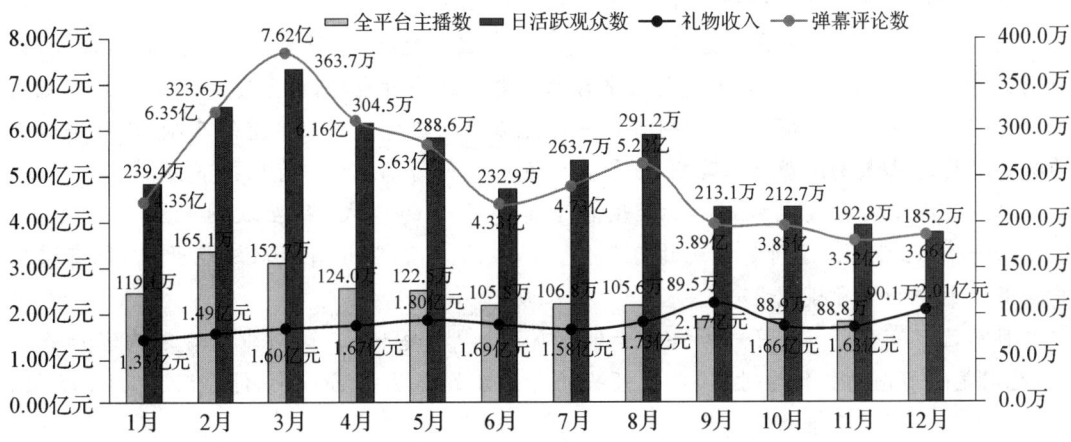

五、音乐艺术类

互联网对音乐行业最大的颠覆就是将有价值的传统资源免费化,将精英文化平民化。近几年大热的音乐类节目《中国好声音》与《我是歌手》,正是这一特点的体现。互联网成为音乐的载体,让音乐唾手可得,而载体的改变导致音乐的价值变廉价了,音乐从一种具备价值的稀缺资源变成了互联网免费获取的资源。因为互联网的本质是分享与创造,音乐产业由互联网平台充当载体之后,用户可以是消费者、传播者,也可以是创作者。这样一来,用户自由创造音乐与内容的互联网机制冲击了原有的高冷的流行音乐制作发行机制,即互联网颠覆了音乐的传播、发行、创作、录音制作及艺人经纪等各个领域。

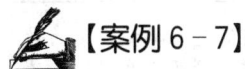【案例6-7】

腾讯音乐超越腾讯音乐,对手只剩自己,大呼"还有谁"

2020年四季度以及整个全年,腾讯音乐的整体业绩都继续保持了增势,核心业绩再创新高,同时高于市场预期。全年营收比2019增长14.6%,达到44.7亿美元。单独四季度,就营收12.8亿美元,同比增长14.3%。其中,单独在线音乐业务增长了41%,到2.42亿美元。音乐广告服务在2020年Q4更是获得了超过100%的增长。有超过5 600万用户为在线音乐服务,增长率达到40%,第四季度环比第三季度增长430万。付费率已经超过9%,高于2020Q3的8%和2019年的6.2%。

腾讯音乐主导的音乐社交业务也在Q4创下单季新高,付费用户平均收益高达172元,同比2019Q4增长26%。

过去的数年间,腾讯音乐通过不断地合纵连横,以音乐版权为核心,全方位业务布局,持续拓宽各大业务边界。从单独的"听音乐"的存量市场中开辟出新的市场,其模式覆盖音乐电视、数字专辑发售、演出购票服务、音乐社交等。

作为唯一独立上市并且盈利的中国数字音乐企业,腾讯能做的也必须要做的就是创新发展和扩宽市场的边界。

在线音乐创造历史,付费用户两年翻倍。

优质的原创内容作为精神消费,一直是经济基础决定其上层建筑。

无论是长视频业务还是数字音乐,亦或是体育联赛直播,如果单独依靠广告的模式,就如同撅脚的巨人,优酷土豆亦或是其他平台的历史已经告诉市场,这条路走不通。只有无数的消费者形成了订阅习惯,长久的付费用户才能成为构建完整商业渠道的基础,才让平台拥有充足的资源去激励消费者。否则,任何靠爱发电的行为都无法一直保持下去。

欧美市场,从有线电视时代,就开启了付费平台的模式,到互联网时代的 iTunes、Disney+等,已经验证了付费模式的可靠性。而在这方面,腾讯音乐从绿钻开始,就有堪称中国音乐最早的付费模式之一。

目前已经有 5 600 万用户为腾讯音乐付费,付费率超 9%。这对中国音乐内容产业来说,绝对是个好消息。作为对比,世界领头的音乐流媒体巨头 Spotify 付费用户为 1.55 亿。腾讯音乐仍然有可以想象的增长空间。

当然作为中国音乐流媒体中最大的版权库所有方,腾讯甚至用户付费的最大理由,就是能听。2020 年腾讯继续为扩充曲库投入海量资源,与环球音乐、索尼音乐以及华纳音乐三大唱片公司达成了新的全面合作。

疫情之下,在线娱乐需求激增

2020 年,在百业凋零之时,线上娱乐需求激增。腾讯音乐也因此受惠不少,社交娱乐业务稳定增长。第四季度的社交娱乐业务甚至创下了单季度新高,平均付费用户带来 172 元的收益。

同时,腾讯音乐对其产品的迭代和扩展也一直没有停歇。其拳头产品 QQ 音乐在 10.0 版本中开拓了新的普通社区功能,对全民 K 歌实施功能升级,试图丰富其社交互动的娱乐特性。对酷狗音乐也尝试了新的创新宣发,同时进行了 UI 升级。

 QQ 音乐	QQ 音乐成立于 2005 年,提供丰富的在线音乐服务并广受欢迎,拥有海量且类型多元的歌曲和音乐视频内容,专注为中国年轻用户提供时下流行的歌手和热门主流音乐内容,同时,为歌手提供数字音乐首发和独家发行的平台,促进歌手与粉丝间的互动,搭建粉丝经济生态
 酷狗音乐	酷狗成立于 2004 年,是中国在线音乐娱乐行业的先行者,用户遍布全国。酷狗被认为是发现流行音乐趋势的前沿平台,其平台下主要包括酷狗音乐和酷狗直播。 酷狗音乐是多元的在线音乐服务平台,提供多种在线娱乐功能,专注于大众用户市场。 酷狗直播是以音乐为核心的在线直播平台,用户可以在线观看音乐演出、演唱会、音乐演艺,并同时进行
 酷我音乐	酷我成立于 2005 年,提供多元的在线音乐娱乐服务。其平台下包括酷我音乐和酷我直播。 酷我音乐是在线音乐服务平台,专注于特定的音乐类型,如 DJ 混音带和儿歌,用以满足用户的多元音乐需求。 酷我直播是以音乐为核心的在线直播平台,用户可以在线观看音乐演出、演唱会、音乐演艺,并同时进行互动,深度参与其中
 全民 K 歌	全民 K 歌是中国流行的在线 K 歌社区,在全国广受欢迎。全民 K 歌为用户服务提供愉悦的社交体验,让他们可以通过分享自己演唱的作品去表达自我,并与朋友、歌手和其他有着相似兴趣爱好的用户进行互动
 爱听卓乐	爱听卓乐为各种智能设备和汽车制造商提供服务,为他们提供开发内置音乐播放器的功能。爱听卓乐专注于实现"音乐无所不在"的理想,旨在打造一个充满活力的 B2B 音乐生态系统

第六章 内容创意和生产

创新在线音乐演出业务，在线音乐迈出新步伐

除了传统的线上音乐业务以及社交互动双驱动之外，腾讯音乐也试图开辟新模式。而在这方面，腾讯音乐在疫情期间，结合火热的直播风口，推出新的现场演出品牌——TME-live 的线上特别模式。将在线直播和线下音乐会的体验尝试结合，打破传统的音乐演唱会模式，利用丰富的技术手段提升线上视听体验。而在资源栽培上，财大气粗的腾讯从来不吝啬，签下了林俊杰、刘若英等知名歌手。在其创建后一年期间，就邀请百位音乐人举办 60 场直播 live。

赔钱的买卖，马老板从来不干。在 TME-live 的第一年，其就拿下了陆金所、雪崩、BOSE、Intel、斯柯达、伊利等各行各业的头部企业，成为合作伙伴。

同时腾讯还涉足长音频业务，在 2021 年开年就收购了懒人听书，准备包揽有关耳朵的一切。

不断创新的腾讯音乐，需要挑战的是市场本身

毫无疑问，腾讯音乐的市场地位在中国目前是无可撼动的。众多机构和券商对其一致看好，花旗、中银等都一致调高腾讯音乐的股价。然而其在三月中下旬，却发生了巨大市场波动，回吐了巨大涨幅。众多分析人士认为，这是由于市场认为腾讯音乐作为华语娱乐媒体，其市场有限，不应该赋予过高的估值。腾讯音乐仍然需要证明自己值得！

 拓展阅读

5G 加速内容圈层聚合 中国移动咪咕启动"5G＋内容生态共同体"

11 月 26 日，第 33 届中国电影金鸡奖活动期间，中国移动咪咕公司携手行业伙伴在厦门召开"5G 创营未来"营享力大会。会上，咪咕发布 5G 赋能下的内容生态版图及规划，结合内容生产聚合、营销创新等话题，与行业合作伙伴共同探讨 5G 内容生态与合作。期间，咪咕与多个体娱项目举行战略合作签约仪式，成立了"5G＋内容生态共同体"。

中国移动咪咕公司总经理刘昕以"5G 新内容云聚新生活共创新未来"为主题，分享了咪咕公司自 5G 商用以来在数字内容领域所做的探索与实践，介绍了咪咕公司 2021 年 5G＋体娱内容板块的重点领域与相关规划。

新技术、新体验为内容供给注入新活力

作为 5G 时代内容的生产者和聚合者，自 5G 发布以来，咪咕公司依托中国移动的 5G 技术，在数字内容领域积极探索和实践。

在新技术方面，致力于我国 5G＋超高清技术生态的打造，近年来陆续发布了"5G 之花""真 4K 超高清之花"，建立了国内第一个多媒体领域的联盟组织 5MII、联合发起成立云游戏产业联盟和 5G＋视频彩铃联盟。今年 10 月，咪咕联合行业合作伙伴发布了"5G＋8K 超高清国产化白皮书"和全球首个视频彩铃终端行业国家标准，持续引领行业创新。

在新内容方面，积极探索 5G 技术赋能文化内容生产，为内容供给侧改革注入新的活力。

体育领域,咪咕将5G技术与中超、CBA、排超"三大球"结合,推出360度视角观赛、子弹时间,并开发了"云观众、云呐喊、云包厢"等产品,每天数场真4K直播供球迷观赛;影视文化领域,咪咕联合中国博协、国家大剧院、上海美影厂打造超高清、沉浸式内容,让经典IP焕发新生。

在新体验方面,咪咕推出5G"五新"应用,创新"数智云"体验。包括5G+4K+VR的"新看法",全球首个5G超高清全面屏视频彩铃"新听法",AR虚拟形象合拍"新拍法",5G云游戏平台咪咕快游"新玩法",首个5G融媒体手机报等在内的"新用法"。

疫情之下咪咕初心不改,为了适应用户行为习惯的变化,创新推出了云演艺、云博物馆、云舞技、云健身、云学堂等线上"数智云"体验。截至目前,中国移动咪咕5G业务的总用户规模已突破3.5亿。

新起点、新机遇携手生态伙伴创造美好生活

据统计,到2020年年底,中国数字文化产业规模将达到8万亿,在线教育市场规模4 293亿,体育产业市场规模3.1万亿,大健康产业规模9万亿,超高清市场空间有望达到1.8万亿,5G基站将达到百万级。强国梦开启新征程,数字文化产业迎来新一轮发展机遇。

作为新媒体国家队,中国移动咪咕公司如何在新时期肩负新使命,创新实践?刘昕表示,2021年,咪咕将重点聚焦超高清视频、视频彩铃、云游戏、云VR/AR四大领域投入超百亿资源,通过技术的创新和头部内容的汇聚,快速聚合圈层,形成关键用户体验场景。

放眼2021年,咪咕作为5G时代内容的生产者与聚合者,将继续深耕体育内容板块,满足用户日益增长的多样化、高质量内容需求。在体育领域,咪咕将保持在"足篮排"三大球IP领域的优势,持续深化和CBA、中超、排超的战略合作,积极布局AFC、西甲联赛等重点赛事。此外,咪咕将和《中国体育》围绕大型赛事活动开展内容、传播及商业化合作,共同打造中国体育内容的中央厨房。同时,咪咕将持续扩大体育内容版图,布局冰雪、斯诺克、格斗、滑板、街舞等系列赛事,以及大学生3×3篮球赛等青春体育IP。

文娱领域,咪咕将联合头部内容合作伙伴,在影视、文博、娱乐等方面,生产、聚合更多优质内容,通过超高清、VR、AR等技术的提升为用户带来更多5G体验。其中,包括咪咕与中央广播电视总台联合制作的紫禁城600周年"故宫屋脊兽大型动画系列片"、联合中央数字电视书画频道打造书画IP、联合电影频道打造"星辰大海"青年演员优选计划第二季、联合上海美术电影制片厂推出全IP合作、与慈文传媒联合打造优质剧集IP等;在剧综、纪录片等方面,将和浙江卫视、芒果TV、Discovery、BBC等优秀的内容生产方联合产出高品质内容,如《荣誉的天空》《哎呀好身材》《大喜之日》等自制综艺,以及BBC的"不可思议"系列纪录片,为用户呈现丰富的内容盛宴。

为了给5G新生活持续不断地输出新内容,中国移动咪咕还在此次营享力大会期间携手合作伙伴启动了"5G+内容生态共同体",携手开启新生态。2020即将迎来收官,5G引领新发展格局驱动信息技术不断创新,5G新内容将会为未来生活带来意想不到的精彩,也为数字创意产业带来全新的广阔空间。中国移动咪咕不断探索5G超高清技术与文化的融合发展,携手行业伙伴,共同建构一个美好的5G时代。

【思考题】

1. 5G时代来临,你认为哪些变化正在发生?
2. 5G赋能文化创意产业,创业者将迎来哪些新机遇?
3. 有人说5G时代,真正的机会在于和垂直行业的结合,你怎么看?

第七章
产品分发与营销

 **本章导读**

常见的营销方式有线上线下两种,在互联网的时代,线下的渠道扩散速度难以满足实际的需要,很多人将销售方式转移到线上,因此类似淘宝一类的电商平台迅速崛起。可是,淘宝是以联合评估为优势的平台,产品的所有属性被放在同一重量级,性价比成了第一参考要素,文创类、内容类产品很难在其中脱颖而出。文化创意产业作为顺应时代发展的产业,采用有效的营销模式是关键。

本章学习文化创意产品的分发渠道与营销策略,帮助文化创意公司在理解产品特性的基础上,正确采用分发渠道与营销手段,实现产品有效推广。

 教学目标

1. 了解文创产品分发的主要渠道;
2. 学习不同分发渠道的特点;
3. 理解不同营销策略的异同;
4. 学会采用正确的营销方式;
5. 发现创业机会。

 **开篇案例**

鹦鹉螺市——中国市集独角兽

鹦鹉螺市集成立于2013年,从当初Etsy在国外获得成功后,国内陆续冒出追随模仿者,当时做个性化商品生意还主打着O2O的概念。如今,小众化的手作与原创设计品已经深入主流社会,且在垂直电商不力的背景下,线下的市集搭上了消费升级与新零售的快车。鹦鹉螺市集创业之初就没有走线上卖货这条同质化的路,而是选择由线下入手玩市集,相继被砍掉线上卖货的C2C与B2C电商部分,成为国内较早入局线下市集、线上销售手作与设计品的电商。

鹦鹉螺市集一直在坚持做线下的初心,并将孵化手作团队视为重心,但在深度和广度上均已扎根并适时进行了调整。场景方面,一方面持续做深,在组织与运营市集活动的同时,挖掘与打造自有IP,品类衍生IP,外部资源共享、协作产生的IP,将鹦鹉螺市集品牌与品牌效应下的产品、服务均向文创的方向发展;另一方面则开始做广,拉长市集活动周期,并提升活动的规模与举办频次。

内容方面，鹦鹉螺市集集合了独立设计师、手工匠人、海外买手和古董玩家等，从个体工商户、作坊到团队一应俱全，但90%左右的摆摊者为兴趣爱好群体。

先前，鹦鹉螺市集的孵化服务，可以说是一棍子赶一群羊，但现在平台想提升全职摆摊者的数量与质量，并规模化地孵化出头部团队，因为针对这三个层面的群体，平台设置分级体系，提供差异化的孵化服务。

流量方面，鹦鹉螺市集正好经历了O2O的兴盛与衰退，此番又赶上了消费升级与新零售的浪潮，在这波注重消费体验的契机下，线下流量的争夺日渐白热化。鹦鹉螺市集本身就是一个将产品、服务、空间相结合的体验性消费场景，这个场景中的多环节都可以添加新的消费元素，最终成为场景化的集合店。

目前，鹦鹉螺市集的线下购买转化超过40%，线上已经砍掉了电商板块，App成为针对B端用户的一个实用性工具，尽管App上的C端服务还未完全建好，但从线下积累的流量必然是要反哺线上的。

关于鹦鹉螺市集的未来，某创始人提出了三点：线下空间规模的持续拓展、文创产品与概念的整合和使用、线下流量场景化应用的方向。而当下，鹦鹉螺市集已经跟国内一线地产商合作，规律化地开展集合店，并举办活动，此外牵手浙江、江苏等地政府协助文创企业的孵化与落地。

鹦鹉螺市集是"电商＋市集"的O2O运营平台，精选"复古、手工、原创、海外回流、独立设计"概念的非标商品，满足日益提升的个性化购物需求。用户在鹦鹉螺市集中，可购物、可开店、可组织活动，畅游平台，各取所需。该平台已成为国内首家个性化商品的展售与孵化平台，目前已聚集超过6 000位独立设计师、手工匠人、vintage买手、艺术家、创客等个性化商户，在全国多个城市举办了超过300场的市集嘉年华，以及多个设计师主题的pop-upstore。鹦鹉螺市集打造了符合消费升级的新零售业态与渠道，并提供SAAS工具和产业服务，帮助早期设计师和匠人成长，为场地、商户、用户建立多方共赢的消费场景。

【思考题】
1. 文化创意产品销售有哪些渠道？它们各有哪些优缺点？
2. 鹦鹉螺市集为什么选择线下集市的模式进行销售？
3. 鹦鹉螺市集应该如何平衡线上电商与线下集市之间的关系？
4. 鹦鹉螺市集未来发展将遇到哪些挑战？应该如何应对？
5. 如何才能运营好一个文化创意产品的营销平台？

第一节　文创产品分发

文创产品的分发主要是将产品在各个分发渠道及客户终端进行全面推广，可以大致将分发渠道分为付费渠道、自媒体渠道和口碑渠道。

一、付费渠道

付费渠道可以分为线上付费渠道和线下付费渠道。

（一）线上付费渠道

线上广告是指以网络为载体进行的广告活动。广告行业历经多年发展渐趋成熟，投放渠道逐渐被打开。线上广告除包括传统的四大媒体即电视、报纸、杂志和广播外，还包括在互联网下不断涌出的新型媒体广告，如 PC 互联网广告、移动互联网广告等。比如，App 广告通常通过第三方应用市场、手机厂商市场等进行分发。线上广告更注重品牌形象、品牌价值以及品牌推崇度。

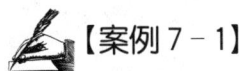【案例 7-1】

故宫文具联动人民日报、阿里巴巴，
新文创需要一场"IP＋运营＋变现"的全面升级

9月20日，人民日报、故宫和阿里巴巴联合宣布，将深化战略合作，三方首度聚焦离年轻人最近的文具市场。当天，由人民日报和故宫联手打造的"故宫文具"新文创 IP 正式进驻天猫，以"书桌上的紫禁城"为卖点，店铺粉丝迅速破万。

故宫与人民日报、阿里巴巴的合作，实际上是文化 IP 与传播资源、变现渠道的联动，三者优势叠加将进一步强化故宫在文创行业的市场份额，拓展行业的增长空间。

但是，故宫模式难以推广复制，文创产业除了个别头部玩家盈利之外，行业发展仍面临诸多问题，包括产品功能性、文化价值、创意性难以兼顾；研发模式不清晰；人才供给错位；销售活力与转化率低下等，未来发展仍任重道远。

三大巨头合作
意在更年轻的市场

人民日报、故宫和阿里巴巴，三者都处在各自领域的金字塔顶端，此次在新文创领域形成交集，目的也相当明显，即在年轻市场寻求突破。

其中，故宫和阿里巴巴在文创领域的合作已经相对成熟，故宫淘宝、故宫文创等电商品牌在国内的销售额逐年看涨。2017年，故宫所有的文创产品全年总收入达15亿元，超过当时1 500家A股上市公司的收入。

长期的合作也让阿里巴巴对文创领域的消费群更加熟悉。阿里大数据显示，49.5%的用户会选择线上购买博物馆文创产品，50.9%的用户会为博物馆文创产品支付溢价。都市高消费青年女性客群是博物馆文创消费的主力人群，其中，30岁以下人群占一半以上，52.7%的用户在这领域的消费属于高消费。

这个消费数据反映出，文创产品的核心受众群有着高黏性，他们在消费中更看重产品的文化属性。大面积的消费群集中在90后，也反映出年轻群体的消费观、价值观正在转变，对富含文化属性的产品需求越来越大，这也是文创产业未来发展的市场潜力所在。

此次，三方将合作的切入点选在了文具领域，也在尝试进一步挖掘更年轻的市场。

昨日，故宫文具共发布了千里江山图纸雕笔记本、榫卯橡皮、牌匾橡皮、琴韵流光多功能折叠台灯等140多种文具产品，涵盖了学生文具、办公文具、商务文具、礼盒文具和益智类等。到2019年年底，故宫文具品种将增至300种以上，实现文具的全品类覆盖。

从这些文具品类来看,除了契合文创产品主流的都市高消费青年女性群体之外,此次文具产品的直接消费群更大面积地集中在学生群体,也就是00后、10后的聚合群。

故宫文具将文创产业以文具的形式打入当下最年轻的市场,用文具的文学用品属性来承载故宫IP的厚重感,既能传播传统文化,又能实现商业价值。

更重要的是,通过文具,故宫品牌的文化一旦与年轻市场建立黏性,年轻市场未来的消费潜力也将为故宫的文创产品带来更可观、更长久的发展动力。

IP＋运营＋变现
强化头部玩家的市场份额

近几年,随着人们的生活水平提高,消费观念逐渐转变,越来越多的消费群愿意为文化类产品买单,文创产业迅速发展,行业前景也被普遍看好。

国家统计局数字显示,2019年上半年,全国5.6万家规模以上文化及相关产业企业营业收入超过4万亿。文创与设计服务业的产业规模也在不断扩大,中商产业院数据显示,截至2017年,文创和设计服务增加值达到4 537亿元。

在行业快速发展的进程中,故宫一直走在新文创的前列,平台推出的文创类产品上万种,销售额在五年时间里从6亿上涨至15亿。

此次,故宫与人民日报、阿里巴巴达成战略合作,也将进一步释放三者优势:

故宫的文化IP在当下市场的活跃度无须多言,除了影视内容带来的持续性的曝光度外,平台自身研发的萌系雍正、乾隆、贴纸、彩妆等产品都是文创行业的爆款。

人民日报作为当下的主流媒体,也是故宫文具的运营方,平台覆盖的受众群以及在全网的传播资源都将成为故宫系文创产品的曝光渠道。同时,人民日报这一严肃媒体也将借此拉近与年轻群体的距离,跨界文化产业探索新的消费市场。

阿里巴巴旗下的天猫、淘宝则是故宫文创产品的主要销售渠道,平台的大数据、智能分发优势也将助力故宫文创产品更精准地触达潜在消费群。再加上阿里生态体系长期走在科技发展的前列,平台的技术赋能也将加速文创产品与高新科技的融合。

以此来看,三方合作将叠加各自优势,打通媒介、IP与变现渠道,强强联合之下,也将进一步强化故宫在文创行业的市场份额。

行业发展前景可观,但深入观察,真正盈利的只是少数头部玩家,他们占据了大量的市场份额,而像故宫这样成功的品牌,更是整个文创行业极其稀缺的存在。

根据《艺术市场》杂志的报道,截至2016年12月,全国4 526家博物馆中,被国家有关机构认定具有文创产品开发能力和产业规模的有2 256家。其中实现盈利的只有18家,占比不足1‰。行业在快速发展的同时,也暴露出越来越多的问题和难点。

产业链各环节问题重重
未来发展任重道远

故宫与人民日报、阿里巴巴合作也是在强化自身的传播渠道、销售渠道,但这也只是头部玩家强化优势的举措,整个行业发展的难点在于产业链的各个环节,主要体现在以下几个方面。

1. 产品端:双重矛盾

文创产品＝文化＋创意＋产品,文化是内涵,创意是独特性,产品是功能性。

但在当下,文创产品普遍存在两大矛盾:一个是产品功能性与文化价值的矛盾,即产品只是功能性与文化符号的简单叠加,缺少创意;另一个是产品品质与价格不匹配的矛盾,即单纯靠文化IP拉高溢价,而其品质难以支撑其功能性,造成用户体验的落差感。

故宫彩妆此前也曾因质量问题而全线停产,此次故宫文具特意注重抬升品质,橡皮甚至做到了无毒可食用的级别。但质量提升意味着更大的资本投入,文化产品的溢价范围将随之缩窄,利润空间下降。

2. 研发端:模式不清晰

目前,文创产品的研发模式主要有两种:一种是自主研发,另一种是IP授权。

对于自研产品而言,研发方需要投入大量资金。故宫博物院经营管理处副处长刘松林曾透露,故宫一年的文创产品研发成本是一两个亿。故宫文具发布之前,也曾向全网征集创意。不过,一般的博物馆等研发平台很难支持这样巨额的投入规模,也没有广泛征集创意的影响力。

对于IP授权的开发模式,目前这一模式的发展还不成熟,拿到故宫部分授权的故宫淘宝也曾与故宫文创上演"嫡庶之争"。《2017中国授权行业年度白皮书》显示,在我国IP授权市场上,博物馆授权只占2%,也反映出当前市场IP授权开发的薄弱。

自研可行性低、授权开发不完善,造成的直接结果是,行业集体跟风,产品同质化严重。

3. 人才端:供需错位

文创产业当前的人才问题主要集中在需求与供给的严重错位。以博物馆为例,平台招募的人才大多集中在考古、历史、中文等领域,但文创产业真正需要的人才则是设计、营销等人才。人才的错位将进一步限制行业的创意性和传播度。

4. 销售端:转化率不足1%

影视、游戏类的文创产品对行业的拉动力还不算明显,但在旅游、博物馆等领域内,文创产品的销售额已经成为领域内的一大增长引擎,尤其是博物馆类,在门票收入取消之后,对文创产品的业绩依赖也更为明显。

然而,博物馆属体制范畴,没有市场化的机制,销售额与个人业绩不挂钩,难以盘活业内销售活力。再加上文创产品的消费场景有限,走进景区、博物馆、文化产业园等的客流量中,最终转化为消费者的比率相当低,甚至不足1%。

这些问题并不局限于博物馆文创这一分支领域内,文创行业整体都面临相似的问题。此次,人民日报、故宫、阿里巴巴三家头部平台的合作,确实能够进一步刺激消费市场的活力,甚至驱动资本、技术为行业赋能,吸引更多人才涌入,但在头部之外更广泛的博物馆文创市场,以至整个文创行业,重重问题之下,发展仍然是任重而道远。

(**资料来源**:搜狐网,https://www.sohu.com/a/342508433_104421)

(二)线下付费渠道

线下付费渠道主要包括派单分发、店销、路演以及户外广告等。户外广告在新技术和新的营销理念下,以稳定的传播范围和效率,在广告行业中仍保有地位。户外广告往往成了城市的一道亮丽的风景线,吸引大众的眼光。由于地铁已经成了人们出行的主要交通工具,地铁广告便成了各大企业争先占据的领域。对于企业来说,客户流量就是生命线,如何把线下的用户转化为线上的流量尤为重要。

【案例7-2】

《三生三世十里桃花》火爆营销

《三生三世十里桃花》讲述了青丘帝姬白浅和九重天太子夜华的三生爱恨,三世纠葛。这部超级 IP 热门大剧,刚播出到第 10 集播放量就超过 20 亿,并以每天高于 4.2 亿的网播量增长,相关视频花式虐狗,在全网引起轰动。而优酷进行营销时不但采用独特的营销方式,更有"花式上热搜"的新技能,从策划营销开始,每一个节点都能刷新关注,每一个活动都能引爆流行话题,每一个话题都能产生意想不到的效果。

《三生三世十里桃花》自上线以来,其创新的花式营销模式和极具正能量的传播话题,获得了亿万网友的支持和点赞,引发了社会各界的强烈关注与追捧;在业内也引起了巨大的反响,实现了从传统的营销模式到新型花式营销模式的彻底转变,为行业树立了新标杆。就在《三生三世十里桃花》的开播前期,优酷为了锁定目标人群,在 2017 年 1 月 24 日推出定制的"桃花专列",包下开往春天的地铁。上线后,优酷还在 2 月 14 日当天包下了北京地铁 4 号线西单站 F 口,开通"桃花隧道",抽桃花签、求桃花运、领鲜花礼品,满眼桃花伴随着主题曲与桃花香,让人们从视觉、听觉和嗅觉全方位感受"桃花情人节";同时优酷联合星座大神为观众量身定制新年开运桃花签,桃花剧情搭配桃花运势灵活借势超强吸睛。一条专列、一条隧道,穿越花海的浪漫氛围,使得广大群众积极响应,优酷宣发的美照也顿时刷爆朋友圈。大家纷纷表示照片中粉红色的列车如一条长龙在花海中蜿蜒前行,美得让人睁不开眼睛;而种下桃林的地铁通道浪漫绵延,让人们在情人节当天收获了来自《三生三世十里桃花》的陪伴和喜悦。

随着技术和营销理念的不断升级,营销也在不断的创新中向前发展,新营销环境下的一个特点便是"互动"。优酷的花式营销是"线上和线下"的互动,智能化媒体手段让网络营销和消费者高效结合,不留痕迹地植入日常生活中。优酷充分利用移动平台的互动优势,创新推出了"预约开年桃花运"的看剧活动,激发了用户的关注。同时其 pop-layer 技术独家预约开年桃花,基于 App 端的交互特效,利用技术优势,以桃花满满的互动玩法满足用户"看玩"的猎奇心理,给用户带来差异化的观看体验。

优酷把营销视作是"技术+创新"的融合,网友打开优酷 App,粉色桃花悬于屏幕,未见内容先见声势,能够起到引导和渲染气氛的场景营销的作用。场景营销预示着网络营销大时代已经进入到一个整合的花式营销体系,资源的叠加、受众的感受、场景的配置相融合,从而达到扩大营销效果的目的。

把脉营销趋势,精准定位锦上添"花"。除了线上的视觉互动体验外,线下也是各大品牌抢夺的阵地。优酷此次充分把握线下的优势,在十大城市机场铺设主题活动户外广告,并有超过 30 家合作品牌合力宣推,通过对庞大用户群的分析和精准定位,发展成为一个在营销终端上完整的生态链条。

当互联网、网络化营销、花式营销成为营销业内的新课题时,对传统营销方式和营销人来说不啻为一个挑战。优酷利用其自身庞大的平台曝光量,搭载黄金资源位广告,播出贴片等线上、线下黄金资源,为这部剧集的开播做足了广告宣传,通过高曝光率挖掘目标受众。优酷在正片上线前日更独家正片片花,进一步满足粉丝的观剧需求,同时再次引发话题热度。其独家正片剪辑正式拉开"剧透"帷幕;首发预告片联动 PGC 刷刀叨、姐不能忍、片场女流氓等独家合作;正片上线后,剧中主角参与"弹幕聊天",引发粉丝尖叫浪潮;放剧场前独家片头彩蛋,明星主角推荐重磅看点……如此深谙用户心理的营销方式,很快就制造出该剧"未播先火"的现象。由此可见,高明的营销不仅要充分整合多种网络资源,而且要使这些资源的价值发挥得淋漓尽致,而线上、线下活动的联合开展则可以为大剧营销锦上添花。

开播伊始,优酷就着重在社交新媒体上发力推广《三生三世十里桃花》,上线当天,优酷播放量全网首先破亿;3 天后,破 5 亿,占全网播放量 42.43%。这些与优酷创新的传播策略密不可分,网络播放及传播方式、强大的平台优势、平台粉丝的高契合度以及优酷线上、线下配套的创新营销,使得这部现象级剧占据了天时、地利、人和的优势。

如果说优酷联动各方资源通过桃花专列、桃花雨、桃花饮、桃花妆还有西单地铁十里桃林等一系列的花式营销来传达品牌概念的做法是聪明之举,那么接下来开展的联合闲鱼平台拍卖《三生三世十里桃花》戏服的动作则充分彰显了大品牌的大智慧。优酷联手闲鱼,在闲鱼平台中拍卖剧中杨幂、赵又廷穿着的戏服等周边产品,将拍卖所得悉数捐献给芭莎慈善公益"乡土艺术学习包"项目,这不仅是花式营销的一个精彩案例,更为新时代营销提供了很好的借鉴。优酷的桃花拍卖活动,整合了明星资源、媒体资源,完成了一次具有创新性的公益营销活动,得到了网友的热烈响应,将营销价值发挥到了极致。

(资料来源:陈方:《收官后仍热度不减,看〈三生三世十里桃花〉如何做到火爆营销》,华声在线,2017-03-09)

二、自媒体渠道

自媒体伴随着互联网的发展而产生,是利用电子化和现代化的方式,向特定或不特定的个人或多数人传播规范性及非规范性信息的新媒体的总称。

自媒体渠道可以通过官方渠道和社群渠道等进行推广,官方渠道能帮助企业树立完美形象,社群渠道可以助力企业对目标群体进行产品或服务的传播。媒体营销要保持内容的不断更新,以吸引用户的注意力,提高用户的黏性;其次要引导用户参与自媒体营销活动,这样不仅可以拉近与用户之间的距离,而且有利于用户更加深入地了解企业的产品和服务,并进行口碑传播。

【案例 7-3】

触手直播完成 4 亿融资金额创手游直播行业之最

2016 年的尾巴,手游直播平台在最后一刻迎来了巨额融资——触手直播宣布完成 4 亿元人民币的融资,GGV 纪源资本、顺为资本领投,启明投资、沸点和熠美投资联合注资,创手游直播行业单笔融资金额之最。

触手 TV 是中国第一家专注手机游戏的直播平台,上线仅 1 年半时间,实现开播主播超 270 万,日活跃主播高达 15 万人之多,远超其他游戏直播平台。

目前触手已拿下了 30 余家手游电竞赛事和综合赛事的独家合作,如 2016 年 CFM 第一届职业赛、《球球大作战》、职业联赛(BPL)、《球球大作战》全球总决赛等,真正成为国内第一的手游直播平台,引起行业内关注。

GGV 纪源资本管理合伙人李宏玮表示,"我们在成功投资 YY 后,十分看好中国创业者的强大学习能力。随着中国移动互联网的兴起,类似触手这类有趣又互动性强的社交模式会成为全新的发展方向。"

涂鸿川更看重用户价值,认可触手从沉淀用户着手的运营模式。甘剑平则从数据的分析和对移动互联网发展大势的判断上肯定了触手。

今年以来,国家发改委等 24 部委联合印发了《关于促进消费带动转型升级行动方案》,明确提出将电子竞技游戏游艺赛事,列入十大转型升级消费行动之一,文化部、教育部等相关部委也纷纷出台了相应政策,支持电竞产业的可持续发展。与此同时,用户对高质量的移动电竞内容输出方面提出刚需,直接催生了手游直播行业的发展。

触手创始人兼 CEO 曹建根介绍道,"早在 2015 年触手就抢先签约了大批技术型手游主播,第一时间布局了优质内容的输出渠道,这是触手直播能迅速积累大批优质用户的基础。根据最新统计数据,手游 TOP10 身价的手游主播均来自触手;2016 年再接再厉继续拿下 eStar、sViper 等《王者荣耀》顶级职业战队的签约,发挥自身在移动电竞领域的先行者作用,助力移动电竞生态圈和直播产业上下游架构的搭建。"

关于未来的构想,曹建根表示,目前的成绩只是基础,触手将继续完善本身应用的功能,尤其强化社区功能,加大对用户的运营和维护,提高用户黏着度,同时继续拓充战队和主播资源,以及各大赛事和厂商的合作,继续把内容渠道做到最好。

(**资料来源**:搜狐网,https://www.sohu.com/a/123297977_492180)

三、口碑渠道

产品的口碑是消费者最关心的,人们往往愿意选择口碑较好、更值得信赖的产品,所以口碑传播也是企业推广产品和服务的重要渠道之一。如果产品被名人、媒体、记者、亲朋好友等在社交平台、博客、论坛、新闻网站中提及并给予正面评价,那么产品就会迅速得到关注。良好的口碑是企业的无形资产,不仅有利于吸引新客户及提升客户忠诚度,还能增加产品的销售量。比如,2016 年崛起的小红书 App,就是通过用户口碑的方式获得订单,销量屡创新高。口碑渠道是企业品牌传播的加速器,口碑渠道要与产品和服务结合起来,有保障的产品和服务才能发挥口碑渠道的价值。

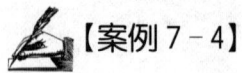
【案例 7-3】

腾讯要求渠道 3∶7 分成,手游行业或将迎来巨变

此前,游戏渠道与游戏制作发行方通常按照 5∶5 比例分账。部分情况下,资金到达制作发行方手中并非 50%,平台还将扣除部分用户在应用中内购的支付费用。

而前不久,腾讯提出 3∶7 比例分成的要求引起热议。同样是手游界巨头的网易游戏,也凭借《梦幻西游》手游版提出过 3∶7 分成的提议,并与部分渠道谈妥。此次腾讯自提出 3∶7 分成的想法之后,一直被各渠道商拒绝,但腾讯并没有放弃这一提议,势在以精品化手游当作谈判筹码。

再根据国情来说，2017年全年共获得版号的游戏有近1万款，而自2018年12月游戏版号恢复至今，获得版号的新游仅为1 100款左右。游戏版号近10倍的缩减使得国内新游供给严重萎缩，在版号数量较为紧张的情况下，精品游戏及实力厂商将更具主导权。

近日，腾讯再次携《剑网3：指尖江湖》等部分新作与国内的安卓平台谈判，要求腾讯旗下部分游戏按照3∶7比例分成。截至今日，部分渠道已经接受了3∶7分成的提议，但OPPO、vivo与腾讯并非谈妥。

在国内游戏行业，腾讯对手游市场的影响力巨大。根据游戏工委数据显示，2018年国内手游的市场规模为1 339.6亿元，腾讯达到778亿元，约占58%。腾讯此次的新游上线，在收获超高关注度的同时，也将成为与各大平台谈判的筹码。像最近的《跑跑卡丁车官方竞速版》《剑网3：指尖江湖》，以经典IP改变成的手游，再一次在玩家之间引起热潮。目前在华为、小米、360、多酷及腾讯应用宝中，这两款游戏已经上线。可是，从谈判结果来看，OPPO、vivo、久游并没有上架，显然双方仍然在谈判桌上并未离开。

在腾讯之前已经有不少厂商尝试与平台洽谈分成比例之事，但关注度都不及本次腾讯的提议。游戏魔客认为，这一部分原因在于手游大环境下，腾讯及其旗下作品更具有影响力与话语权。此前在手游行业中处于渠道为王的状态，渠道方占有主导地位，如若没有良好的发行渠道，再精致的游戏也将受到阻碍。如今，渠道固然重要，但手游精品化的概念已经深入人心，已经到了产品为王的时代。用户趋于成熟，人口红利消失，外加国家政策的限制，腾讯作为大厂兼具产业地位和游戏质量，提出改变游戏分成比例，部分渠道平台必然妥协。

而在未来，或许改变一成不变的5∶5分成，将会成为各大渠道的竞争手段。不仅是在中国，在海外游戏市场，很多游戏厂商同样对3∶7分成不满。像今年6月美国开发者集体起诉苹果30%分成比例过高等情况鲜有发生。同时，这种情况不止发生在手游行业，端游行业中涉及游戏厂商与平台渠道的分成问题也频繁出现。

EpicGames凭借《堡垒之夜》的成功顺势推出应用商店，并将开发者分成比例提高至88%，这让3∶7分成的STEAM平台措手不及，同时失去了今年的大作《地铁：离去》《全境封锁2》等知名产品。要知道，《全境封锁2》属于汤姆克兰西作品系列，STEAM平台已经拥有《全境封锁1》《彩虹6号围攻》等游戏，此次的缺席使得玩家非常失望。在玩家的角度而言，玩家习惯于某个平台之后，并不愿意轻易更换平台，因为在固定平台已经拥有多款游戏，而游戏平台多数具有社交属性，更换平台意味着将失去部分好友。

与此同时，从腾讯近期在渠道的动作来看，不少人认为，家大业大的腾讯或许在之后将彻底整合"手游发行＋渠道"。腾讯拥有自己的分发渠道，如微信、QQ，可以直接提供游戏安装包。如果玩家通过微信、QQ游戏中心直接搜索、预约、下载游戏，将会绕过其他应用商店平台。在这种情况下，分成比例就不是其他渠道平台决定的。当然，其他渠道平台也对此动向早有防范，尽力将用户流量导入自家应用商店，未来将如何，仍是未知数。

从整体游戏产业的角度来看，在多方面因素的压迫下，不少劣质手游或将完全失去竞争力。这在玩家的角度来说将是一件好事。前些年的手游市场鱼龙混杂，甚至不少过激的玩家称手游玩家不算真正的玩家。现如今手游越来越精致，用户量暴增，今昔非比。

目前手游市场无论从下载量、付费量来说，像腾讯、网易等大厂商已然是榜单头部位置的常客，新厂商如若想在手游市场立足，首先从游戏本身的质量来说就要比过去付出更多的努力。但话说回来,此次腾讯要求 3∶7 分成的事件并非是一个起点,而是在整个"变法"过程中,在重要的时间节点投下的一颗重磅炸弹。制作发行商与渠道平台方战火仍在燃烧。

第二节 文创产品营销

文化产业的核心要素是文化创意产品,文化创意产品本身具有差异性、体验性与个性化等特征,它的营销活动能够带动整个产业的生产与销售。

一、社会化营销

社会化营销是指利用社会化平台核心属性开展的营销活动。其核心是利用社会化媒体的用户好友关系网络,与用户对话,让用户关注品牌,并利用好友关系网络发起高质量的好友对话,利用好友关系高效传播对话,以使品牌真正打入用户的社交关系,引发用户自传播。利用社会化媒体营销可以有效地帮助企业进行品牌宣传和维护、产品推广以及口碑传播,越来越多的互联网企业已经通过社会化营销模式在市场上崭露头角。社会化营销因具有成本低、受众广、销售转化率较高等特点,日益受到企业的重视。

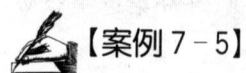
【案例 7-5】

《乘风破浪》社会化营销

作为 2017 年新年贺岁第一档,《乘风破浪》上映以来,除在社交媒体上引起对韩寒的"直男癌"的讨伐外,无论是从评分还是票房考量,都大获成功。《乘风破浪》亦是教科书般的营销案例,涵盖了社会化营销的所有要点。

1. 超级事件

"男子汉歌"引发直男癌讨论,病毒式的传播效果在《乘风破浪》上映之前,韩寒在其个人微博发出了《乘风破浪》的主题曲《男子汉宣言》,几句略显霸道的歌词在社交媒体炸开了锅,舆论一边倒地批判韩寒"直男癌"。面对舆论的汹涌来袭,本来信心满满的韩寒无奈回应,歌词表达的只是夫妻之间笨拙的爱。众多网友并不买账,并细数韩寒历史污点甚至进行人身攻击,《乘风破浪》备受牵连,一部还未上映的电影收获无数"一星差评"。

不过相比于韩寒处女作《后会无期》,《乘风破浪》在立意、故事、镜头、对白、音乐方面都有一定程度上的进步,表现尚算可圈可点,看过电影后发现这首歌在剧情里出现也并没有不妥,相反爱意更浓了。后来豆瓣评分从一开始的 3 点几分一直涨到现在 7.0 分。这虽说是意外,但从传播的角度上来说,《乘风破浪》因祸得福,先是最大化的舆论传播,到最后作品的实力反转。

2. 娱乐众:不顾颜面的自嘲,搞笑的片场日记

都说韩寒正经帅起来,有"亭林镇谢霆锋"的美誉,但是自从他开了微博就俨然成了一个"猥琐的老司机"形象,动不动拿自己别开生面的发型来调侃,早已成为网友们的笑谈,这次

也是不忘来玩味一番。除此之外,片方将《乘风破浪》的花絮以片场探班新闻的形式呈现了出来,幽默风趣的语言,逗比搞笑的场面吸引了更多的年轻观众。

3. 价值认同:明星大IP,口碑票房双丰收

韩寒在2016年10月便开始了上映之前的宣传,搬出了众多主演配角(邓超、彭于晏、赵丽颖、李荣浩、张本煜、董子健、高华阳等),偶像与实力并存。与此同时,除了普通观众的口碑外,章子怡、黄建新等专业人士的夸赞,也为《乘风破浪》定了档次基调。

4. 抽奖刺激:一波又一波的转发抽奖,堪称电影宣传之最

犹记上部电影《后会无期》韩寒送车的壮举,今年的《乘风破浪》也是转发抽奖一浪高过一浪,不仅韩寒送、亭林镇影业送,连演员也送,奖品从车到MacBook,到旅游,到BB机、充电宝等电影周边,令人眼花缭乱,参与的人也是络绎不绝,也因此#乘风破浪#的话题检达到了电影宣传早有的量级:36.6亿。

(资料来源:杨恒、湖清宇:《〈乘风破波〉社会化营销启示录》,NewMedialLab,2017-02-10)

二、游戏营销

游戏营销是指将游戏化思维模式运用到企业的营销过程中去,通过游戏化的方式吸引消费者的眼球。这种营销方式有利于增强文化创意产品营销的效果,进而成功实现营销。

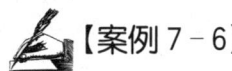
【案例7-6】

砸钱在知乎做营销,游戏大厂们到底图的是什么?

对比微博、B站以及短视频平台,知乎并不是游戏市场营销的侧重点。但平常留意知乎热榜,我们又会发现游戏在这个社区里颇有存在感。葡萄君统计了今年1月1日~3月10日的知乎热榜数据,发现上榜的游戏类问题不少于470条。也就是说,在这段时间里,平均每天会有6~7个热榜Top50,来自于泛游戏领域。一些热门产品在这里更是频频上榜。

2021年3月18日,《原神》《王者荣耀》《DOTA 2》出现于知乎热榜上。

从这个势头来看,知乎可能已经成了游戏品牌所重视的营销阵地之一。从事知乎营销的王五(化名),与大厂一直有密切合作,他告诉葡萄君,"腾讯、网易和阿里三家,可能在知乎营销方面,是有专门的、长期的供应商。"

微博是出圈必争之地,这里用户广泛,常常能引爆热点。但花力气在"人均985,年薪百万"的知乎做营销,游戏大厂们到底图的是什么?

不求获客,但求口碑。

李四(化名)是某知乎营销团队的负责人,其公司主营业务之一,便是帮助游戏品牌代运营知乎账号及产出内容。以他的从业经验来说,游戏厂商在其中的大部分营销不是为了获客,而是为了做口碑和品牌。

原因并不难想到,这是一个基于知识问答体系形成的内容社区。"在这个问答社区里,用户质量与游戏品位较高,你很难通过制造话题来转化流量。"李四称。

前不久,知乎赴美IPO。根据其招股书展示的数据来看:截至2020年第四季度,该平台月活7 570万;30岁以下的占比近八成;52.6%的知乎用户来自中国一线及新一线城市。

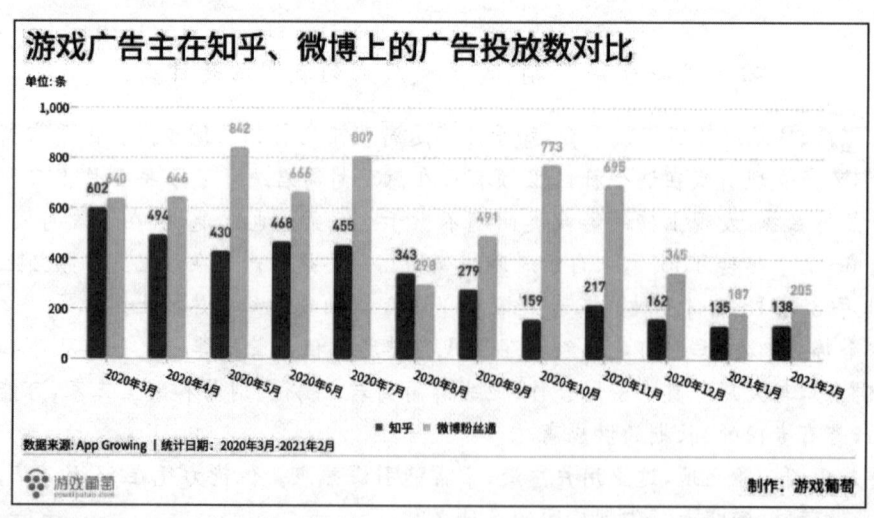

对比之下,知乎月活规模不及B站;论下沉,则被微博、快手等甩在身后。对于游戏广告主而言,知乎看来不是一个能够实现高效获客的平台。

我们可以看一组游戏类广告的投放数目对比:根据第三方平台监测,在过去一年的时间里,游戏类广告在知乎上的投放规模不及微博。

在整个推广平台里,知乎的游戏广告投放量级大约处于在15～20名的位置。相对于短视频或传统广告聚合平台,知乎对于游戏买量推广模式来说,几乎没有明显的优势。

"厂商当然也希望把获客这件事做好。但在知乎上,他们的主要营销诉求在于通过核心玩家的传播,让品牌获得良好口碑。"

李四称,知乎上的KOC(意见消费者)是游戏厂商更加在乎的群体。尽管这个群体数量不多,但如果能够获取哪怕一个人的认可,便有可能引发从金字塔顶部向下扩散的效果。

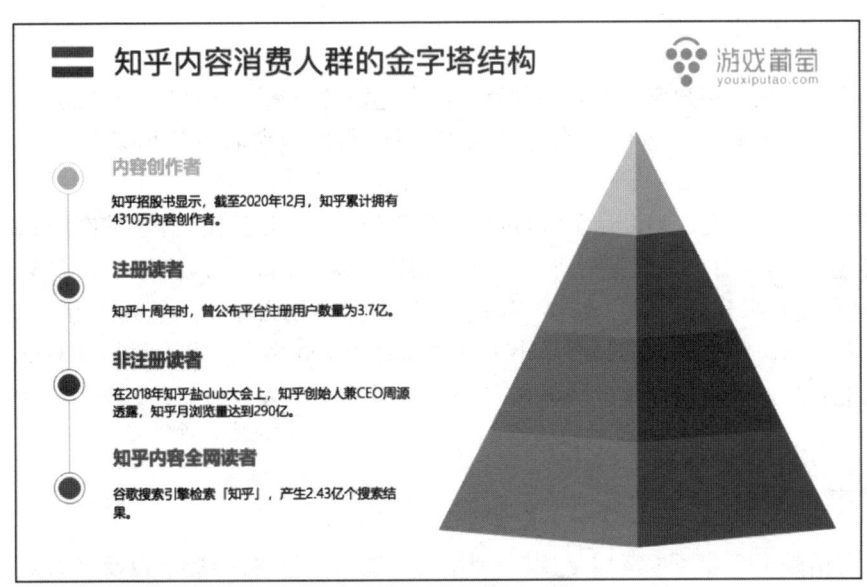

专业人士的点评及意见消费者对大众的影响力,是游戏品牌所不可忽略的。

而我们通过观察发现,很多热议话题虽始于微博,但真正形成讨论的,是在知乎上。这种传播模式,决定了品牌需要重视知乎上与自己相关的讨论和回答。

举个例子:最近一段时间里,《原神》联动KFC事件火了,这使得♯原神♯话题在3月8日上午登上了微博热搜;但该话题在热搜榜上只短暂停留了42分钟,而此后的时间里,联动事件在知乎上升温发酵,吸引数百人参与回答,最终多次登上热榜,影响全网。

李四告诉葡萄君,比起上榜之后所获得的大量曝光,游戏品牌可能更在意自己在话题里的口碑是好是坏。

长尾效应是厂商们在知乎上做口碑的另一个原因。知乎相对于微博、短视频等内容平台,时效性是弱项;但它的优势是对热点话题提供不同维度的见解和观点输出,而这种"内容模式"具有持续的长尾效应。

与大厂亦有知乎营销合作的王五表示,手游厂商在核心玩家群体里的口碑通常不高,而厂商们做知乎的一大动力,就在于通过知乎的内容输出慢慢聚拢核心粉丝群,与此同时建立路人缘。

在搜索引擎里查找相关问题,我们或许会有更深感知:通过百度或谷歌检索"王者荣耀好玩吗""阴阳师好玩吗"等问题时,源于知乎的内容往往会出现在首屏搜索结果中。

可见,知乎在搜索引擎里的权重可能不低。品牌要想获得更多路人缘,就需要在该平台上进行口碑建设。因为每一个话题里的回答,都有可能改变品牌在用户心目中的印记。

王五同时表示,游戏品牌在知乎上做内容营销,不一定能让相关话题出现在搜索引擎的高位,但持续的投入无疑有助于SEO(搜索引擎优化)。

综上来说,游戏品牌或产品,通过问答的形式进行口碑建设,一方面源于知乎平台拥有不少KOL及意见消费者,他们的发声,会对大量用户产生影响;另一方面,知乎的内容模式具有长尾效应,并且它能够在各大搜索引擎上占据显眼的位置。

三、参与营销

参与营销就是让用户参与到与品牌有关的有趣活动中来,让用户变成你的标址相关者。参与营销不仅能激起消费者的好奇心和兴趣,还能帮助消费者更好地了解企业的产品和服务。

小米 MIUI 在研发之初设计了"橙色星期五"的互联网开发模式,通过论坛和用户进行互动,并且邀请一些用户一起参与研发。小米 MIUI 做到了除了工程代码编写部分,将产品需求、测试和发布都开放给用户参与。让用户参与进来,使得小米迅速建立起了 10 万人的互联网开发团队。整个团队的核心是小米官网当时的 100 多个开发工程师,1 000 个有很强的专业水准并且通过论坛审核的内测成员,超过 10 万个的发烧友,以及最后千万级别的稳定版用户。

四、事件营销

事件营销是指企业通过策划、组织和利用具有新闻价值、社会影响以及名人效应的人物或事件,吸引媒体、社会团体和消费者的兴趣与关注,以求提高企业或产品的知名度、美誉度,树立良好品牌形象,并最终促成产品或服务销售的手段和方式。事件营销要将事件与营销目标结合,围绕事件进行创意策划,以实现收效比较好的传播效果。

2017 年 8 月,作为"日本购物必买清单"的上榜产品——保温杯再次火了起来,而与之建立联系的却不是那些盲目的"中国大妈"们。恰恰相反,此次是一位曾经年少轻狂的中国大叔——黑豹乐队鼓手赵明义引起的。随之而来的是大量网友的热议,有些人在嘲讽中年大叔们的危机,也有些人回击"不要拿别人的自嘲来嘲笑本人"。无论你的观点如何,也无论保温杯里装的是什么,反正黑豹乐队又火了,而对于事件中保温杯的正牌制造商虎牌来说,这更是一个难得的宣传推广热点,用一句话戳中了要点:"从此,赵明义火了不仅是因为摇滚,而是一只保温杯。"

五、体验营销

体验营销是指企业通过采用让目标顾客观摩、聆听、尝试、试用等方式,使其亲身体验企业业提供的产品或服务,让顾客实际感知产品或服务的质量,从而促使顾客认知、喜好并购买的一种营销方式。

在消费升级环境下,激发对消费购买的因素已由商品本身转移到商品之外的情感。"在消费的时候我们并不是在为某一个东西买单,而是在为我们的精神需求买单。""花钱买高兴"就是消费升级环境下,影响消费购买的显著变化特点。在这一变化特点的影响下,影响顾客购买的主要因素可能已经不仅仅在商品上了,而是来自其他方面的影响,特别在于消费者的体验。

【案例 7-7】

从考古盲盒到漆器体验包,"体验文化"消费需求旺盛。近年来,文创产业蓬勃发展,博物馆、非遗项目、旅游景区都竞相推出文创产品,哪些文创产品能够真正地受到消费者的欢迎？怎样做文创才能更好地传播文化？河南博物院的"考古盲盒"、成都漆器工艺厂的漆器体验包的走红，将大家的目光引向了体验式文创产品。

考古盲盒：体验考古的苦与乐

近日，河南博物院一款文创产品考古盲盒火了，据说已经被考古迷买到断货，媒体称，河南博物院12月3日晚8点补货450个，不到2分钟就秒光，第二天补货1 650个，不到半天又卖光，是一款名副其实的"网红文创"。

是什么独特的创意，能让"网红文创"这么火？

这款"网红文创"其实只是一抔土，但是就像真实的考古一样，土里可能藏着巨大的惊喜，也可能什么也没有。和考古盲盒一起寄到消费者手中的，还有一件神奇的考古工具：一把迷你洛阳铲。像真实的考古一样，考古迷戴上手套，用洛阳铲一铲一铲地将泥土挖开，可能会从泥土中找到仿真的十二生肖兽印章、大将军虎符、武则天金简、杜岭方鼎等"价值连城"的文物，也可能只收获一抔充满千年古都气息的土壤。

"这个看起来好好玩呀！手套一戴，考古学家的感觉来了！"这是网友的评价。

因为供不应求，河南博物院不时接到网友的"催货通牒"："给个机会挖土吧……"

漆器材料包：了解漆器制作过程

无独有偶，成都漆器工艺厂的爆款文创产品，也是一个体验式的手工制作工具包，从外形看上去，就像小朋友家中常备的水彩笔盒子，打开工具包，里面有一片已经涂上黑漆的书签和砂纸、针笔等各种制作漆器的工具。消费者需要先用一片砂纸将涂好黑漆的漆器书签打磨得光可鉴人。此时的漆器书签，看上去闪闪亮亮，一朵银色的芙蓉花也显现出来。这时，消费者需要拿起针笔，一笔一画地为芙蓉花的花瓣画上"褶子"。画上了褶子的芙蓉花，在反射光线时金光熠熠。最后，消费者再用色漆为芙蓉花晕彩，涂上美丽的颜色后，一张自制的漆器书签就成形了，非常漂亮。

今年端午节，成都市文化馆送给群众的节日礼品，是一款端午香囊材料包。这也是一款体验性的文创产品，打开这款材料包，里面有裁减好的布料、有针线，还有填充香囊的中草药等制作香囊的原材料，顾客穿针引线，根据制作流程的指引，就可以自己缝制一个漂亮的端午香囊，享受了动手的乐趣，又体验了端午佩戴香囊的传统习俗，深受群众欢迎。

体验式文创满足顾客消费需求

文化创意产品的核心在于创意。目前，文创产品市场上，印有景区图案、标志或景观造型的纪念品比比皆是，而产品的文化属性、创意价值却往往被忽视。"考古盲盒""成都漆器体验盒"等体验式文创产品的爆红，正说明富有文化内涵的文创产品，能够激起群众真正的需求和购买欲。

成都漆艺新生代传承人陈红介绍，漆器书签体验包有三种图案：芙蓉、银杏和熊猫，都非常受欢迎。这款体验包的诞生，出发点是为了让更多的人了解成都漆器，这款体验包看似简单，其实包含了成都漆器的打磨、丝光、晕彩等传统技艺，同时也照顾到顾客的消费需求，"很多顾客不仅仅想购买漆器产品，更想亲身体验一下漆器的制作过程。"

河南博物院院长马萧林认为，"考古盲盒"的大火，彰显了传统文化的魅力，通过当下喜闻乐见的盲盒形式，把看起来呆板的"考古发掘"从被动学习变为有趣的主动探索，让更多的年轻人通过另一个角度来了解博大精深的中华文化。

"文创，最重要的是创意，要人无我有。"成都博物馆文创设计大赛评委、艺术家孙凯表示,文创产品也是一种传承,但是要变化成现代社会能够接受的形式。

"所有的文创最终目的就是让文化从博物馆走出去,转化到人们的生活当中,提升人们的美感。文创产品要尽可能多方面地去体现,体验式的文创产品,让观众有参与感,结合研学课程,能够让观众更深刻地了解文化内涵。"敦煌研究院文物数字化研究所馆员丁小胜说。

六、电商营销

电子商务借助于互联网完成了一系列营销环节,从而达到营销目标。电商营销不仅仅局限于购买电商平台的流量,更多的是要与媒体、社交网络、技术、创新等元素结合,和不同领域的跨界组合,只有这样,才能发挥电商营销的无限可能性。

电商营销战役不断升级加码,在营销的创新过程中,玩法、思路和资源都在不断拓宽,出现了一些创新营销范式:① 粉丝经:当红明星+直播互动;② 技术流:炫酷画面+AR购物;③ 跨界秀:边看边买+电视引爆;④ 创意派:数据挖掘+场景共鸣;⑤ 社交力:红包诱惑+分享裂变。

七、微信营销

作为移动互联时代通过微信平台进行营销的一种创新模式,微信营销正在全行业如火如荼地展开。经过快速发展,微信营销的模式正逐步清晰,从早期的用漂流瓶、搜索号码、扫一扫、摇一摇、附近的人等方式添加好友及关注微信公众平台、将内容通过群发给好友或将看到的精彩内容分享到微信朋友圈,由此展开的针对用户的点对点及圈子互动营销,到现今的微信红包、微信支付、微商运营、朋友圈广告推广和微信多号联动等,营销手段不断创新。

八、精准营销

最早提出精确营销的是莱斯特·伟门,他指出要以生产厂商的消费者和销售商为中心,利用电子媒介等方式,建立消费者、销售商资料库,然后通过科学分析,确定可能购买的消费者,从而引导生产商改变销售策略,为其制定出一套可操作性强的销售推广方案。

企业利用客户大量的一手数据资料,利用现代信息技术对消费者的消费行为进行衡量和分析,掌握消费者的消费行为规律,预测消费者的购买意图,为目标市场提供个性化的产品和服务。精准营销能有效降低企业的营销成本,缩短销售周期,最后实现企业的可持续发展。将以产品为导向的传统营销模式改为以消费者为导向的精确营销模式,是企业提高核心竞争力的有效方式。

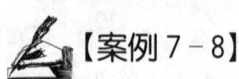

【案例 7-8】

Spotify、喜马拉雅、腾讯网易:音频播客该"起飞"了

2021年4月5日,苹果公司CEO库克在一档音频播客类节目中和硅谷一位记者兼播客主持人聊了30多分钟,关于隐私、对特斯拉的客套恭维,以及自己未来不会再在苹果公司干十年等话题。这档播客节目叫Sway,出自《纽约时报》评论栏目,每周一、周四更新。这之前,马斯克的参与带火了音频社交应用Clubhouse。大佬与资本的加持,让海外音频行业站

在了爆发的临界点上,虽然这只是一个定性的判断。

根据音乐流媒体平台 Spotify 最新 20-F 年报,2019—2020 两年间,它接连并购/入股了 6~7 家音频内容或技术类公司,包括 Anchor FM、Gimlet Media、Cutler Media、Megaphone、Bill Simmons Media 等,每家标的大致在 1~2 亿欧元,目的就是获取三样东西:用户、内容以及广告变现技术(货币化)。上周它又收购了音频直播公司 Betty Labs,矛头指向音频聊天 Clubhouse。最新市场数据,Spotify 的月活跃播客听众已经超过苹果生态内自 iPod 时代就自带的播客应用 Apple Podcast。在 Spotify 的"搜索"里找歌时,排在第一位的就是播客标签。

这波风口也让国内一批创业公司迅速转向了音频社交,而传统的"音频三强"中,荔枝已在美国上市,经历了一年的股价低迷,疫情因素也没能拉起来,反倒是不久前香橼做多 UGC 类音频社区带动了荔枝股价回升;模式相对"最重"的喜马拉雅也对 IPO 摩拳擦掌,如果错过这波上市/回归潮,不知道要再等多久。而几家巨头公司也提升了音频/播客类业务的权重,像腾讯音乐、网易云音乐、字节跳动旗下的番茄畅听、B 站旗下的猫耳 FM 等,但都没有上升到核心业务层面。

下面想分析的是,与欧美市场对比,目前国内市场环境、商业变现情况是否能支撑音频播客的爆发增长。这似乎是一个快要被资本遗忘的冷门旧赛道。

播客的变现模式

先以 Spotify 为例,来看一下它这个商业模式下的成本与收入结构。年报说,从 2006 年上线至 2020 年年底,Spotify 已累计支付了 210 亿欧元的版权费用。这笔庞大的开销都给了谁呢?主要是三类人:① 唱片公司(Recordlabels),比如"三大":环球、索尼、华纳,以及独立音乐公司或工作室,比如 Believe Digital 和 CD Baby 等;② 音乐发行商(Music Publishers),以获取乐曲的录制权和公开表演权;③ 播客(Podcast),向个人或机构创作者索取内容分发权。大头集中在前两类。

它的版权合约很有意思,一般是按照平台上的付费订阅用户数量、或相关乐曲的播放量、或两者的结合来计算版权费用,比较复杂。但简单的一条是,付费用户越多,播放量越大,平台给版权方支付得也越多。但这通常不是一个简单的线性增长关系,否则平台很难靠规模效应赚到钱。

在版权上的付出为 Spotify 带来了两块收益,占比中的绝大多数是会员费,一小部分是广告。其中,单纯的播客内容目前只能产生广告收入,而非会员收入,因为用户不付费也可以在手机端随意收听、下载各种播客内容(但音乐不行)。来自最新财报分析师会议上的数据,该平台 3.45 亿 MAU(其中付费用户 1.55 亿)中有 25% 同时是其播客用户。这个比例高吗?我认为还不算高,更普遍的场景应该是用户在上面付费听音乐,发现音频内容也不错,就顺便听播客,而不是反过来。

Spotify 在音频内容上尝试用广告变现,所依仗的是用户大数据。收听同一条播客,A 用户听到的插播广告和 B 用户是不同的,实际上平台给到广告主的是一种数据分析能力,平台的用户数越多,给广告主呈现的数据效果也越丰富,也就是所谓的越精准。

很多年前电台上有一档节目叫《空中英语教室》,几个老外就某个话题闲聊天,教中国人练习口语和听力。这种形式就很像如今欧美播客的感觉。主要体现为主持人在 Apple Podcast 或 Spotify 上原创播客内容(大多是访谈、聊天、脱口秀)。

与此不同，国内播客市场上有相当一部分比例是现成的音频内容，比如德云社的相声、单田芳的评书、小猪佩奇的故事等，严格说这些不属于播客。平台获得版权后，就可以通过这些VIP内容来区分会员与非会员的收听资格。比如喜马拉雅在主App之外又做了一个儿童版，里面的优质内容大多设置了VIP限制。我自己没有在喜马拉雅上付费，但在儿童版上是付费会员。这也是平台在垂直受众领域上的价值。

现在可能还难以判断这两种模式孰优孰劣，买版权拉会员的模式与Spotify在音乐领域的做法类似，版权费支出是一大开销，导致它的毛利率比较低（26%左右）、制约其盈利，这也是爱奇艺、腾讯视频、优酷等长视频领域的一个掣肘。但是，也不得不考虑受众市场的整体欣赏倾向。主持人式的播客模式更加突出人的因素，把主持人的魅力往前放。Spotify花1亿美元天价独家签约某播客主持人的现象在国内音频领域还未出现，或许说明国内用户对主持人的欣赏黏性还没那么大。

举个简单的例子，我读大学时还流行宿舍熄灯断电后一起听广播，像《刑警803》广播剧就属于内容的前置，有没有主持人无所谓；而情感夜话类节目则属于人的前置，听众追随的是主持人。这两种模式从电台广播一路演变进入互联网播客时代，其消费内核并没有变。整体看，应该说在国内市场上内容因素比人的因素更具竞争优势。但也有像荔枝FM这种不做版权生意、靠音频直播打赏为生的相对小众的声音平台，做差异化竞争，尽管后来其他平台也填补了音频直播的短板，让差异化变成了标配。

供给端短缺问题

大概从去年下半年，网易云音乐和腾讯的QQ音乐陆续上线播客专区。由于上线时间不长，目前社区人气显然不如那些小姐姐直播唱歌的场景，甚至逊于一些二次元直播间。因为在这些实时场景中，听众可以通过弹幕、聊天室的图文、虚拟礼物等形式进行互动，还是视频直播那一套逻辑。或许说明，国内用户在互动性、参与感、表达欲方面更强烈，偏知识类的、提前录制好的播客内容可能消费门槛还是高了。所以近期才会出现一批"巨头＋创业公司"模仿Clubhouse做音频社交的现象。

这就导致了目前播客的供给不足问题。根据年报，Spotify截至去年年底有7 000万首乐曲（Tracks）和220万播客内容（Podcas Titles）；国内曲库最大的QQ音乐现在有4 000万首乐曲，与Spotify属于同一个数量级，但国内全部音频平台加起来的播客内容可能还没有达到220万级别。

所以，当下国内播客行业首要的是增加供给，还没到考虑商业化的层面。因为MAU没上去，广告主不会在上面插播广告；而走播客付费会员道路，其付费意愿与针对那些知名版权内容相比要弱很多，我干嘛要付费听别人聊天呢？除非是名人效应，比如于谦在喜马拉雅上开播的《谦道》，累计播放破亿了，但这就又回到了成本问题上。

而在UGC的供给端，播客面临着短视频、中长视频的竞争。因为内容生产者的盘子就那么大，做视频的和做声音的，在呈现方式上分得还是比较开。目前尚未看到大平台像当年扶持短视频创作者那样大力度砸钱、给资源的现象。

但国内播客面临至少两个有利条件：场景的独占性和智能设备的拉动。比如睡前、开车这种需要解放眼睛的场景，是一天中为数不多较为集中的时间，天然适合长音频而非短视频消费。类似于分众传媒（002027，股吧）的江南春早年一直说的，电梯广告具有独占性，因为通常电梯里没信号，人们会放下手机，看看广告屏，但现在很多电梯里信号已不是问题，其独占价值有一定削弱。

另外,在前几年家庭智能音箱掀起一波热潮后,新能源车成为又一个热门赛道。这两个场景都具备把碎片化时间化零为整的能力,新能源车的未来趋势之一是软件服务与内容生态搭建,智能音箱之前已经带动了音频版权内容的消费热度,车载也将为音频播客铺路。

总结一下,国内音频播客行业一上来就没有找到合适的商业化路径,这与国内的供给与消费习惯有关,导致创业公司做得慢吞吞,如今却得到巨头垂青。可以说长音频现在成了内容赛道上的最后一棒,它凭借对用户使用时长的消耗能力让战事升级,辅以新能源车的内容前景,虽说播客还没到"起飞"时刻,但这个最后一棒已经起跑,整体上我还是倾向于看好音频的爆发潜力。

(资料来源:搜狐网,https://www.sohu.com/a/459652087_170520)

九、娱乐营销

娱乐营销是指借助各种娱乐活动形式与消费者实现互动沟通,将娱乐因素融入产品或服务,从而促进产品或服务取得良好的市场表现。娱乐是一种建立在感官刺激基础上的体验;营销是专注于消费者的需求,通过满足消费者而实现目标的活动。由此便可知娱乐营销的诉求点是消费者的娱乐体验。它是一种通过愉悦消费者从而有效地达到营销目标的营销方式。娱乐营销的内在其实是一种感性营销,它不会让消费者感觉到这是一种生硬的购买游说,而是与消费者产生某种情感的共鸣,让消费者参与到营销活动之中,从而产生购买行为。

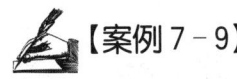

【案例7-9】

蔓之研携手《王牌对王牌》,玩转综艺 IP 营销

当代人面临的社会压力以及碎片化消遣方式的出现,使得综艺节目成为越来越多人调剂心情放松自我的主要方式,近些年综艺节目迎来了发展黄金期,而赞助商通过综艺节目的多元植入早已成为提升品牌认知度的一种营销策略。最近专业护肤品牌蔓之研搭载综艺顶流《王牌对王牌》,也玩儿起了综艺 IP 营销。

营销想要达到效果,首先需要尽可能地触达目标受众。作为护肤品类,蔓之研历经五年的专业沉淀和品质打磨,已然在小众圈层获得了不俗的口碑基础,不过"酒香也怕巷子深",想要"破圈"升级,蔓之研亟需持续提升大众圈层的品牌认知度,扩大品牌影响力,树立起品牌形象,最终在消费者心智中获得一席之地。而连续五年蝉联一季度收视王座的《王牌对王牌》,毫无疑问成为蔓之研首选。

《王牌对王牌》作为浙江卫视重磅打造的以游戏娱乐为主的大型原创室内竞技真人秀节目,以"经典 IP 重现,欢乐游戏对抗"笑点密集的形式,一直以来深受观众尤其是年轻人的喜爱。单季有效 60 亿的点播量,380 亿的话题阅读量,以及超 6 000 万人次的直播观看,卓越战绩赢得蔓之研的关注。除此之外,《王牌对王牌》通过不同主题的策划,激发嘉宾潜能,引发观众共鸣,总是能够精准触达大众的泪点与笑点,潜移默化中弘扬正能量,舒缓当代人士压力,而这也成为蔓之研倾心赞助《王牌对王牌6》原因之一。

在众说纷纭的肌肤护理时代,面对盲目跟风的普罗大众,蔓之研鼓励人们向内探索,在肌肤的密码中了解自己,追求健康肌肤,找到专属自己的美。为此,蔓之研立足于生物学真相,在澳洲实验室的专业支持下,开创了安全高效的定向护肤方案:针对不同个体,破解肌肤密码,做到从根源鉴别、了解和优化肌肤。

本次蔓之研在《王牌对王牌》综艺中重磅植入的 Skin DNA 能量源液,是基于全球200万皮肤基因检测真实数据样本,融创巴斯夫数十年表观遗传学成果缔造而成,能够精准触达肌肤老化问题的根源,从基因表达层面优化和改善我们的肌肤,从而真正提升肌肤的年轻态表达!

因此在传播层面,结合蔓之研精准长效的定向护肤标签和《王牌对王牌》的综艺形式,节目组为蔓之研量身打造了更易被观众接受的花式植入,如节目游戏比拼植入、嘉宾妙语等,与消费者形成互动,更好地塑造品牌的定向精准,加深品牌印象,全面提升品牌知名度。

如今,《王牌对王牌》前五季的精彩呈现+第六季原班人马的回归,使得《王牌对王牌6》早已未播先火,热点话题频上热搜。相信搭载《王牌对王牌》这一顶流IP,数以亿计的流量必将为蔓之研带来指数级的曝光增长,助力蔓之研早日实现"破圈"升级,为更多的人带去精准长效的定向护肤解决方案,成全肌肤健康专属之美。

(资料来源:网易新闻,https://www.163.com/dy/article/G1QTJ85T0537IAKP.html)

 拓展阅读

《人民的名义》为什么火了?

2017年反腐剧《人民的名义》大火,其主要原因不仅在于湖南卫视买下了首播权益,更重要的是 PPTV 聚力视频捷足先登拿下了网络独家版权及后续独家首播。

在电视剧正常播放的过程中,网络播放也同时进行,用户可以在互联网电视渠道上进行互动,通过 PPTV 聚力视频观看独家花絮,对电视剧进行评论与讨论。

在传统渠道和互联网渠道共同发力的情况下,这部剧得以大火,在内容播出的同时获得大量年轻人粉丝,各种台词截图和表情包在网上迅速传播。可以说,没有 PPTV 聚力视频通过新媒体渠道进行年轻群体的营销规划,《人民的名义》或许火不到这种程度。用户在看到一些令人兴奋的内容时,需要交流,需要讨论,也需要表达,而这是传统电视和机顶盒没办法满足的需求。

互联网电视的唯一问题就是内容来源不合法,缺乏版权内容,从而导致被监管。互联网电视不能像过去的门户网站那样,打着直播的旗号放些花絮和周边视频,因为这确实是需要花钱买版权的事情。花不起这个钱,那就没得玩了,也不能怪政策压力大。这两年 PPTV 在版权获取上花了很多钱,拿下了大量电视、电影和体育版权,这使得 PPTV 成为行业内的版权寡头,也使得 PPTV 在发展互联网电视方面少了许多障碍。

内容有了,还需要有渠道,否则不能充分发挥出内容的最大价值。PPTV 可以有两个选择:一是与其他互联网电视渠道进行内容合作,用别人的渠道来给自己分发内容,回收版权投资收益;二是自己做互联网电视,把所有的内容权益留在自己的体系之内。PPTV 选择了后者,而这其实也是有道理的。PPTV 的互联网电视并不那么出名,但出货量却很大,因为苏宁拥有强大的线下渠道,主要销售包括电视机在内的家用电器,也知道设置怎样的价格区

间可以激发购买力,而这使得 PPTV 电视得以快速在市场上铺开。

PPTV 聚力视频耗费巨资购买了大量版权内容,而这些内容需要分发渠道,互联网电视就成为一个很好的载体。PPTV 电视销售得越多,版权分发的渠道就越强,内容的分发效率就会提升,版权成本就会被摊薄,版权的效益自然也就出现了。因此,PPTV 电视对于内容版权寡头 PPTV 聚力视频的重要意义是不言而喻的。

接下来的问题是,内容在互联网电视上能不能产出更大的效益,在可见的未来将版权和硬件成本覆盖掉呢?这个问题可以这样看,《人民的名义》这类头部 IP,现阶段在传统电视渠道所获得的收益还是大头,但问题在于传统电视除了广告之外别无其他盈利渠道,这就如同电影在院线上映期间除了卖票别无其他盈利模式是一样的,就连卖爆米花的收益也是电影院的,与电影本身无关。

互联网电视就不同了,虽然互联网电视整体的收入规模比不了传统电视,但互联网电视却拥有花样繁多的收入获取方式。除了广告以外,互联网电视还可以通过互动来赚钱,内容直播中所产生的跟帖内容叫作 LGC(Live Generated Content),具有极高的价值,也是广告主的最爱。对于在电视内容中所出现的服装和配饰等物品,互联网电视分分钟就能直接把电商按钮放上去,获取分成收入,用户想把一部剧看了又看,可以买会员账号看点播。类似的盈利模式还有很多,关键看运营者的脑洞能开多大了,只是目前都还处于探索阶段。不过,这些盈利模式的增长速度非常迅猛,一年一个样,这就很有意思了。

传统电视和机顶盒对于内容的流动是没有掌控力的,对用户的取舍也没有任何控制力,而 PPTV 这样的互联网内容提供商却可以从内容的流动中获取增值收益,也可以通过技术手段将用户紧紧地聚拢在一起。这是因为互联网电视这个内容渠道是可以在各处设置大量开关的,而且这往往是构建商业模式的基础设施,但传统电视和机顶盒做不到这一点。

那种不管内容来源,只知道一味做聚合的纯互联网电视模式如今已不存在了,于传统电视而言那根本就是不对等的竞争,被监管掐死也是意料中的事。而像 PPTV 电视这种结合了软硬件、内容、渠道和用户运营的模式,正处在风生水起的发展阶段。从目前来看,PPTV 电视的这种模式是领先的,能让 PPTV 电视构建起不可动摇的优势。

(资料来源:葛甲:《PPTV 智能电视的版权及渠道运营模式已领先行业》,新浪博客,2017 - 04 - 21)

【思考题】

1.《人民的名义》采用了哪些分发渠道?

2. 互联网电视与传统电视有哪些差别?

3.《人民的名义》是如何利用互联网电视实现高收视率的?

4. 新媒体对文创产品营销有哪些新应用?

第八章
文化创意衍生产品开发与推广

 **本章导读**

2016 年,衍生品是电影产业里最火爆的词之一。数部电影的衍生品销售额超过了千万元级别,《魔兽》的衍生品销售额甚至突破了亿元。从阿里巴巴到万达,从时光到光线、中影,从互联网杀入电影业的新贵到业内的老牌巨头,都在这块市场悄然发力,"衍生品元年"的概念也被提了出来。中国 IP 衍生品市场正逐步走上发展的快车道,未来前景可期。

本章将学习文创衍生品的价值与内涵、开发过程,以及产品销售与推广的模式与途径。

 教学目标

1. 了解衍生品的行业现状;
2. 了解衍生品的价值与作用;
3. 掌握文创衍生品的开发过程;
4. 了解文创衍生品的推广模式;
5. 学会文创衍生品的实践技能;
6. 发现文创衍生品领域的创业机会。

 **开篇案例**

《阴阳师》首发定制美妆布局泛娱乐衍生品

近日,网易考拉×《阴阳师》"寮办美颜所"开业,正式上线网易考拉工厂店与《阴阳师》联合开发的美妆个护系列。目前可购买到的定制商品包括酒吞眼罩、八岐大蛇面膜、黑白茨球葫芦蛋等,为广大游戏爱好者提供护肤美妆的"美颜攻略"。网易考拉方表示,背靠网易考拉工厂店的工厂资源进军泛娱乐衍生品是网易考拉今年重要布局之一,接下来将展开系列 IP 衍生品开发活动。

"与网易游戏的 IP 合作是对网易内部价值的充分挖掘。而《阴阳师》作为一款现象级的二次元游戏,在包括音乐剧、泡面番到 IP 影视化开发等泛娱乐 IP 体系构建上非常突出,核心粉丝群体女性数量多、黏度强,非常适合美妆个护方向的衍生品开发。"网易考拉相关负责人说,"事实上,该系列商品上线后广受阴阳师粉丝群体欢迎,好评度 100%。"

今年网易考拉在 IP 合作、衍生品开发方面动作频频。年初与网易游戏《神都夜行录》合作推广定制青团食盒,上线两周,屡次断货。端午节前携手世界级文化 IP 颐和园推出首款合作商品——"游龙御舟"冰粽礼盒,端午节前便销售一空。7月刚刚推出与颐和园合作的"颐和花容美妆护肤系列",上线后也是100%好评的明星商品。

接下来,在泛娱乐IP衍生品开发方向,网易考拉工厂店将凭借在供应链、品控和销售端上的优势,提供系列从生产端到销售端的解决方案,背靠领先制造能力的顶尖工厂,保障周边产品质量及口碑。同时,众多文化IP也将为中国优质制造工厂赋能注入文化和创意的力量,补助部分制造工厂在品牌设计上的短版。

伴随着社会经济的发展,"国潮"的回归,90后、Z世代消费群体的崛起,泛娱乐衍生品逐渐成为消费市场的"宠儿"——优衣库与《周刊少年JUMP》的日漫联名引发的抢购热潮、故宫口红的频频断货,以及近年来知名品牌层出不穷的IP联名款都展现了文化IP的影响力及其背后的巨大商业可能。

90后、Z世代消费群体对个性化消费的渴望,对共同文化和价值理念的追求,催生了庞大的IP衍生品市场。年轻群体对IP衍生品的需求已不仅局限于传统意义上的使用,而是希望在日常生活的方方面面都更明确地彰显自我的个性与价值观。

据悉,网易考拉工厂店将展开与颐和园、《大话西游》等IP的深度合作,持续为相关爱好者提供核心周边产品,包括美食、服饰配件、美妆个护等类目,覆盖消费者多种生活场景。

(资料来源:人民网,http://ent.people.com.cn/n1/2019/0716/c1012-31238095.html)

【思考题】
1. 网易游戏的IP合作的模式是什么?
2. 结合90后消费群体的特点,思考游戏IP衍生品市场的发展方向。
3. 你认为网易考拉工厂店与IP的深度合作,在周边产品的开发上,哪些产品是非常成功的,为什么?

第一节 衍生品概述

一、衍生产品的概念

文化创意衍生产品是指利用原生文化艺术产品的象征意义、人文精神、美学特征、文化元素,通过对原生文化产品的解读和重构,加之设计者自身对文化的理解,将原生艺术品的文化元素与产品本身的创意相结合,从而形成的一种新型文化创意产品。通俗地讲,文化创意衍生产品就是指版权方自主开发或者委托第三方开发的具有版权产品特征属性的相关文化产品,是一种跨界产物。比如,泛娱乐产品文学、电影、动漫画、游戏等版权作品授权使用其原创角色形象或者作品元素设计、开发的商品,常见的有挂饰、毛绒抱枕、手办等。

在LIMA(全球特许授权商品联合会)的调查报告中,特许授权商品除了包含娱乐业及其角色形象商品外,还有含企业Logo的商品、时装、体育、出版、明星、音乐、技术及非营利性特许商品。在欧美、日本等国家,电影、动画等衍生品市场早已形成了成熟的产业链,据公开数据显示,衍生品创造的效益可以高达一部作品总收入的70%以上,我国国内的衍生品市场也被估值有千亿元的规模。

二、衍生产品的分类

衍生品包括消费性周边实物衍生产品和品牌授权的非实物衍生产品。消费性周边实物衍生产品,或称周边产品、周边衍生品,是指利用动画、漫画、游戏、影视等文化作品中的人物形象或动物造型,经授权后制成的实物商品。周边产品的种类十分丰富,包括玩具、文具、食品、服饰、电器、电子产品及各类生活用品等。

品牌授权的非实物衍生产品是指版权产品经过艺术加工后,转变为其他的艺术形式来表达其精神内涵的非实物文化产品。非实物衍生产品的主要表现方式有:

(1)知名书籍、网络小说等文学作品经影视公司开发形成电影、网剧等衍生品,比如由靳东、陈乔恩主演的网剧《鬼吹灯之精绝古城》,就是天下霸唱所著的《鬼吹灯》系列小说的衍生产品。

(2)具有较好票房的电影或者拥有良好口碑的综艺节目与游戏制作商合作,发布相关的手游衍生品,比如深受大家喜爱的大型综艺节目《爸爸去哪儿》,每一季节目播出后都会发布同款手游衍生品,在扩大节目知名度的同时也增加了趣味性。

(3)还有游戏衍生成电影、短视频衍生成为网剧大电影等表现形式。

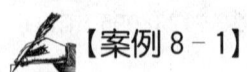【案例8-1】

李宇春都去代言衍生品了,春节档靠卖货赚一个小目标有多难?

一年一度的电影春节档尚未正式开战,衍生品领域的竞争已经悄然揭开序幕。比起去年,今年的衍生品从SKU、合作品牌都更加丰富,小娱近期拜访几家衍生品公司,看到了打版十几次后的《捉妖记2》萌宠胡巴,种草了《唐人街探案2》黄花梨木神探伞,也被《西游记女儿国》挂壁式音箱惊艳了一把。

去年春节档电影衍生品中,赢家来自《乘风破浪》。授权运营方彩蛋工厂CEO章耿亮告诉小娱,通过专业团队将电影元素提取再设计,建立满足商业化运用的Style Guide(授权图库),仅仅是饰品类授权,被授权方周大福产品销售额就超过2 000万,而"乘风破浪"转运珠、"小花同款"钻戒等爆款,热度更是贯穿全年。(去年的"小花"赵丽颖,今年在《西游记女儿国》里戴的还是周大福)

另一个令小娱惊讶的案例是《建军大业》,尽管票房并不理想,由中影营销团队和彩蛋工厂携手海鸥表、华光陶瓷、中国邮政、汉道刀具等品牌,授权衍生品整体销售额破亿。

过去大家总说国产电影衍生品不行,这届春节档到底行不行呢?答案尚未可知,不过从常规的3C数码、服饰、毛绒玩具到非常规的剃须刀、手工皂、转运珠,电影衍生授权公司为征服消费者的钱包使出了浑身解数。

《捉妖记2》自建衍生品团队,开发20多个SKU,合作品牌接近60个,最出彩的莫过于与麦当劳进行品牌合作,推出主题门店和套餐。此外,安乐影业还与长隆签了长达20年的协议,合作打造主题乐园。同样是续集作品,《唐人街探案2》授权方万达通过强大的品牌资源,也开发了50多个SKU,包括定制剃须刀、定制钱包等,与三只松鼠的异业合作如火如荼。而《红海行动》相对克制,仅推出了兵人手办、刀具等调性契合的衍生品。

总的来说，这些电影衍生品大部分都已经不再是简单粗暴贴 Logo，而是更早介入电影创作，提取片中元素，将衍生品与电影做更加深度的结合甚至植入，创意正在成为衍生品行业第一生产力。

(**资料来源**：今日头条，http://b9q.net/bvhsz)

三、衍生品的作用

文化创意衍生品的价值分为两个部分，一部分是依赖于人物形象产生的原始价值，这是衍生产品的核心价值；另一部分是衍生产品所具有的功能、品质等，是产品的附加价值。因为核心价值的存在，使得衍生品可以持续地创造价值，所以衍生品的价值创造能力往往数倍于文化产品本身。在文化产品的创造、生产与销售的过程中，由于衍生品开发这一商业环节的存在，所以文化产品的整条产业链形成了一个商业闭环。衍生品开发的主要价值体现在以下几个方面。

(一) 可实现利润再创造

衍生品开发是文化产业利润再创造的源泉，该环节可视为价值链的最高端。衍生品的开发和发行都可以在很大程度上借助于文化产品的已有资源和渠道，文化衍生品既植根于特定的文化产品，又在继承的基础上创造出多样的衍生载体。因此，开发衍生品所需要的渠道成本、资源成本相对较低，而且开发形式非常多样，如果重视衍生品开发环节，就会创造持续的利润。

制作衍生品不需要制作方另外设计内容，只需授权使用作品中的人物形象或元素就可以不断地开发新的商品。值得一提的是，手办一类的衍生品由于其具有的收藏价值属于高毛利商品。纵观国外衍生品市场，至今活跃着的或创下销售记录的不乏许多诞生已久的作品，据 LIMA2016 年的报告显示，《星球大战》系列迄今仍是全球衍生品销量最高的电影品牌，衍生品的变现能力拥有较长的生命周期。

(二) 可起到宣传效果

衍生品开发可以获得更多的市场价值，同时衍生品的及时投入市场，对文化产品本身的宣传起到助推作用。衍生品的开发甚至可以作为文化产品推广的一部分，对文化品牌价值的延伸具有重要意义。

(三) 可用于作品测试

由于衍生品的操作门槛较低，可以小批量投入市场进行用户测试。也就是说，衍生品开发并非一定要等到文化产品进入流通并被受众接受之后才进行；相反，衍生品可以很早就进行投入，以测试文化产品的受欢迎程度。如果衍生品很受欢迎，就说明文化产品本身的艺术价值和商业价值很高，也可以说明文化产品前期的宣传工作很到位，已经让很多受众了解了他们的文化产品并对其衍生品产生了兴趣。

因此，衍生品开发不仅可以降低文化产业投资的风险，也可以在整体上节约开发费用，还可以对品牌起到宣传助推的效果，同时可以在文化产品投产前期用来测试作品的受欢迎程度。

文化创意衍生品开发作为商业模式中不可缺少的一环，甚至应该作为前置环节，在创作文化产品的早期就对其有所投入。早期投入衍生品可以为文化产品打开市场，增加文化产品的知名度,对文化产品的后期销售起到正向的推进作用;反过来,文化产品在销售时,由于前期的宣传铺垫使其已经有了很好的知名度,也会为衍生品的持续开发和销售带来利好,从而赚取大量的利润,用来补贴产品的后续宣传或者再次创作,这样的良性循环就形成了一个持续盈利的商业闭环。

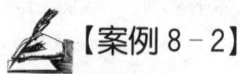【案例 8-2】

《变形金刚》变形记

上映第五天,《变形金刚5》票房冲破10亿元大关,但与此同时口碑却遭遇全线溃败。一边是票房高入云端,另一边是口碑跌落泥沼,这也让《变形金刚5》步入了"高开低走"的态势,内地票房增速明显放缓。作为全球范围内影响力最强的超级IP,《变形金刚》系列衍生品的授权大卖,也成为影片票房之外又一大"吸金利器"。

《变形金刚》在中国的火爆始于20世纪80年代,在孩之宝联合Sunbow Productions推出的广告动画片的带动下,1988年后,变形金刚玩具在我国几度脱销。据不完全统计,20世纪80年代至今,孩之宝通过变形金刚玩具、海报等周边产品在中国赚走了近50亿元。为配合产品线开发,孩之宝连续推出了动画电影,同样获得了世界范围内的成功。虽然玩具饱受"重涂"诟病、动画内容被指低幼,但每次推出新玩具时其销量依然颇为可观。

2007年,迈克尔·贝导演的真人电影《变形金刚》上映,在全球获得3.6亿美元票房,片中的衍生品玩具也在日本和美国同步推出。为吸引成年观众,设计方TAKARATOMY还推出了音乐设备"Transformers Music Label",包括擎天柱形象的iPod音箱和MP3耳机。目前,变形金刚系列除玩具之外,还授权开发了电子游戏、时装等各类衍生商品。

2017年,就在《变形金刚5》上映前,时光网又以"过去·现在·未来"为主题举办了"2017变形金刚风尚大典",大量变形金刚的原创设计衍生品得到了全方位的展示,比如主题服饰、擎天柱版充电宝、火焰图纹手机壳、汽车人轮胎充电宝、擎天柱头盔版蓝牙音响等兼具收藏价值、高性价比、多功能的衍生品。与此同时,天猫与孩之宝及派拉蒙合作,开放衍生授权给30多个品牌的天猫官方旗舰店,配合618促销拉动魅族、卡西欧、欧莱雅等变形金刚定制款产品的热销,如欧莱雅男士补水面膜大黄蜂系列的单日销量即突破万件。

第二节 衍生产品开发

一、开发过程

文化创意衍生产品的开发过程包括三个阶段:获得上游资源端的IP授权、衍生品的设计与生产、衍生品的流通与销售。

(一)获得上游资源端的IP授权

能否提前获得火热动漫、电影、电视剧、电视节目的衍生品独家授权是衍生品开发的关键。在美国等国家该环节非常受重视,IP产权保护工作也做得很好,这使得最先获得衍生品授权的开发商掌握了赚取高利润的好机会,而国内,对IP授权的重视程度还不够,创作方本身不太注重形象授权,相关法律也不健全,导致盗版产物盛行,危害了正版授权方的利益。

(二)衍生品的设计与生产

取得IP授权后,接下来就是对艺术形象衍生品的加工设计与生产,该环节是衍生品开发的核心。衍生品设计环节必须注意艺术形象要和实物紧密贴合,除了做到突出艺术形象本身的特点之外,也要使得商品的功能因为该形象的存在而得到升华。例如,根据小青龙形象设计的U型枕,既能有效突出小青龙的外观形象,又因为小青龙细长的身材非常适合做U型抱枕而使得抱枕的功能性得以突出,两者相得益彰。所以在进行衍生品设计时一定要注意艺术想象本身的特点与价值。

(三)衍生品的流通与销售

衍生品开发的成功,不仅依靠衍生品的设计、供应链管理、生产加工,也要对物流配送、流通管理、营销手段等后续环节有较强把控能力。由于文化创意类作品在前期已经受到大家的认可或者吸引了大家的眼球,所以相关的衍生品在流通销售时会比其他商品更容易些,但是衍生品的流通销售同样需要方法与技巧。衍生品流通销售应注重宣传时间与销售地点,宣传时间一定要在IP形象大火后立即开始,否则会失去热度,销售地点最好可以是文化创意作品的宣传场所,如新闻发布会、粉丝见面会等,这样会起到事半功倍的效果。

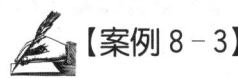
【案例8-3】

开发文创衍生品三星堆与四川华可强强联手

中国网3月18日讯 3月16日,广汉三星堆博物馆与四川省文化和旅游创意产业联盟会员企业四川华可酒店管理有限公司就IP文创产品开发授权正式签约,标志着三星堆博物馆与四川华可已提前布局提振市场信心、释放消费潜力。三星堆博物馆馆长朱家可先生、四川华可董事长龚宇先生、副总经理沈一红女士等出席签约仪式。

根据协议内容,双方将采用IP授权、联合开发、购买专利等合作方式开发文创衍生产品,涵盖旅游纪念品、潮流服饰、日用品、化妆品、家电、食品等门类的产品体系,将艺术文化领域与文旅住宿业载体相结合,开展互利共赢的合作发展新模式,为满足大众需求、激发消费潜力做好准备。

签约仪式上,三星堆博物馆馆长朱家可介绍了三星堆博物馆现有文创产品情况。他告诉记者,三星堆博物馆共有文创产品7大类,240个品种,但远远不够。

目前,疫情之后,四川文旅业将迎来消费回补和潜力释放的快速复苏。如何抓住机遇,满足大众需求,激发消费潜力呢?

朱家可表示,博物馆不仅是城市重要的人文景观,也越来越多地承担起保护和传承文化的功能。博物馆无论大小,一定要接地气,要和观众的需求结合起来,展示自己的地域文化,并满足人们的生活需求。三星堆博物馆将结合自身优势,围绕文创的品牌化建设,深入挖掘三星堆文化资源,引进合作伙伴,寻求多方面的社会资源,创立更广泛的合作关系,探索有效的IP授权、营销和合作模式,构建三星堆文创产业体系。

朱家可详细介绍了文创品战略规划,并要求相关部门加快对接,明确方案尽快落地,加快利用数字化手段,构建个体化、远程化、可视化的消费者运营新模式,稳定客群,增加产品体验的灵活性,保持市场关注度并逐步恢复信心。

四川华可酒店管理有限公司董事长龚宇表示,四川华可将整合资源,以三星堆文化IP为核心,开发博物馆文化衍生品,强化核心景区文化提炼,加快推动景区消费、娱乐及夜经济的发展,利用好现有的大数据中心和智慧旅游平台,优化管理、提升服务,打造最便捷的景区,在更大范围、更广领域推进四川省文化创意产业的创新发展和文化创意产品高质量开发。为打造四川文旅"天府三九大"品牌,提升广汉市的城市品牌知名度和影响力,助力天府旅游名县创建提供全面有力的智力支持。

龚宇还就博物馆的实际情况,提出了期望合作的具体内容,期望通过本次签约,充分利用双方资源优势,全面提升三星堆博物馆的社会影响力。

此次框架协议的签订,标志着双方合作向前迈出了一大步,充分实现了优势互补、共同发展的目标。龚宇表示将以此次签约为新的起点,双方积极对接,文旅融合深入合作,进一步彰显城市人文精神,提升市民文明素质,合力打造"世界三星堆、中国航空城、魅力广汉游"。

据了解,三星堆博物馆是迄今在西南地区发现的范围最大、延续时间最长、文化内涵最丰富的古城、古国、古蜀文化遗址。距今已有4 800年至2 600年的历史,系中国西南地区一处分布范围最大、规格最高、延续时间最长、文化内涵最为丰富的古城、古国、古蜀文化遗址。三星堆是古蜀文明最为重要的发源地,其遗址累计出土文物上万件,三星堆博物馆馆藏文物1 100件套,展厅展陈文物489件;其中珍贵文物786件,包括一级文物436件、二级文物243件、三级文物107件。

2014至2016年期间,李克强总理曾两次将三星堆文物仿制品作为国礼分别赠送给希腊和秘鲁,充分彰显出三星堆作为"中国面子"的"国际范"。三星堆至今已代表古蜀文明走进美国、意大利等50多个国家和地区,观展人数超过1 000万人次,成为四川对外文化交流独一无二的"金色名片"。

2019年全省首届文化和旅游发展大会上,省委、省政府将建设三星堆国家大遗址保护利用示范区作为全省文化旅游的标志性引领枢纽项目,"天府三九大·安逸走四川"也已成为四川文旅形象标志,实施古蜀文明传承创新工程,加强三星堆遗址的研究、发掘和保护,加快三星堆博物馆新馆建设,提高保护利用水平,推动申报世界文化遗产,建成世界古文明研究和文旅高地。

朱家可表示,下一步,三星堆文创将紧紧围绕省委、省政府新时代治蜀兴川总体方略和文旅融合部署要求,坚持以社会主义核心价值观为引领,坚持创造性转化、创新性发展,把握导向,积极推动三星堆文创的传承与创新融合,构建以三星堆为代表的古蜀文明文创体系。

(资料来源: 中华网,《开发文创衍生品三星堆与四川华可强强联手》)

然而动辄过亿元的衍生品授权销售额,背后可能是一个"雷声大雨点小"的故事。阿里影业公布的3亿元并不能完全算作衍生品售卖的成绩,更像是品牌与片方的联合营销。衍生授权更像是从IP到影视作品再到衍生品的连锁反应,大家都想借IP打广告,然而给水杯简单地贴上电影形象能否增加产品转化率不得而知,重IP、轻功能几乎成为衍生品行业的通病。

二、开发方向

(一)开发方向一：文化类产品

文化产品在具备一定知名度后,很容易被开发成其他形式的文化类产品。游戏爆款会被制作成大电影上映,热门电影也可能会被开发成同款手游,网络小说会被开发成网剧、大电影甚至院线电影等。

(二)开发方向二：周边衍生产品

文化产品一般都具有生动的人物形象或动物形象,同时拥有比较简单清晰的人物关系与故事情节,这些都是良好的周边衍生产品的设计要素,非常适合与衍生品制造商合作,将文化产品的特征要素融入制作中,开发成玩具、文具、服饰和首饰等产品。

(三)开发方向三：主题乐园

大型文化产品可以开发成主题乐园或者文化景区,利用人物设计和故事情节来打造可以与粉丝互动的场景。在世界上享誉盛名的莫过于迪士尼主题乐园,它就是以 IP 来带动盈利的。在迪士尼主题乐园中,生动的米老鼠、唐老鸭等形象随处可见,能够随时与游客互动拍照,还有不少迪士尼动画片中的场景,让游客可以身临其境地感受动画片中所描绘的美妙时刻。

迪士尼"合家欢"

长久以来,迪士尼走的都是"原创品牌"之路。几十年来,迪士尼为全世界观众创造了数不胜数的经典 IP 形象,从最早期的米老鼠、白雪公主、木偶奇遇记,到中期的狮子王、花木兰、美女与野兽,再到收购皮克斯以后的玩具总动员、海底总动员、汽车总动员,最后到近期大热的冰雪奇缘、超能陆战队、疯狂动物城,迪士尼如今的角色已经不仅仅囿于一家动画制造厂,而是成了一个兼具童心与信仰的商业 IP 帝国。

美国迪士尼是全产业链运营模式的典范。由影视娱乐、媒体网络、主题公园度假村、消费品和互动媒体五大业务板块组成的迪士尼集团,在全球范围内拥有自己的动画工作室、六大有线网络、三大广播公司、六大迪士尼乐园以及 359 家主题商店,还拥有开发游戏产品的多家子公司。

凭借"IP 积累＋衍生品开发＋全产业链布局",迪士尼得以生于 IP,长于 IP,坐享产业链条上的多轮收入。

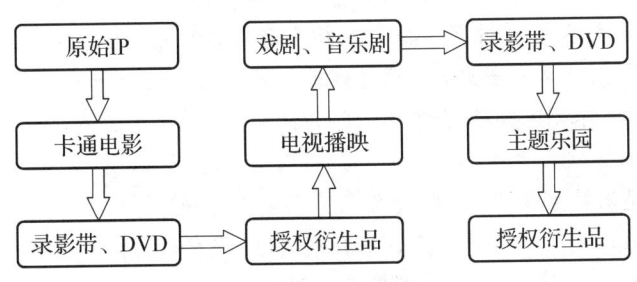

迪士尼全产业链 IP 运营流程

三、开发品类

（一）电影衍生品

电影产业链中除了电影票房和广告收入之外，电影海报、音像制品、玩具、纪念品、图书、服饰、电子游戏和主题公园等电影衍生品，也是电影产业的组成部分。比如，美国加州好莱坞电影工业相当发达，形成了非常完整的产业链，其中电影衍生品的收入高达影片总收入的73%，远高于电影本身。而我国作为全球第二大电影市场，在电影衍生品方面却明显不够重视。

（二）动漫衍生品

动漫衍生品涵盖图书、玩具、影像制品、主题餐厅和主题公园等多方位领域。动漫衍生品能够保证动漫产业链的完整性，带来丰厚的商业利润，此外，对于树立动漫品牌以及文化传承方面也起着举足轻重的作用。首先，动漫衍生品通过不同的传播媒介扩大了受众面；其次，衍生品增强了动漫角色与观众之间的情感交流和互动，培养了观众对动漫的热诚和粉丝的忠诚度，为动漫产业的后续绵延起了良好的作用。

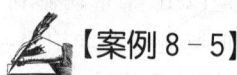
【案例8-5】

唯肯娱乐——专注于3C类影视衍生品开发

数据显示，中国电影的营收90%还是来自票房和广告，周边衍生品仅占10%。但在IP开发产业链更成熟的好莱坞，这个比例可能是倒转的，周边衍生品能为影片贡献70%左右的收入。这个数字也让很多创业公司看到了机会，较多的是二次元领域，如ZOMAKE、次元仓、艾漫等，产品类型以手办为主。

唯肯娱乐则把目光放在了受众面更广的好莱坞经典形象上，目前他们拥有迪士尼、卢卡斯、漫威、皮克斯、华纳DC、梦工厂等全球顶级电影动漫的3C衍生品在华授权，开发的产品大多是美队盾牌移动电源（销量超过20万）、星战死星磁悬浮音箱等这一类。根据唯肯娱乐创始人Gorden的介绍，想拿到漫威、迪士尼等经典形象在国内的正版授权其实并不容易，除了产品开发能力，考验的还有产品渠道推广的能力。在唯肯娱乐转向影视衍生品开发之前，他们在2007年就开始做3C相关产品的设计和销售，而公司其实在2000年就已经成立，当时叫唯肯艺术，主要业务与艺术设计相关。

十多年的积累让现在的唯肯在3C衍生品设计方面积累了大量的资源和经验。当拿到一个授权形象后，他们首先考虑的是形象的风格定位，接下来再考虑如何跟当下市场流行的3C产品做结合，最后再进入市场，星战死星悬浮音响就是遵照这个流程开发的。

跟手办衍生品开发不一样，除了要保证人物和形象的高还原度，3C产品还涉及很多内部电路板结构方面的设计，开发成本会更高。唯肯娱乐创始人Gorden表示他们一直在跟国内一些3C方案走的比较靠前的技术团队接触，会采用一些新技术来做产品的开发，保证产品能跟上市场。

在团队方面，唯肯娱乐共有30多人，其中11人为设计人员，其余均为市场相关人才。完成融资后，唯肯娱乐将主要用于3C衍生品产品线的扩充。

（资料来源：Mihawk：《专注于3C类影视衍生品开发，唯肯娱乐完成千万元级A轮融资》，http://36kr.com/p/5054495.html，2016-10-18）

四、开发原则

(一) 优质 IP

衍生品一般都是已经有良好的 IP 基础之后销售才会起势。然而优质的 IP 非常稀缺,同时衍生品又受制于 IP 源头,想发展好衍生品,必须首先回归到内容创作上。优质内容的创作需要时间的沉淀,也需要从业者具备匠人精神,因此,不是所有 IP 都适合开发衍生品,也不是好的 IP 就能开发全品类的商品。一个好的 IP,除了要有大量跟随的粉丝可以为它的衍生品买单,它本身是否能代表一种文化和态度,甚至代表某一种价值观,这对于后续的衍生品开发也十分重要。

【案例 8-6】

开心麻花打造 IP 的两种思路:IP 形象角色+消费品授权

据开心麻花 IP 衍生品负责人张铎介绍,开心麻花在 2018 年的演出场次已经突破 2 500 场。在全国的舞台剧的票房前 20 强中,开心麻花的作品占了半壁江山 12 席。

开心麻花出品了许多广受关注的影视作品,比如《羞羞的铁拳》《夏洛特烦恼》《西虹市首富》等。

张铎表示,开心麻花的电影一般都是将开心麻花舞台剧的 IP 进行了一个转化,因为转化之前在舞台上经过了很多的锤炼,所以转化之后的市场反响也不错。

开心麻花的舞台剧、影视以及很多艺人都已经成为 IP,现在开心麻花开始尝试将这些 IP 做一些平面的转化。在这些尝试的过程中,开心麻花不仅仅是运作过去的 IP,而且在设计一些新的卡通形象,比如小爆哥、梅友家族、88 弟弟等。

开心麻花将小爆哥定位于一个有潮流感的小孩形象,小爆哥的外形稍微用了些麻花的元素——头发织成了麻花辫。

张铎告诉环球网:"我们其实最看重的是这个卡通形象特别没心没肺地哈哈大笑,我们觉得这是大家特别喜欢追求的一个生活的状态。"他解释称,开心麻花在创作作品或者设计产品的过程中,都会考量如何通过作品或者产品将欢笑带给大家。

梅友家族是开心麻花为时尚潮流女生打造的海洋闺蜜系列 IP,由可爱又时尚的气质海洋生物组成。这些卡通形象的名字也特别有意思,形象分别名为"梅闲空""梅皱纹""梅鸭梨""梅大钳""梅有谱""梅有醉""梅化妆"。

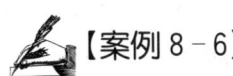

梅友家族

环球网从张铎了解到,开心麻花打造 IP 的思路有两种:一种是打造有开心感觉的 IP 形象角色;另一种是做授权消费品。目前,梅友家族已有 IP 授权案例——成功联手"冰青"梅酒。消费者在购买"冰青"梅酒时会发现:在冰青梅酒的透明瓶身上,印有梅友家族的可爱造型。

开心麻花在潮玩界也有所尝试,88 弟弟就是其在潮玩界的第一次尝试。88 弟弟以所乐工作室的经典作品"麻将 baby"为原型,在设计上融入了开心麻花公司 Logo 中的"小红心"元素和"麻花无限"符号,传达了开心麻花的乐观、逗趣、积极向上的娱乐精神。

张铎透露,开心麻花一共只做 158 只 88 弟弟玩具,同时,这款 IP 衍生品将分两个渠道销售,一个是开心麻花自己的渠道,另一个是所乐工作室的渠道,大概在十月下旬开始销售。

(资料来源:《开心麻花打造 IP 的两种思路:IP 形象角色+消费品授权》,环球网)

(二) 及时性

周边产品生产出来之后,其销售时间也是能否成功的一个至关重要的因素。周边产品的销售其实是 IP 热度的延展和延续。国内很多 IP 版权方并没有将衍生品开发作为 IP 打造的重点,往往是在 IP 火了之后才开始考虑衍生品的开发,因此常常错失了最佳销售时期。此外,国内获取 IP 版权来发行正版的衍生品大多需要耗费较长的时间走流程,所以也可能错过最佳时机。与海外部分知名 IP 衍生品的粉丝持续购买不同,国内目前的衍生品大致只有 3 个月的黄金销售周期,这也要求在设计制作、供应链、销售等方面都要掌握时间和节奏。电影就是一个集中爆发的消费场景,上映前后一两个月的热度非常高,也更利于衍生品的销售。

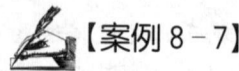

【案例 8-7】

【第五人格×太鼓达人】衍生品 IP 联动达成!

《第五人格》×《太鼓达人》的联动合作也将在 2020 年上线!本次联动会根据《太鼓达人》的可爱风格进行创作,期待一下萌萌萌萌的周边吧!

【弹丸联动】不断前行的希望!第五人格×弹丸论破(游戏:枪弹辩驳)联动!

【柯南联动】谁是第五个幸存者?第五人格×名侦探柯南联动决定!(中国大陆地区)真相只有一个!

(三) 定位明确

衍生品开发的前提是明确的形象定位。目前很多国内的动画 IP 版权方给开发商提供的设计素材中绝大部分是不可能运用于周边开发上的。这些素材不能体现明确而完整的形象,大多是与成片完全不像的人物最原始设定,或者是3D人物建模三视图、人物贴图。周边开发商针对这些素材做衍生品开发时,需要让设计师做大量修改或者重绘。如果没有明确的定位或者定位模糊,衍生品开发出来就会呈现不伦不类、不合时宜的效果。

第三节　衍生品的推广模式

一、线下推广

线下推广主要包括直营店、授权经销商销售和主题公园等。

（1）直营店。例如,迪士尼直销店是正版IP衍生品销售最传统的渠道。

（2）授权经销商销售。充分利用经销商资源,如综合玩具商城、美国孩之宝公司,但中国经销商相对分散。

（3）主题公园。主题公园是依靠创意来设计场景从而推动旅游和产品变现的模式。消费者在场景中自然就会有消费衍生品的欲望,迪士尼是最好的例子。

二、线上推广

（一）入驻综合电商模式

入驻淘宝、天猫、京东等综合电商,衍生品直营,主要有专业的衍生品开发和销售商,如萌奇、漫踪、电影派等;影业公司自营,如华谊兄弟、上海美影厂等。单独电影项目,如囧乐汇。随着电商巨头对衍生品业务的重视,这些店铺的流量会水涨船高,正版衍生品的电商生态也会很快好起来。

（二）垂直电商模式

自建垂直电商平台（含App）,组织货源,如漫骆驼、牛掰网等。衍生品特卖电商模式（类似唯品会）应该在衍生品丰富的阶段出现,既可以在黄金销售期为商家引流,又可以获得长尾效应,消化库存。

（三）"票务＋衍生品"模式

电影票跟衍生品有较强的关联,通过与电影票优惠组合、观影评论购买优惠等促销方式,不仅可以有效地促进衍生品消费,同时还可以积累影评量,增加票务平台二次活跃度。除了购票环节,取票环节也能实现衍生品促销,如在自动取票机上放置衍生品的广告并可实现下单。目前,猫眼电影、微票儿、抠电影采取的都是这种模式,即平台上设有专门的衍生品售卖频道。

（四）"视频＋衍生品"模式

除了电影院之外,视频网站是用户观影的主要渠道。观众在线观影时,如有衍生品购买意愿,可以很容易下单。比如,优酷土豆（合一）推出的视频购物模式是在电影播放过程中适时弹出衍生品推,点击进入店铺即可下单。又如,乐视是在乐视网设置衍生品销售频道,衍生品与电影一起编排展示,用户可以在线观影及下单购买衍生品。

(五) 众筹预售模式

在衍生品规划和生产无法有效前置的情况下,众筹预售保证了衍生品销售不错过最佳销售期,并便于测试市场需求,合理安排生产量,减小市场风险,是非常好的渠道形式。未来会有越来越多的电影项目采用这种方式。

目前淘宝众筹和娱乐宝在影视衍生品项目众筹上处于绝对优势,《大圣归来》《小王子》《小羊肖恩》等项目的众筹成绩颇为亮眼。众筹数据转为店铺的基础销量数据,也有利于带动后续销售。

三、O2O 模式

(一) "院线+电商"衍生品 O2O 模式

院线作为衍生品的销售重地,能提供场地、会员、氛围等元素,与电商结合成 O2O 将威力巨大。比如,阿里巴巴向影院推送衍生品购物二维码,观众扫描二维码即可在天猫或淘宝下单,然后由天猫或淘宝发货到用户手里,交易完成后,阿里巴巴跟院线分成。这种形式可以免除衍生品实物铺货及交易管理问题。又如,万达院线战略投资时光网,开放其会员资源及影院阵地,与时光网共建衍生品销售体验中心。

(二) "落地宣发+衍生品" O2O 模式

电影的宣发投入是很高的,以往衍生品是辅助电影宣发的随赠品。随着衍生品经济被重视,促进衍生品销售将成为票房外另一个重要的宣发目的。比如在电影海报中给衍生品一个镜头,在推广软文中提及衍生品在哪儿发售,在主创见面会和首映礼上推介衍生品。这种模式避开了院线资源竞争,实现了电影宣传和衍生品促销双重效用。随着衍生品行业的发展,将会有更多的或传统或创新的销售模式出现。

拓展阅读

给漫威、DC 做衍生品一天赚 1 485 万元,Funko 是怎么做到的?

每年卖出 1 亿个玩偶的 Funko 又发财报了。

财报显示,截至 6 月 30 日,Funko 第二季度营收 1.91 亿美元,较去年同期的 1.39 亿美元上升 37.8%;净利润 1 142 万美元,是去年同期 27.4 万美元的 41 倍。

如果按照 8 月 13 日 18 点美元兑人民币汇率,1 美元=7.066 4 元人民币计算,Funko 新一季的营收达到了 13.51 亿元,净利润 8 066 万元。

而本季度共有 91 天,所以 Funko 一天赚 1 485 万元,净利润一天 8.9 万元。

Funko 2019Q2 主要业绩指标

单位:千美元

	2019Q2	2018Q2	同比变化
营收	191 199	138 723	37.80%
净利润	11 415	274	4 066.06%
归属母公司股东净利润	5 132	70	7 231.43%

第八章 文化创意衍生产品开发与推广

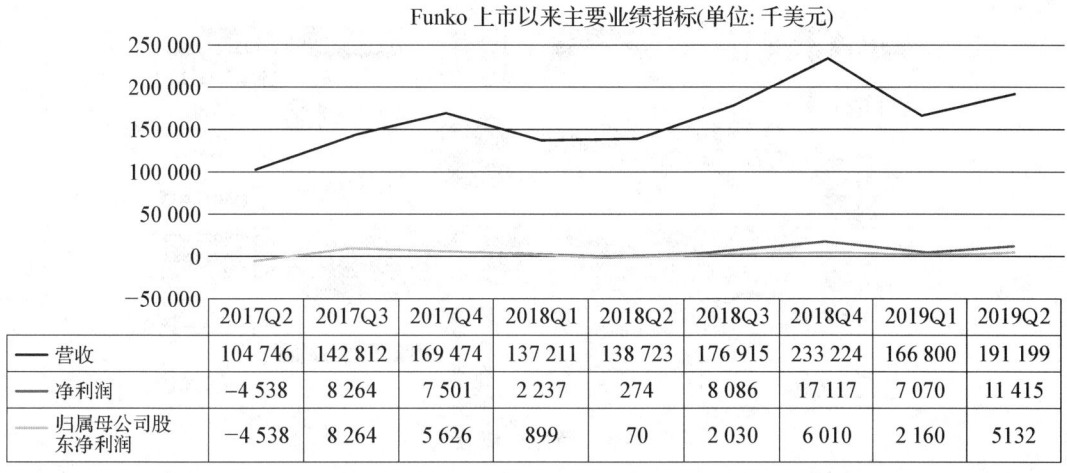

	2017Q2	2017Q3	2017Q4	2018Q1	2018Q2	2018Q3	2018Q4	2019Q1	2019Q2
营收	104 746	142 812	169 474	137 211	138 723	176 915	233 224	166 800	191 199
净利润	−4 538	8 264	7 501	2 237	274	8 086	17 117	7 070	11 415
归属母公司股东净利润	−4 538	8 264	5 626	899	70	2 030	6 010	2 160	5132

Funko 上市后的营收和利润基本在稳步增长

作为一家卖衍生品的公司,Funko 是怎么做的?

IP＋渠道＝销量

Funko,是一家以方头玩偶而知名的衍生品公司。

早在 2016 年,它的销售额就达到了 4.25 亿美元,利润率高达 20%。

该公司预计,2021 年内销售额将增长到 10 亿美元,这一数字接近北美地区整个漫画出版业的产值。如果按照 2019 年第一、第二季度的增长幅度计算,2021 年要达到这个数字并不难。

Funko 获得授权的 IP 超过 1 000 个,从漫威 DC 超级英雄到 NBA 球星和欧美歌星,有约 1 万种授权玩偶。

从价格上看,Funko 的玩偶产品定价通常低于 10 美元,购买者平均年龄是 30 岁,女性占买家的 55%。如果要说 Funko 旗下最知名的产品,要属诞生 9 年的 Pop! Vinyl。这是一个 4 英寸高的方头玩偶。

Funko 手上所有授权来的 IP 基本都会出一个 Pop! Vinyl 手办,所以这个产品线的 SKU 非常多,加之售价低、质量好,销量也非常不错。

在 2019 年第二季,Pop! Vinyl 的销售收入同比上升了 34%。连 Funko CEO Brian Mariotti 都说,Pop! Vinyl 是很多新顾客"入坑"Funko 的第一款产品。

目前,Funko 的玩偶产品线,除了 Pop! Vinyl,还有毛绒玩具和可动人偶等。

Pop! Vinyl 的销量和公司整体的营收能够获得如此巨大的提升,有两方面原因:一个是 Funko 的 IP 授权量有所增加;另一个也和这个季度公司在销售渠道方面的扩张有关。

在 2016 年上市时,Funko 公布过自己的一些运营数据。那时候的 Funko 就已经拥有超过 1 000 个 IP 授权,在美国拥有 25 000 家门店。

Funko 拥有的 IP 授权

值得一提的是，Funko 手上的这些 IP 授权，除了常见的影视剧、动画和游戏以外，还有音乐和体育方面的授权，这类授权制作的产品通常以体育明星或者歌星形象为基础，如左图就是 Funko 推出的科比手办。

这样广泛的 IP 基础也让 Funko 脱离了一般的 ACG 爱好者圈子，能够吸引更广泛的人群。

就像 Funko CEO 说的那样，"Funko 的能量来自于流行文化的中心"。他们做的不是普通的衍生品，而是链接所有潮流文化的"潮玩"。今年第四季度，Funko 在好莱坞的直营店将开业，这个门店的选址也说明了 Funko 扎根流行文化的决心。

需要说明的是，虽然 Funko 有这么多 IP 授权，但 IP 的热度往往有季节性，具体到不同的季度，值得出产品的 IP 并没有这么多。Funko 会根据不同时间段的热点，上架不同的产品。

在这一财季，Funko 的有效 IP(Active Properties，即出了产品的 IP)量为 592，较去年同期的 510 提升了 16.1%。而有效 IP 量的提升和今年第二财季涌现了大量热门 IP 有关。

根据 Funko 公布的资料，2019 年第二财季销量前十的 IP 分别是：复仇者联盟、堡垒之夜、龙珠、哈利波特、怪奇物语、权力的游戏、DC、蜘蛛侠、玩具总动员和守望先锋。这其中，有不少 IP 都是依靠今年 4~6 月的热门剧集或电影撑起了销量。

在电话会中，Funko 的 CFO Russell Nickel 还特别提到《复仇者联盟 4：终局之战》是所有 IP 中表现最好的，它的销售收入占了总营收的 6%，略高于"堡垒之夜"。

长青(Evergreen)IP——哈利波特、DC 这类和 Funko 有长期合作关系的 IP——表现也相当不错，它们第二财季的销售收入占了营收的 46%，尽管这个财季并没有热门的影视剧为他们提升热度。据 Funko 的总经理 Andrew Perlmutter 透露，长青 IP 的销量占比一般都在 40%~45% 之间。

高端产品在这个季度的销量也不错。据 Andrew Perlmutter 透露，10 英寸高的 Pop! Vinyl 手办、电影特别款和 Pop! Rides 的销售收入占比有所提升。这些产品的售价通常在 30~50 美元之间。不过，他并没有提到这些产品具体的销售收入占比。

在销售渠道方面，Funko 现有的主要销售渠道有专卖店（Specialty Retail）、商场店和网店。专卖店一直以来是 Funko 最依赖的渠道，在 2016 年上市时，专卖店的销售收入就占据了总营收的 32%。

在这一季度，专卖店依旧是最大的销售渠道，并且它也贡献了最多的收入提升。

值得一提的是，Funko 虽然依赖专卖店，但没有依赖任何一个具体的经销商。Russell Nickel 提到，在第二财季，没有一个经销商的销售收入占比超过 8%。在玩具反斗城倒闭以后，整个美国的玩具业都开始重视渠道的经营，丰富销售渠道。

第二财季 1.91 亿美元的营收中，美国本土市场贡献了 1.23 亿美元，较去年同期的 0.97 亿美元上升了 26%，国际市场贡献了 0.69 亿美元，较去年同期的 0.42 亿美元上升了 65%。其中，欧洲、澳大利亚和亚洲的营收同比增长都超过了 64%。

海外市场的飞速增长来自销售渠道的扩大和产品种类的增多，由此带动了更多新顾客进店。Funko 的海外市场目前集中在欧洲，主要包括英国、法国等欧洲发达国家。但是，Funko 尚未在欧洲市场搭建起和美国市场一样的销售体系，他们在欧洲市场主要依靠小经销商。

除了玩偶，Funko 还想卖更多东西。

Funko 也不光卖玩偶，毕竟依赖单一业务对一家上市公司而言很危险。

在上市之前，Funko 就收购了一家时尚饰品公司 Loungefly，准备开展其他业务。这家公司的产品主要是双肩包、手提包、钱包和各种配饰。

虽然从产品品类上看 Loungefly 和 Funko 没有关联性，但 Loungefly 和 Funko 都依靠 IP 卖产品，Loungefly 在没有被收购之前，已经有迪士尼、漫威、星战、精灵宝可梦这样的 IP 合作方。从商业模式的角度看，两家公司的基因其实是一样的。

Loungefly 的包

据 Funko CEO Brian Mariotti 称，Funko 的非 Pop! Vinyl 产品在过去 12 个月取得了 45% 的增长，营收超过了公司 2015 年的总营收。其中，Loungefly 的营收已经达到了 2017 年公司被收购时的 3 倍。

Funko 将自己的产品线大致分成了两条，其中一个是人形玩具（Figures）。

据 CFO Russell Nickel 透露，二季度人形玩偶的营收增长了 39%，约有 1.6 亿美元。其他产品的营收增长了 30%，达到了 3 150 万美元。从营收比重上看，人形玩偶占了 83.5%，其他产品占了 16.5%。

这个其他产品中，除了 Loungefly 的包包和配饰，还有游戏。

在今年 2 月份，Funko 收购了桌游公司 Forrest-Pruzan Creative，成立游戏部门 Funko Games。根据高管发言，这次收购的目的是为了拓宽他们的 IP 衍生品类型，同时也能丰富他们输出流行文化的方式。

在上个月举行的圣迭戈国际漫画展（SDCC）上，Funko 公布了 Forrest-Pruzan Creative 被收购后推出的第一款桌游"Funkoverse"，这款游戏有三个不同的 IP 版本，分别是 DC 版、哈利波特版和瑞克和莫蒂版，前两款售价 39.99 美元，最后一款 24.99 美元。

这些产品将在未来两个月内上架零售店，同时这款游戏是国际发售，有法语、德语和西语版。

Funkoverse

电子游戏是 Funko 准备进入的下一个市场。目前已经和 Funko 达成合作的游戏公司有 Universal Games 和微软，两家公司分别会推出"FunkoPoP! Blitz"和"GaersPOP!"两款手游。

按照 CEO Brian Mariotti 的未来规划，Funko Games 在未来几年将会专注于游戏和益智玩具市场，并成为带来丰厚利润的新业务线。

玩具/衍生品公司进入游戏市场是集体现象。孩之宝在多年前就凭借"万智牌"和"大富翁"在桌游市场独霸一方。今年他们也尝试了"IP＋桌游"的思路，推出了《大富翁：堡垒之夜》和《大富翁：权力的游戏》两款 IP 合作款大富翁桌游。

电子游戏市场也是玩具公司们的下一个目标。孩之宝的万智牌游戏在 PC 端上已经出过好几个版本，移动端的"Valor'sReach"也准备上线。

另一家玩具巨头乐高已经推出了近 30 款手游，其中不乏与 IP 方合作的游戏，如《乐高：蝙蝠侠》《乐高：星战》《乐高：哈利波特》等。

不过乐高是一个相当重视自家 IP 的公司，因为他们黄色的积木小人在消费者眼中已经足够具有辨识度和知名度了。

目前乐高推出的自有 IP 游戏有接近 20 款，其中《乐高：城市》在 GooglePlay 上已经收获了超过 1 000 万次下载。乐高自己还推出过动画《乐高元素骑士团》，根据这部动画改编的游戏《乐高 NEXO 骑士 Merlok 2.0》在 Google Play 上的下载量也超过了 1 000 万次。

Funko 也要做自己的 IP

在 2017 年，Funko 上市时，他们就曾说要提高自有 IP 的营收份额。不过开发自己的 IP 可不只是做一个原创人物的手办这么简单。经过了两年多的时间，在今年 3 月份，Funko 终于宣布了自己的原创 IP"Wetmore Forest"，并在 6 月末 7 月初正式上架商店。

Wetmore Forest

原创 IP 需要一个故事诠释世界观和人物设定。Funko 没有选择常见的动画，而是推出了一套"Wetmore Forest"的童书，面向 8 到 12 岁儿童。他们可能是想借此覆盖儿童市场，因为过去潮玩的主流消费者一般是青年或成年人。为了适应儿童市场，Funko 也推出了相应的毛绒玩具。

"Wetmore Forest"的主要人物 Tumbleebee、Pickelz 和 Butterhorn 都来自 Funko 此前的原创系列 Pop! Monsters，这个系列推出于 2017 年。这一次有了 IP 故事的加持，这些搪胶手办的销量或许能有所上升。

连锁书店 Barnes & Noble 是第一批销售"Wetmore Forest"产品的线下店。在货架上，消费者除能买到书，还能看到相关的毛绒玩具和搪胶手办。借着这套书，Funko 也顺利将线下的零售渠道扩展到了书店。

现在国内的许多潮玩品牌和衍生品厂商都想在合作 IP 之外推出自有 IP 产品，或许 Funko 的路径值得参考。

（资料来源：虎嗅网，https://www.huxiu.com/article/313295.html）

【思考题】

1. 结合案例理解"IP＋渠道＝销量"的模式？
2. 《复仇者联盟4：终局之战》在所有 IP 中表现最好的原因是什么？
3. Funko 的玩偶产品线开发的整体思路是什么？
4. 调研整理近3年来漫威的衍生品开发成功案例，分析漫威衍生品销售的特点。

参考文献

[1] 中商产业研究院.2020年中国文创产业市场现状及发展趋势分析[EB/OL].http://b9q.net/bvh7r.

[2] 九天星文化.如何看待互联网背景下的"新文创"?[EB/OL].https://www.sohu.com/a/341824051_99921378,2019-09-18.

[3] 陈青,李明珠.在探索中迈步前行——机遇与挑战中的艺术类大学生创新创业[J].艺术教育,2016(7):38-43.

[4] 中都国脉聊评估.我国文化产业的主要融资模式.

[5] 琳琳.用三分钟时间,让你彻底明白什么是商业模式![EB/OL].http://www.woshipm.com/pmd/1682379.html,2018-12-05.

[6] 文化产业评论.【重磅】陈少峰:文化产业融合的10个商业模式[EB/OL].https://www.sohu.com/a/198648943_152615,2017-10-17.

[7] 孙玉荣.大数据时代我国文化创意产业知识产权保护的路径选择[J].北京联合大学学报(人文社会科学版),2014.

[8] 肖雁飞,王缃韵,万子捷.中国文化创意产业发展影响因素与实证研究[J].科技管理研究,2014.

[9] 陈高焕.浅析大数据应用对我国文化创意产业的影响[J].神州,2014.

[10] 陈少峰."互联网+文化产业"的价值链思考[J].北京联合大学学报(人文社会科学版),2015(10).